本成果受到中国人民大学2018年度"中央高校建设世界一流大学（学科）和特色发展引导专项资金"支持

智库丛书
Think Tank Series

国家发展与战略丛书
人大国发院智库丛书

情境与感知：
转型期的收入分配与民众公平感

Contextual Change and Public Perception:
Income Distribution and Sense of Fairness During the Social Transition

魏钦恭　著

中国社会科学出版社

图书在版编目(CIP)数据

情境与感知：转型期的收入分配与民众公平感/魏钦恭著.—北京：中国社会科学出版社，2020.2

（国家发展与战略丛书）

ISBN 978-7-5203-5965-8

Ⅰ.①情… Ⅱ.①魏… Ⅲ.①收入分配—研究—中国 Ⅳ.①F124.7

中国版本图书馆CIP数据核字（2020）第022766号

出 版 人	赵剑英
责任编辑	喻 苗
责任校对	胡新芳
责任印制	王 超

出　　版	中国社会科学出版社
社　　址	北京鼓楼西大街甲158号
邮　　编	100720
网　　址	http://www.csspw.cn
发 行 部	010-84083685
门 市 部	010-84029450
经　　销	新华书店及其他书店

印　　刷	北京明恒达印务有限公司
装　　订	廊坊市广阳区广增装订厂
版　　次	2020年2月第1版
印　　次	2020年2月第1次印刷

开　　本	710×1000　1/16
印　　张	22
插　　页	2
字　　数	245千字
定　　价	108.00元

凡购买中国社会科学出版社图书，如有质量问题请与本社营销中心联系调换
电话：010-84083683
版权所有　侵权必究

目　　录

第一章　导论：分配取向与公平观 …………………………（1）
　　一　分配取向及其文化、制度影响 …………………………（5）
　　二　公平理论：制度优先 vs. 权利优先 ……………………（14）
　　三　公平感：社会取向 vs. 个体取向 ………………………（27）
　　四　研究问题提出 ……………………………………………（38）

第二章　刻画：收入分配的结构特征与变动趋势 ……………（41）
　　一　被重新点燃的"论争" ……………………………………（42）
　　二　收入和财富分配的总体状况 ……………………………（48）
　　三　不平等的结构特征 ………………………………………（61）
　　四　分解不平等的变动趋势 …………………………………（76）
　　五　总结与讨论 ………………………………………………（85）

第三章　独议其身：微观收入公平感 …………………………（91）
　　一　发展进程中的"双重印象" ………………………………（94）
　　二　DBO 理论及机制解释 ……………………………………（97）
　　三　分析路径与研究假设 ……………………………………（101）

四　数据、变量与模型 …………………………………… (112)
　　五　统计结果与分析 ……………………………………… (118)
　　六　总结与讨论 …………………………………………… (127)

第四章　兼评总体：宏观分配公平感 ……………………… (131)
　　一　收入分布表与公平感差异 …………………………… (131)
　　二　历史境遇比较 ………………………………………… (141)
　　三　当下状况评判 ………………………………………… (145)
　　四　未来收入预期 ………………………………………… (163)
　　五　市场转型与结构环境变迁 …………………………… (171)
　　六　变量测量与模型设定 ………………………………… (186)
　　七　结果与讨论 …………………………………………… (211)

第五章　职业分殊：收入差距容忍度 ……………………… (242)
　　一　收入差距何以公平？ ………………………………… (242)
　　二　收入不平等的主观测量 ……………………………… (245)
　　三　民众对收入差距的容忍度 …………………………… (253)
　　四　因素影响效应分析 …………………………………… (263)
　　五　总结与讨论 …………………………………………… (264)

第六章　预期实现：公众收入获得感 ……………………… (268)
　　一　场景、变迁与社会态度流变 ………………………… (269)
　　二　经济发展、收入分配与民众获得感受 ……………… (274)

三　数据资料与研究设计 …………………………………（282）
　　四　统计结果分析 …………………………………………（291）
　　五　总结与讨论 ……………………………………………（304）

第七章　情境与感知：回到总体发现 ……………………………（308）
　　一　充分利用当下民众对收入差距的容忍空间，加快
　　　　推进收入分配制度改革 …………………………………（313）
　　二　辩证看待民众预期的实现状况，防止"隧道效应"
　　　　发生反转 …………………………………………………（314）
　　三　重视经济落后地区的发展困境，实现"做大蛋糕"
　　　　和"分好蛋糕"的动态平衡 ……………………………（315）

参考文献 …………………………………………………………（317）

第 一 章

导论：分配取向与公平观

"没有人应当得到更大的自然能力，也没有人在社会上值得拥有更加有利的起点。然而这并不由此产生这样一种观点：人们应当消除这些差别。我们还有另外一种途径来处理它们。人们能够安排社会的基本结构，以至于这些偶然性对那些最不利者有利。"

——罗尔斯，《正义论》

"信念所处的社会环境是很重要的。如果不同的群体之间缺乏互动，那么他们对现实就会形成不同的感知；对于不平等的合法性甚至幅度的争论也是如此。"

——斯蒂格利茨，《不平等的代价》

荷兰版画家埃舍尔的作品素以不可能的结构、悖论、循环等为特点而为世人熟知，其创作于1961年的石版画《瀑布》对其画风体现无遗，集成了悖论、幻觉和双重意义等特征，将怪圈概念以最优美、最强烈的形式表现给了观者。流动的水和不断上升的阶梯以一种无穷的形式将幻象或想象与现实结合在了一起，完成了一种不可能的可能。观者不由自主地被其画中所隐含的"层次循环"所俘获，在这种循环中，对于任何一个层次来说，在它之上都有另一个层次比其"实在"；也同样总有一个在它之下的层次，比其更为"虚幻"（侯世达，1979/1996：15—20）。"水往低处流"和"水往高处走"以不冲突甚至表面上和谐的方式相悖地结合在了一起。如果将《瀑布》中流动的水看作收入和财富流（income and wealth stream），那么结构的不平衡就如同当下的收入分配格局，虽然"紧张"甚至"错位"但仍以其所自有的"合理"方式分配着收入和财富。

20 世纪 90 年代中期以来，快速拉大的收入差距使得人们对社会稳定产生了诸种担忧，甚至认为中国已经坐落于随时可能喷发的"社会火山"之上（He, 2003；Ma, 2005）。面对"社会火山的迷思"（myth of social volcano），诸多研究从基于中国社会的实证调查出发，发现，虽然人们对于当前的收入分配颇有微词，但总体上这种收入分配的不平等仍在人们可接纳和忍受的限度之内（怀默霆，2009；谢宇，2010；刘欣、田芊，2017）。另有研究发现，在中国城镇，从 2007 年到 2013 年，居民的微观收入不公平感并未增强，而是在总体上呈现下降的趋势（魏钦恭等，2014）。[①]

[①] 中国社会科学院社会发展战略研究院组织实施的"社会态度与社会发展"问卷调查（SASD）中，有一项题器测度民众的微观收入不公平感，"我的工资和报酬与我的付出和能力相适应"。题器背后隐含的假设是，个体的收入不公平感建立在自身付出和回报的考量上，如果是高付出低回报或者能力与所得不相一致，则认为收入不公。在对 2012 年、2013 年和 2014 年的调查数据进行分析后，结果显示，城镇居民的微观收入不公平感呈下降的趋势，认为收入与付出、能力不相一致的比例（加权后结果）分别为 29.14%、27.02% 和 19.44%。

这些结果出人意料,如同赫希曼所指出的那样,"原本希望看到民众沸腾的不满情绪,城市贫民高涨的革命热情,但现实让人们瞠目结舌,有时甚至颇为失望"(Hirschman & Rothschild,1973)。事实上,认为这种结果出乎意料,在很大程度上缘于人们不假思索的路径依赖。正因为人们理所当然地认为收入差距拉大必然激发更多的收入不公平感,从而上述研究所显现的温和情绪,不仅与网络上高涨的民情相左①,而且也是"坚持社会公正的知识分子"所极不愿承认的事实。

萨林斯在《石器时代经济学》中谈道,"世界上最原始的人群只有少量财富,但是他们并不贫穷。贫穷并不是因其所拥有财物多寡,它首先是一种人与人之间的关系。贫困是一种社会地位。在某种意义上是文明的产物,伴随着文明而不断增长,演变为一种社会阶层之间的不公正"(Sahlins,1972)。在这个意义上,一个社会的经济发展和财富积累并不一定带来所有成员的收入共长,当然也并不一定能使得收入分配更加公正。这可以从不少西方国家在经历长期的经济发展后,仍然面临极度的收入不平等和民众不断高涨的抱怨情绪中看出。

贫富差距首先表现为一种经济后果,但其更重要的意涵在于政治社会后果。斯蒂格利茨在《不平等的代价》(*The Price of Inequali-*

---

① 根据复旦大学传播与国家治理研究中心对网络民意进行的调查结果显示,不公平感成为网络个体分布最为广泛的负面情绪,有44.7%的网络用户表现出不公平感。[《报告指"不公平感"为中国网络社会心态最大病症》,2014年10月17日,人民网(http://leaders.people.com.cn/n/2014/1017/c58278-25851556.html)]

ty）一书中，从金融危机爆发后全球一些国家的社会抗议活动到美国的"占领华尔街运动"谈起，指出，尽管抗议的原因各有不同，但其中最为关键的是抗议者所持有的强烈不公平感。而一直以机会公平为核心的"美国梦"，却因那些坐拥财富塔尖的1%群体而损耗殆尽，民有（government of the people）、民治（by the people）、民享（for the people）的美国已逐步让位于1%有（of the 1%）、1%治（by the 1%）和1%享（for the 1%）（Stiglitz，2011）。贫富阶层之间原本脆弱的关联已被打破，而同时由于代际收入流动性的阶层固化愈加明显，多数的美国人已经很难从经济增长中获益，顶层的1%群体攫取了社会财富，留给剩余者的只有焦虑、不安和"衰退的美国梦"（Chetty et al.，2017）。对于收入不平等导致的其他社会问题，相关研究基于多年的数据，统计发现，收入差距不仅会降低一个社会的人际信任水平、增加焦虑感，而且诸如公众的身体健康、犯罪率，甚至青少年怀孕率也直接受到收入分配状况的影响，而这与一个国家的总体经济发展水平无关（威尔金森、皮克特，2010）。

在当下中国，一方面，经济的快速增长带来了总体财富的不断增加；另一方面，收入差距逐渐拉大，近年来一直在高位徘徊也是不争的事实。那么当下，我们关心的不仅在于如何缩小收入差距，同样重要的是在这种社会事实下，人们在主观上如何看待收入差距和收入分配，因为事物所是的方式，并不决定其所应是的方式（桑德尔，2012）。

◇ 一 分配取向及其文化、制度影响

人的观念中往往并存着多种分配取向，由此一个社会的分配制度也是多种观念的合集，只不过在特定的历史时期某种分配取向占主导地位罢了。那么，是否存在一种有关分配公正的自然价值（natural values）能为所有人认可？看似简单，实属不易。先贤们苦心孤诣所探讨的分配观和构建的理想分配方式也只不过是厚此薄彼而已。人们最为冀求的分配方式不一定是可行的，在获取收入财富的过程中最努力者并不一定成就最大，同样的竞争机会并不会引致同样的结果，等同对待每个人也并不能使得公共利益最大化（Deutsch，1975：137–149）。从而并不存在一种分配方式必定优于他者，也并不存在普适的分配原则能为所有人认可并遵从。但需要强调的是，人们的分配观虽属个体的主观价值，但无不受到外在结构环境的影响，其中历史文化和分配制度构成了影响分配偏好的主要社会情境。[①]

在批评多数研究将人们的分配取向限制在心理学的视域中，

[①] 此处我们避免探讨主体与结构的关系，因为这一关系之复杂和所涉及理论的多样性非本章篇幅所能及。但需要提及的是，在一般的类型划分上，有研究者将微观主体与宏观结构的关系归为三种理论模式：第一种类型强调社会结构和文化的主要功能是提供一个标尺，人们据此进行理性选择，这种观点首推新制度主义；第二种类型将社会结构视为一个意义体系，主体的行动是受到意义驱使的思辨过程；第三种类型认为结构是在潜意识层面发挥着影响作用，结构主要约束着人们的感觉，而非理智（参见 Dingxin Zhao，2001：323）。

以及将经济价值主导下的"投入—产出"关系作为评判收入分配是否公正主要标尺的基础上，Deutsch 提出在结合社会情境因素的前提下，主要存在着三种相互并存但相互竞争的分配观，即"投入—产出"成比例原则（equity）、平等原则（equality）和需求原则（need）。如果在群体的合作关系中，经济生产（economic productivity）是主要目标，那么以能力和贡献为准的比例原则便占主导地位，这也是当下经济价值渗入社会生活各个方面的主要原因；如果为了保持群体间的关系以群体团结（group solidarity）为取向，那么平等原则将占主导地位；同样，如果群体目标是为了个体发展和个体福祉，以关怀为取向（caring-oriented），那么需求原则将占主导地位（Deutsch，1975：137-149）。Deutsch 同时强调，需求原则和平等原则在很多方面具有共同之处，且明显区别于经济导向；但相比于平等原则，需求原则更强调为了他人的发展和福祉所承担的责任，因而更多是以他者为目标导向。① 在这三者中，尤以比例原则和平等原则为人们所强调，且往往顾此失彼，难以调和，有关收入分配的价值偏好也总是在这里相持不下。

收入分配偏好作为人们所持有的价值取向并非实体存在，而是

---

① 此处我们将 equity 译作比例原则，一方面是因为持有这种公平观的主体强调按照投入—产出关系、贡献大小等个体差异性来分配收入财富；另一方面是为了避免与文章所探讨的作为收入分配感受的"公平"相混淆。人们的分配偏好和公平观各异、类型众多，Deutsch 列举了 11 种为人们所持有并被学界所讨论的分配观：（1）投入产出成比例；（2）均等；（3）根据需求；（4）根据能力；（5）根据努力程度；（6）根据成就；（7）在没有偏好和歧视的条件下拥有均等的竞争机会；（8）根据市场的供需；（9）根据公共善的要求；（10）根据互惠原则；（11）根据最低限度原则。

表现人类的某些欲望、动机、目的、兴趣或个人与群体行为的方向；同时，任何价值都不是孤立的，而是彼此牵连的；为大众所接受的价值取向也往往从社会规范上表达出来；同时价值也是文化的产物（杨国枢编，2012：387—388）。从而在论及当下人们的收入分配偏好时，要理解其存在形式和演变路径仍需回到历史文化和制度环境中去。中国的历史文化源远流长，其中关于收入和财富分配的典籍圣训、制度规范多如恒沙，后世者亦在前人基础上添砖加瓦，因此要系统地梳理非本研究力所能逮。此处我们在相关研究的基础上，对主要观点加以梳理以凸显历史文化和制度因素的重要影响作用。

概而言之，在中国传统的价值体系中，差等分配长期占主导地位，而这又与以儒家思想为主导的社会规训体系密不可分。虽然在表面上儒家文化自孔子那里就提出了"不患寡而患不均"的思想，至孟子所推崇的"井田"和后来的"均产""均输""均税""均役"等做法都体现出均等的思想。但实质上经济方面的平等是为了政治、权力上的差等和皇权秩序稳定服务的。"均"所体现的并非是人人均等之意，而是等级秩序下的恪守本分、合理有序的制度设计（何蓉，2014）。就其根本，差序有别、各安其位才是儒家所追求的理想社会目标。"物之不齐，物之情也。或相倍蓰，或相什百，或相千万。自比而同之是乱天下也。"（阮元，1980：2706）"造化之运如磨，上面常转而不止。万物之生似磨中撒出，有粗有细，自是不齐。"（杨国枢编，2013：155）这些都道出了在儒家的文化视域中，不同个体尊卑有分、贵贱有别、高低有差，即使在某种程度上强调经济层面的均等，也只不过是为了社会整体秩序的和谐。正如有研究所指出的那样，"在儒者眼中，整个社会像一队交响乐团，不同人处于不同位置，有不同角色规范，然此等不同并不引致矛盾冲突，而是彼此补充构成谐协的整体"（杨国枢编，2013：154）。当然，这种比拟有其合理之处，和谐的社会秩序虽然是儒家所不断倡导和追求的目标，但正因其长此以往的差等分配也为域外平等观的进入和生发留出了余地，更为底层社会追求平等的抗争播下了种子。

就笔者有限学力所涉及的文献中，研究者较为一致地认为中国传统文化中平等观念的彰显是佛教传入中土之后所产生的非预期后果。秦晖在汉语"平等"一词所指演变的阐述中认为，作为价值取向的平等在汉语中的出现是翻译佛经后产生的新词。由之佛教"众生平等"的理念在移植转换的过程中逐渐与中国民众的观念契合了起来，并成为中国传统文化中平等观念的重要组成部分和底色基础（秦晖，2013）。而在关于中国农民运动的研究中，侯外庐也承认，以唐为界，唐中叶以后的农民运动所倡导的革命目标和革命口号中明显出现了平均分配的价值导向（侯外庐，1959）。这被认为在很大程度上与佛教平等观念的不断扩散和深入人心密不可分。何蓉强调，佛教相关教义的影响一方面体现在与儒家思想对现世等级秩序的维护和道家思想对现世等级制度的承认不同，佛教的平等观迎合了底层民众改变生活的期望和诉求，从而在本土化的过程中非但没有遇到过多阻力，反而顺利嵌入到了中国的文化信仰体系之中；另一方面实用主义的行事方式使得佛教平等理念对彼岸世界的追求被舍弃，反而成为尘世间芸芸大众追求财富平均的文化工具，并在某种程度上促发出为了改变等级制度而不断涌现的革命运动（何蓉，2014）。而至近代，无论是太平天国运动、维新运动还是辛亥革命，大抵都将实现社会平等作为主要目标之一。这些时期的平等思潮却又与以往传统文化中的平等观在来源上有所差异，主要是受到外来冲击的结果（杨国枢编，2013）。但无可否认的是，如果传统文化中没有与之相洽的对应之物，也不会相容为一体。在这个意义上，中国传统文化中的平等观由来已久。只不过在封建社会中，等级秩序下的差等原则占主导地位，使得平等隐而不显，即使显现也大多是在庙堂之外以非制度化的方式和冲突的形式表达。虽然众多革命运动都以平等为旗号，可一旦取得政权，等级秩序复又如故。从而在传统中国社会，财富分配的平等原则虽为底层所认同，但由于与制度设计不相容，便不可能占主导地位。

共产党领导的新民主主义革命胜利以及新中国的成立标志着中国历史千年未有之大变局的新开端。建立与传统社会不同的政治体制，改变积贫积弱的经济社会现状成为新中国领导人的主要目标和历史责任，自然也包括重新制定与每个人息息相关的收入分配制度。收入不平等不仅被视作阶级社会的产物和社会改革的主要目标，而且保证社会平等也成为社会主义意识形态的基石。为了实现社会平等，中央政府通过了一系列制度措施，目的在于从根源上消除社会不平等。从20世纪50年代开始，自上而下发起了众多的社会改造工程，以期改变社会的性质。最重要的当属农业集体化、工业国有化和计划经济方案。① 到1957年第一个"五年计划"（1953—1957）完成，中国形成了与苏联相仿的中央集权模式。② 自此逐步建立起了以农业合作社为组织形式的农村社会和以工作单位为组织形式的城市社会。中央计划经济将农村和城市区隔为两种不同的社会组织类型，农民的收入主要按照工分来计，城市单位组织中的就业者则按照等级工资制度分配收入。任何劳动之外的生产资料悉数收归国有（或集体所有），从而在某种程度上实现了社会平等的目标。"大锅饭""平均主义"或"统一分配"是这一时期收入分配方式的主要特征。

除了一揽子经济社会改革计划的落实，事实上，这一时期中国经济确实发生了较大的变化。费正清认为，新中国的第一个"五年计划"时期所取得的经济效益是改革之前最好的年份。"从经济增长的数字看，'一五'计划相当成功。国民收入年均增长率为8.9%，农业产出和工业产出每年分别以3.8%和18.7%的速度递

---

① 在社会主义过渡时期存有着五种类型的经济成分，即社会主义国营经济、合作社经济、国家资本主义经济、个体经济和资本主义经济。从1949年到1957年第一个"五年计划"完成之际，私营工业资本主义经济成分已基本被消灭，国营工业在全国工业总产值中的比重已经从34.2%上升到64.8%，年均增加3.8%；公私合营工业的产值比重也从1949年的2%上升为1957年的31.7%，年均增长3.7%；国营和公私合营的企业合在一起已经占据工业产值的绝对比重。（参见中央工商行政管理局、中国社会科学院经济研究所资本主义经济改造研究室编，1960：12、50。）

② 第一个"五年计划"（1953—1957年）是根据党在过渡时期的总路线和总任务在苏联专家的帮助下制订的（以苏联帮助建设的156个项目为中心，以694个大中型项目为重点，着重发展重工业以实现初步的工业化并为后续工业发展打下坚实的基础），因而不可避免地具有与苏联社会经济体制的相似性。其计划目标主要是为实现社会主义的工业化，并提出了"一化三改造"的战略步骤，即逐步实现国家的工业化，逐步实现国家对农业、手工业和资本主义工商业的社会主义改造。

增。与20世纪前半叶中国经济的增长格局相比——当时产出增长仅和人口增长相当——第一个五年计划具有决定性的加速作用。同20世纪50年代大多数新独立的、人均年增长率为2.5%左右的发展中国家相比,中国的经验也是成功的。"(费正清编,1990)随后,中国又发动了另一项社会改造运动——"文化大革命"(1966—1976)。按照怀默霆的理解,为了避免中国产生苏联的修正主义倾向(revisionist tendencies),"文革"的一项重要目标在很大程度上是想要建立一个更加平等的社会秩序(Whyte,2009)。但这场社会运动所产生的后果之一却是集团因素分割意义上的部分平等,如收入和资源分配在工作组织、城乡、农村集体、城市社区内部的相对平等,但在集团间造成了更大的不平等,这种集团因素对收入分配不平等的影响时至今日仍在发挥影响作用(王天夫、王丰,2005)。

如果说"按劳分配"是马克思主义和社会主义分配方式的体现①,那么直到改革开放,1982年宪法规定"各尽所能,按劳分配",中国的收入分配制度才逐渐突破了计划经济体制下僵化的分配模式。1984年十二届三中全会通过的《中共中央关于经济体制改

---

① 在学界历来对"按劳分配"的内涵争论不止,观点不一。有研究者提出,界定按劳分配主要在于厘清其与按生产要素分配之间的殊同。就其根本,按劳分配以社会主义公有制的存在为前提,从而此处的劳动与作为生产要素的劳动并不能简单混同,这也意味着按劳分配的主体是以公有制生产要素占有者的身份而不仅仅是劳动要素提供者的身份参与分配(参见卫新华,2004)。不同的观点强调,按劳分配就是付出劳动,获得相应的收入,从而无论是公有制企业的劳动者还是私营企业的管理者、个体劳动者,只要是在劳动基础上获得的相应收入就是按劳分配(参见武绍春,2000)。有研究者则从马克思的理论阐述中推理出按劳分配的"劳"实质上是社会平均劳动,其计量尺度是社会平均劳动时间(参见郭飞,1993)。

革的决定》指出,"共同富裕绝不等于也不可能是完全平均,绝不等于也不可能是所有社会成员在同一时间以同等速度富裕起来。……只有允许和鼓励一部分地区、一部分企业和一部分人依靠勤奋劳动先富起来,才能对大多数人产生强烈的吸引和鼓舞作用,并带动越来越多的人一浪接一浪地走向富裕"①。为了提升经济效率、推动经济增长,"让一部分人先富起来"的制度导向打破了平均主义倾向的分配原则,突破了意识形态的束缚,极大地激励了人们谋求生活改善和收入增长的行为取向,这也是改革后中国经济能够在短期内持续高速增长的内在动力之一。

如果说党的十二届三中全会在制度层面为收入的差异化分配确立了合法性,那么党的十三大报告在明确社会主义初级阶段的前提下,首次提出了以按劳分配为主体、其他分配方式为补充的分配原则。随后党的十四大提出建立社会主义市场经济制度的目标,在公有制为主体、多种所有制经济共同发展的基本经济制度基础上,确立了以按劳分配为主体、多种分配方式并存的收入分配制度,并且强调"效率优先,兼顾公平"的收入分配原则。市场导向的收入分配制度确实有效地提升了经济效率,但随着生产要素在收入分配中所占份额的提高以及市场制度自身的不完善,致使收入差距自20世纪90年代中期以来越拉越大。政府也逐渐意识到效率导向、市场原则下的收入分配制度所产生的负面社会后果。2002年党的十六大报

---

① 参见党的十二届三中全会《中共中央关于经济体制改革的决定》,中国共产党历次全国代表大会数据库,http://cpc.people.com.cn/GB/64162/64168/64565/65378/4429522.html。

告提出初次分配注重效率,再分配注重公平,调节过大的收入差距。但在市场的运作逻辑下,仅通过一定程度的再分配来改变过大的收入差距已经难以改变收入不公平的社会现状。2007年党的十七大报告对效率与公平的关系进行了制度层面的重新表述,"初次分配和再次分配都要处理好效率和公平的关系,再分配更加注重公平"。在对收入不公平有更深层次认识的前提下,2012年党的十八大报告提出,"完善按劳分配为主体,多种分配方式并存的分配制度,更大程度、更广范围发挥市场在资源配置中的基础性作用"[①]。2017年党的十九大报告明确提出,我国社会的主要矛盾转化为人民日益增长的美好生活需要和不平衡不充分的发展之间的矛盾。在收入分配方面,加快推进基本公共服务均等化,缩小收入分配差距成为政府再分配调节的重要职能。

通过上述粗略的描述可以看出,新中国成立以来,从为了消除收入不平等建立平均主义的分配制度;到改革开放,为了提升人们的生产积极性和经济效率,建立市场导向的收入分配制度;随着收入差距逐渐扩大,政府开始重新思考经济效率与社会公平的关系;再到完善和发挥市场在资源配置中的基础性作用。收入分配制度的演变路径表明,其改革是伴随着经济体制改革的深入而逐渐展开的,而个人收入差距的扩大和变动也无不与收入分配制度的演变相关(魏颖,2009;张亮,2019)。与此一致,社会个体收入分配取向的变化既受到收入分配制度的影响,也被现实的收入分配结果所

---

① 有研究者认为,造成中国贫富差距扩大的主要原因是市场化不足和不完善(参见肖巍,2015)。

左右。在某种意义上，适度拉开收入差距是制度的预期目标，而收入差距的不断扩大则是制度的非意图性后果；平均主义不是人们所偏好的最优分配途径，而完全建立在市场要素基础上的分配原则也非人们所能接受的最佳方式。人们关于收入分配的价值观念和取向偏好是多种目标考量的集合，不同个体不尽一致，但只有为大部分民众所能接受的分配制度才能经得起历史环境变迁的考验。

◇◇ 二 公平理论：制度优先 vs. 权利优先

人生而平等，但生而亦不平等。虽然在几千年前陈胜、吴广就喊出了"王侯将相宁有种乎"的口号。但事实却是，出身环境就如同随机选择一样，有的人出身贫寒，有的人却出身官宦富贾之家。人们不仅决定不了出生环境，而且诸如身体、智力、长相等先赋因素同样具有随机偶然性。由此，有人因为身体健硕而成了体育明星，有人因为智力超群而成了科学家，而有人则因为善于经营成了亿万富翁。那么，这种由于难以人为控制的随机偶然性因素所导致的不平等是否公平？

对此问题的回答，从一个虚幻的故事进入。冯内古特（Vonnegut）有一篇短篇小说——《哈里森·伯杰伦》。

2081年，所有人最终都平等了。人们不仅在上帝和法律面前平等了，而且在任何方面都平等如一。没有人比其他人更聪明，也没有人比其他人长得更好看，同样也没有人比其他人更强壮或者更灵敏。所有的这些平等归功于第211届、212届和213届宪法修正案，由美国仲裁将军手下的工作人员执行。……在一个平静的4月，乔治、海泽尔·伯杰伦和他们14岁的儿子哈里森被仲裁将军的人带走了。海泽尔的智力水平跟大众差不多，而乔治拥有着超乎一般人的智力，他被法律要求需在耳内一直佩戴一个微型智能障碍收音机，收音机被调到与政府发射台一致，每隔20分钟，发射台就会发送一些刺耳的噪音以防止像乔治一样的人不公平地利用他们超乎一般人的智力。他们的儿子，哈里森·伯杰伦由于聪明异常，且拥有英俊的外表和超人的天赋，不得不比一般人受到更多的限制。"他佩戴着一副巨大的耳机，以及超厚的眼镜片。眼镜片不仅使得他近于半盲，而且使他不断地头疼。……为了限制他强健的身体，他必须负重300磅，走起路来就如同移动的废弃物。为了掩盖他英俊的外表，仲裁将军的人要求哈里森在鼻子上戴上一个红色的橡皮球，剃掉眉毛，洁白的牙齿也需要戴上胡乱的黑色牙套。①

小说中的场景为了让人人平等，采取了各种措施，但是看到这种场景，即使你在很多方面都与一般人无所差异，恐怕并不会弹冠相庆，反而会心有余悸。因为即使在很多方面与他人相比都有不

---

① 此小说片段笔者首次参见于桑德尔关于公正的论述中，后查阅了原文（参见 K. Vonnegut, 1994：11-14）。

足，但总有长进之处。没有英俊的外表，可能拥有一颗善良的心灵；没有强健的体魄，可能拥有睿智的头脑；没有丰厚的家产，可能拥有幸福的家庭……没有人愿意为了人人平等而放弃自己所拥有的一切美好之物。小说所构建的情节与其说是一种平等，倒不如说是平等主义的梦魇。那么，什么样的平等状态才能构成公平？

在《正义论》中，罗尔斯有一段论述，较好地总结和表达了其有关差异原则的分配观，这种观念反对道德任意性的论点，但并不追求完全平均的分配。"差异原则虽不等同于补偿原则，但它却达到补偿原则的某种目的。……把自然才能的分配看作一种共同的资产，一种共享的分配的利益。那些先天有利的人，不论他们是谁，只能在改善那些不利者的状况的条件下从他们的幸运中得利。在天赋上占优势者，不能仅仅因为他们天分较高而得益，而只能通过抵消训练和教育费用和用他们的天赋帮助较不利者得益。没有一个人能说他的较高天赋是他应得的，也没有一种优点配得到一个社会中较有利的出发点。但不能因此说我们应该消除这些差别。我们另有一种处理的办法。社会的基本结构可以如此安排，用这些偶然因素来为最不幸者谋利。这样，如果我们希望建立这样一个社会体系，它使任何人都不会因为他在自然资质的分配中的偶然地位或者社会中的最初地位得益或受损，而不同时给出或收到某些补偿利益，我们就被引导到差别原则。"（罗尔斯，1988：102）

可以看出，罗尔斯对差异原则的强调不仅是建立在个体不平等的基础上，而且更多关注社会基本结构，即在一定的制度结构下，权利和义务、收入和财富、权力与机会的分配方式。如果一个体制能够使得穷人比他们在一个更加严格的平等安排中的状况要更好的话，那么这种不平等就能够与差异原则相一致（桑德尔，2012：171－172）。如果一个社会的基本结构在本质上就是不公正的，那么真正的公平也就难以实现。① 继续差异分配这个话题，如果一个社会的分配制度按照差异性原则进行再分配，那么所遇到的第一个问题便是收入获得和财富占有较多的群体为何能够接受这种分配方式，且这种分配对他们而言是否公平？

对这个问题的回答，首先需要回到罗尔斯有关平等的原初状态（original position）中，也就是在其所假想的"无知之幕"（veil of ignorance）背后，人们是如何达成一致契约的。罗尔斯强调每个人都是理性的（罗尔斯，1988：17），"如果理性的人在这种最初状态中选出某种正义观的原则来扮演正义的角色，这种正义观就比另一种正义观更合理，或者说可以证明它是正义的"。无知之幕遮蔽了人们的属性特征，即在这个幕布之后，人们不知道自己在社会中处于何种地位。自己是富有者还是贫穷者，少数民族还是小宗教团体成员，只知道自己所要追求的目标。那么与之而来的问题便是，在达成一致契约的过程中，为何不会有人甘冒风险去追求一种功利主

---

① 对于公平（fairness）与公正（justice）之间的关系，吴忠民认为，两者虽然经常被人们不假思索地混同使用，但在内涵上有着区别。在中国的语境中，公正主要指的是正义，突出的是"正"，更强调价值取向的正当性；而公平主要指不偏不倚，突出的是"平"，更强调工具性和衡量标准的同一性。从而，保证社会公正则一定能实现社会公平，但公平的形式却不一定意味着公正（参见吴忠民，2007）。因此，公平是社会公正实现的必要条件，但社会公正则是公平实现的充分条件。也就是说，在罗尔斯的理论体系中，诸如"无知之幕"背后的一致性契约达成、机会的自由平等和结果的差别分配等都是实现社会公正的公平方式或手段。

义，使自身利益更大化。罗尔斯强调，作为理性者是不会如此行事的。因为冒险选择使自己富有或拥有权力的另外一种结局也可能沦为贫穷者或受制于人，而人们冒险的属性也是一种被无知之幕所屏蔽的特征。这样为了预防可能发生对自身不利的风险，人们在达成一致契约的过程中会反对功利主义，并同意一种保证所有参与者基本平等自由的原则。① 毫无疑问，这种假想的状态保证了人们在一致性的情形下达成了最基本的平等，那么这种假象的意义何在？罗尔斯的回答则是这种纯粹假设的原初状态中所体现出的条件正是我们实际上能够接受的条件，这也为其有关现实世界的正义原则奠定了道德合理性。有研究者认为，原初状态中所达成的契约形式是现实契约的纯粹形式，它不仅不会在道德上更为苍白和虚弱，反而在道德上更有力量（桑德尔，2012：170）。

那么回到现实世界，差异平等是如何能够说服人们去接受一种对不利者最有益的分配方式呢？从道德争辩的角度而言，其实，罗尔斯是在反对传统中所出现和存在的分配方式中确立自身理论的合理性的，其用以反对的利器就是任何因为偶然性因素所产生的不平等状态都是不公平的。

在封建社会，由于出生有别，人们可以大致判断其人生发展的

---

① 原初状态的基本特征是，"没有一个人知道他在社会中的地位——无论是阶级地位还是社会出身，也没有人知道他在先天的资质、能力、智力、体力等方面的运气。我甚至假定，各方并不知道他们特定的善的观念或他们特殊的心理倾向。正义的原则是在一种无知之幕后被选择的。这可以保证任何人在原则的选择中都不会因为自然的机遇或社会环境中的偶然性因素得益或受害。由于所有人的处境都是相似的，无人能够设计有利于他的特殊情况的原则，正义的原则是一种公平的协议或契约的结果"（罗尔斯，1988：12）。

轨迹，这种体制在当下人看来是很不公平的，应该没有多大异议。因为出生的偶然性因素而非自身的行为和努力决定了身份的差别、财富以及权力的获得。那么在市场社会中，人人机会均等的自由主义原则是否公平？虽然相较于封建身份等级制度，市场自由主义是一种社会的发展和进步，但建立在形式平等基础上的社会结构所导致的结果仍然是不公平的。一方面，进入市场的前提和基础是不平等的；另一方面，市场竞争的结果是不平等的，且前者的不平等导致了后者的不平等（王立，2009：17）。就进入市场的前提而言，形式平等并不能保证每个人在起点上的平等，有的人受过良好的教育，有的人则是文盲，有的人有殷实的家庭背景，有的人则是白手起家。在形式平等基础上建立的契约看似平等，但由于双方讨价还价的能力不同，自然导致一种实质的不公平。

这种不平等同样受到偶然性因素的影响（罗尔斯，1988：72 - 73），"所有的人至少都有合法权利进入所有有利的社会地位，但由于没有努力来保证一种平等的或相近的社会条件（除了保持必要的背景制度所需要的之外），资源的最初分配就总是受到自然和社会偶然性因素的强烈影响。比方说，现存的收入和财富分配方式就是自然的资质（自然禀赋）的先前分配积累的结果，这些自然禀赋或得到发展，或不能实现，它们的运用受到社会环境以及诸如好运或厄运这类偶然因素的有利或不利的影响。我们可以直觉到，自然的自由体系最明显的不正义之处就是它允许分配的份额受到这些从道德观点来看是非常任性专横的不恰当影响"。纠正因自然的自由所导致不平等的方式之一就是建立自由的平等，或者称之为精英统治制度（meritocracy）的平等。这种平等观试图超越单纯形式上的机会平等，并提倡通过提供平等的受教育机会等一系列方式，使不同阶层或家庭背景的个体在市场竞争中都能平等地处于同一起跑线。

自由的平等观强调只有当每个个体都能有同等的机会来发展和展现各自的能力时，一个自由市场所形成的收入和财富分配才能相对公平。对此，罗尔斯认为，精英主义的观点，"那些具有同样能力和志向的人的期望，不应当受到他们的社会出身的影响"（罗尔斯，1988：73）。这虽然在某种程度上纠正了某些任意性因素造成的影响，但却仍然达不到公平。"即使它完善地排除了社会偶然因素的影响，它还是允许财富和收入的分配受到能力和天赋的自然分配决定……从道德任意性的观点来看，正像没有理由允许通过历史和社会机会来确定收入和财富的分配一样，也没有理由让天资的自然分配来确定这种分配。"（罗尔斯，1988：74）正是因为上述分配原则都没能彻底地消除偶然性因素在不平等方面所起的作用，这些分配观无论是从道德上还是社会结果上都不能保证一个社会的公平状态，而只有建立在差异原则上的民主平等才能保证一个社会的参与者真正实现公平。

简单而言，罗尔斯的公平观建立在三个依次递进的原则之上。第一个是自由原则，虽然在《正义论》中对此并没有着太多笔墨，但由于沿着西方政治哲学的脉络展开，新自由主义对自由的重视自然是题中应有之义。更准确而言，是将自由问题作为一个前置性的背景来看待，只有在实现自由的前提下才能继续谈论平等与公平。在这个意义上，自由成为正义的背景原则，它为平等价值确立社会基本结构和制度的框架。

第二个原则是机会的平等，在第一个原则基础上（罗尔斯，1988：73），"即在对才能开放的前途的主张之外，再加上机会的公平平等原则进一步限制……各种地位不仅要在一种形式的意义上开放，而且应使所有人都有一个平等的机会达到它们"。与市场主义者谈论的形式平等和精英主义者倡导的起点平等不同，罗尔斯认为要真正实现机会平等，还需要上升到社会基本结构层面。"社会基本结构是正义的主要问题，这意味着首要的分配问题是基本权利和义务的分配，是社会和经济不平等以及以此为基础的合法期望的调节。"（罗尔斯，1988：85）为了减少社会偶然因素和自然运气对分配份额的影响，"自由市场的安排必须放进一种政治和法律制度的结构之中，这一结构调节经济事务的普遍趋势、保障机会平等所需要的社会条件"（罗尔斯，1988：73-74）。在满足前两个原则的前提下，民主的平等，即结合机会公平的原则与差别原则才能达到。其中差别原则被概述为"社会的和经济的不平等应这样安排：使他们（1）适合于最少受惠者的最大利益；（2）依系于在机会公平平等的条件下职务和地位向所有人开放"（罗尔斯，1988：83-84）。通过这三个原则，罗尔斯建立了有关社会公平正义的制度框架，其中自由原则——"每个人对与所有人所拥有的最广泛平等的基本自由体系相容的类似自由体系都应有一种平等的权利"（罗尔斯，1988：302），优先于机会平等原则；而正义原则优先于效率和福利，公平的机会优先于差别原则。这样，罗尔斯的民主平等观事实上暗合的是西方社会所倡导的三大社会理想——自由、民主和博爱，其学术抱负不仅在于解决政治、法律层面的形式不平等，而且也力求解决社会和经济层面的实质不平等问题。

这样，我们根据罗尔斯的正义观来观照现实，比尔·盖茨或大卫·贝克汉姆的收入获得是否称得上公平？如果罗尔斯是正确的，那么这些成功之士的巨额财富是不是正当的，这得回到社会基本结构中去找寻答案。盖茨的聪明头脑和大卫的英俊外表是由天生的偶然性因素所决定的，虽然盖茨为了创业可能吃了很多"人后苦"，大卫为了练习精准的任意球付出了一般球员所难以想象的努力。他们出人头地后，微软在计算机上的应用方便了全球亿万民众，贝克汉姆亦愉悦了亿万粉丝。他们的收入获得虽然以偶然性因素为条件，但也为社会做出了很大贡献，他们理应获得相应的名与利。这种逻辑看似合理，但在罗尔斯那里并不具有道德自足性，因为正是由于社会的基本结构决定了什么样的偶然性因素才会被社会所看重，每个人的特殊性并不能成为其道德应得的前提。

在原始社会，盖茨瘦弱的身板很可能由于狩不到猎物而早早饿死；在一个兵戎相见的社会，大卫很可能由于征战沙场而英年早逝。也就是说，"时势造英雄"，一个社会看重什么并不是由个人行为所能左右的。"在一个资本主义社会，拥有企业家的驱动力很有利；在一个官僚制的社会，能轻易平和地与领导相处很有利；在一个大众民主的社会，在电视上看起来不错、说话简短、嗓音有感染力很有利；而在一个法治社会，去法学院深造学习、拥有能帮你在入学考试中获得高分的逻辑和推理技巧会很有利。"（桑德尔，2012：184）这也就意味着，盖茨和大卫的收入获得是否公正合理仍需要参照差异原则，也即他们所获得的高收入是否有益于社会最不利者，而不能仅仅因为他们是微软创始人或大众明星就理应比普通人得到更多。

可以看到，在罗尔斯的理论视域中，再分配依赖于整个社会的共同发展，在更多意义上是以社会为取向的较为激进的公平观。作为新自由主义的代表，自《正义论》发表以来拥趸无数，更为社会弱势者所支持，但亦受到不少批驳。在反对者中，其在哈佛的同事诺奇克就是其中最为重要的一位。如果说罗尔斯的平等观出于对偶然性因素的反对而成为有关平等谱系上倡导再分配的一端，那么诺奇克对个人权利的重视就构成了有关平等理论的另外一端。在这两个端点中间，散落着各式的思想、观念和范式，此处难以一一而足，仅对这两个针锋相对的理论进行简要概述以作为理论背景。

诺奇克在《无政府、国家和乌托邦》一书的前言便开宗明义，"个人拥有权利，而且有一些事情是任何人或任何群体都不能对他们做的，否则就侵犯了他们的权利"（诺奇克，2008：1），权利成为诺奇克关于自由的核心论点，赋予了权利以绝对优先的位置。如果说罗尔斯的观点是在反对任意和偶然性因素的前提下去追求一种公平的平等状态，那么诺奇克在某种程度上则是在反对罗尔斯观点的基础上确立了其论点的合理性。在诺奇克那里，诸如生命权、自由权和财产权是神圣不可侵犯的，人是目的而非手段。如果是为了改变不利者的境遇而侵害有利者的权利，那么一些人就变成了他人用以达到自身目的的手段，这也就违背了权利至上的首要原则。从诺奇克的权利自由观来看，前文虚幻小说中由于部分人拥有超于一般人的天赋而被采取各种限制以实现社会平等，不仅是不可取的，而且仲裁将军所拥有的改造他人的权力同样是不道德的。

　　诺奇克对权利的界定既是道德优先的，也是否定的。所谓道德优先，意味着其不容侵犯，而否定性意味着任何侵犯权利的行为都是不道德的。在这个意义上，权利成为人们行为的边界约束（side constraints），"其他人的权利决定了对你的行为所施加的约束。……对行为的边界约束反映了康德主义的根本原则，个人是目的，而不仅仅是手段，没有他们的同意，他们不能被牺牲或被用来达到其它目的"（诺奇克，2008：35、37）。也正是在权利优先的条件下，任何形式的再分配都是有悖于权利神圣原则的。此处，诺奇克从权利在先的属性推导出了"最低限度的国家"是最好的国家状态。一旦超越最低限度的国家，国家功能的扩展势必会侵犯到人们的权利，从而也就失去了道德根据。正因如此，罗尔斯关于差异平等的再分配在诺奇克看来是国家通过侵犯一部分人的权利而去满足另一部分人的需求。"分配正义只考虑接受者的利益，而没有考虑给予者的利益；只关心财富往哪里走，而不关心财富从哪里来；只维护天赋较低者的权益，而没有维护天赋较高者的权益；只把处境最差者当作目的，而将处境更好者当作手段。"（诺奇克，2008：12）所有这些做法与其说是为了实现公平，不如认为是侵犯了某些人的权利，从而在道德上是不中立的。诺奇克对分配正义的反对与其对个人权利的认定是一个硬币的两个方面（诺奇克，2008：179），"分配正义这个词并不是一个中性词。听到'分配'这个词，大部分人想到的是，某种事物或机制使用某种原则或标准来分发一些东西，一旦进入这种分配份额的过程，某些错误可能就溜进来了。再分配是否应该发生，我们是否应该把已经做过的事情拙劣地再做一次，至少这是一个可争论的问题。……任何人或任何群体都没有资格控制所有的资源，都没有资格共同决定如何把它们施舍出去"。

罗尔斯力求建立的是一种理想的分配正义，那么诺奇克是否对分配问题漠不关心？其实不然，虽然诺奇克很反感再分配，但在强调权利的基础上，他提出了另外一种分配理论——"资格理论"（entitlement theory）。与分配正义不同，资格理论的核心是持有正义。持有正义由三个主要论题组成，第一个论题是持有的原初获取；第二个论题是持有的转让；第三个论题是对违反前两个论题的矫正原则。从资格理论出发，"如果一个人对该分配中所拥有的持有都是有资格的，那么一种分配就是正义的"。进而在更一般意义上（诺奇克，2008：181、183 – 184），"如果一个人根据获取和转让的正义原则或者根据不正义的矫正原则对其持有是有资格的，那么他的持有就是正义的；如果每个人的持有都是正义的，那么持有的总体（分配）就是正义的"。

在持有正义视角下，人们的自然天赋是其权利的某种属性特征，从而在这个意义上，诺奇克认为罗尔斯在追求实质平等过程中所反对的自然任意因素不仅剥夺了部分人的权利，而且抹杀了人的价值和尊严，否定了人的自主性、责任和选择能力。诺奇克在谈论自然的任意因素时指出，"（罗尔斯）根本没有提到人们如何选择去发展他们自己的天资……对于一种希望支持自主存在物拥有尊严和自尊的理论，特别是对于一种极其依赖人的选择的理论，贬低人的自主和人对其行为的首要责任是一条危险的路线。人们怀疑，罗尔斯的理论所预先设定和依赖的这种不崇高的人类形象是否能够与人类尊严的观点相吻合"（诺奇克，2008：256）。应该承认，在《正义论》中，罗尔斯并没有对那些拥有自然天赋优势的个体或群体所能取得的财富和社会地位与其自身的努力之间的关系建立某种逻辑上的正确论辩。从而依照罗尔斯的观点，即使我们可以反对任何形式的道德任意性因素，但并不能反对个体的努力或者完全蔑视他们在达到成功之过程中所投入的努力。

诺奇克对罗尔斯理论框架和观点的批驳在其著作中用了一个章节，此处不再一一梳理和罗列。那么是否意味着诺奇克的观点更为正确，其实我们可以做这样一个假设，如果《无政府、国家和乌托邦》出版在先，罗尔斯也可能会持相反的观点对之进行反击。在这两位学者的争辩中，由于固守的道德基点和理论目标不同，即使争论再激烈，在我们看来都有着其合理性。在将近半个世纪之后，这两种观点都能够历久弥坚的原因并不在于孰对孰错，而在于他们都是使用形式逻辑的方式，把自己的论点通过论据一点一点推到极致。这也正是读者在看《正义论》时会觉得罗尔斯的观点确有道理，为了建立一个公平的社会就需要坚持差异分配原则；而反过来再读诺奇克的著作时又会觉得保证每个人的权利是最为根本的，为了建立一个自由的社会就需要保证一个最低限度的国家。这两种观点的背后不仅有着深刻的社会历史原因，而且由于自由和平等在深层次上具有不可调和的张力，在某种意义上，罗尔斯是在为平等背书，而诺奇克则是在为自由代言，正因二者相互佐证才使得他们更为伟大。

从现实出发，罗尔斯关于再分配的观点成为"二战"后西方福利国家的真实写照，而诺奇克对自由和权利的强调则在某种程度上印证了西方保守主义在20世纪80年代的回归。如果是处于社会底层，会更多支持关照弱者的差异分配原则，而处于社会上层，则更可能对权利正义拍手称赞。《正义论》即使有再多的不足，其核心论点——一个社会的发展要关照不同群体的利益，国家通过保证社会制度的正义进而采取再分配的方式使所有社会成员都尽量达到一种事实平等的努力却是无可厚非的；《无政府、国家和乌托邦》即使观点再多偏激，其核心论点——人是目的而非手段，一个社会的发展不能因为部分群体的利益而损害其他群体合理的权利资格却也是在道德上站得住脚的。从而罗尔斯与诺奇克理论之间的关系就是有关社会成员公平理念的两端，虽然许多观点相反，但所希冀达到的目标都是在形式上追求一个更加合理的社会秩序。

对此，我们认为罗尔斯的正义理论更多是从社会制度和社会基本结构层面，以社会为取向建立一个平等、公平的分配体系。而诺奇克则是从个体的基本自由和权利出发，以个体为取向论证一种合理的分配方式。

◇◇ 三 公平感：社会取向 vs. 个体取向

与上述理论取向相一致，在较为概括的层次，公平感有社会取向与个体取向之分。加以区分的话，"个体取向"（individual orientation）与"社会取向"（social orientation）的内涵较为广泛。社会心理学的研究将这两种类型看作是不同的人格和价值取向。根据社会成员与其生活环境的关系，安格亚（Angyal）的机体理论认为人与其所处的环境是密不可分的有机整体。个体与外在环境的关系主要有两大动力趋势，一种是自主性趋势（autonomous trend），另一种是融合性趋势（homonomous trend）。自主性趋势强调人的扩展性倾向，主要表现为对优越、获得、探索及成就的追求；融合性趋势与自主性相对，主要指人们与社会团体、自然或超自然建立和谐关系的倾向。两种趋势虽然动力方向相反，但却可以同时并存。在将两种趋势各自分为强弱两种属性的条件下，交互可生成四种类型的取向组合——强势均衡型（自主性和融合性都强）、人境融合型（自主性弱、融合性强）、个体支配型（自主性强、融合性弱）、弱势均衡型（自主性和融合性都弱）。其中个体支配型主要强调个体如何经由支配、控制、改变以及利用自然环境与社会环境来满足自我的欲望、兴趣与情绪，从而可以称作"自我取向"；而人境融合型强调个体努力建立与外在环境（自然环境、社会环境）的和谐关系，从而称为"社会取向"（转引自杨国枢，1994：89-93）。在此基础上，杨国枢对中国人的行为倾向进行概括时认为，社会取向是个体融入或配合其社会环境的一套生活适应方式，并认为主要有四大类型，即家族取向、关系取向、权威取向及他人取向（杨国枢、余安邦编，1994：94-126）。与上述不同，本文对个体取向与社会取向的区分较为具体，主要根据个体收入不公平感的目标对象不同而定。当然，对总体收入和财富分配状况的公平判断无可避免要受到自身收入状况的影响，但与完全对自身收入所得的评判相比，其更多包含着对社会整体的事实判断和价值判断，从而更多体现出民众对总体收入差距和不平等状况的容忍程度。在这个意义上，收入不公平感的社会取向更强调收入分配制度和收入分配结构是否合理。这种取向与人们一般强调的集体主义、平均主义等价值取向并无必然的关联性。

从而，在上述意义上，社会取向主要指人们对一个社会总体的收入和财富分配状况是否公平进行主观评判，其判断依据是"宏观公平"原则；与之相对，个体取向主要指个体对自身收入、报酬合理与否进行主观评判，其判断依据是"微观公平"原则。

如果在一个社会中每个个体的报酬和所得都是平等（equality）的，那么在社会总体层面是否能够保证收入分配是公平（equity）的？事实并非如此，因为人们使用不同的标准来评判微观公平（个体有关报酬的公平）和宏观公平（一个社会有关收入分配的总体公平）。微观公平和宏观公平之间的不一致甚至矛盾主要是因为人们关注的焦点不同。微观公平主要强调个体的贡献、优点、需求和与之相应的报酬之间是否一致；而宏观公平则主要强调收入分配制度是否能够保证社会秩序的和谐或者一个社会的公共善。①

在关于宏观公平与微观公平的属性差异上，布雷克曼（Brick-

---

① Brickman 认为，在将平等（equality）视为是宏观公平原则还是微观公平原则上，一直以来存在着混淆。因为与其他宏观公平的原则不同，平等在被设定为关于每个个体应得多少的评判标准时，常常被视作是微观公平的原则。但是在实际中人们会发现，无论是从需求、比较还是从贡献出发，个体之间从来都不会达到平等的状态。实质上，这种个体应该平等的观念是对总体资源分配原则的一种强调，从而平等更应该是一种宏观公平原则（Brickman et al., 1981: 179）。

man)从亚里士多德和柏拉图的理论分野中提出了两者在关注点、元原则(metaprinciple)以及一般化原则方面的不同(见表1.1)。对宏观公平的关注可追溯到柏拉图关于社会秩序和公共善的强调,其元原则是公民权(citizenship),一般化原则是去个体化(deindividuating),诸如收入的平均分配、限定最低收入和最高收入等方式都是宏观公平原则的体现。而微观公平可从亚里士多德的公正观中显现出与宏观公平的差异。在亚里士多德那里,公正意味着给予人们所应得的东西,这种应得与应得者自身所具有的优点应当一致。在分配长笛的例子中,长笛不应该给最富有或者其他方面更好的人,而是应当给最擅长吹奏长笛的人。这样,微观公平的元原则是一致性评判(assessment),而一般原则是个体化的(individualizing),如投入—产出相一致、付出—回报成比例等都可被视作微观公平原则(Brickman et al.,1981:173-201)。

表1.1　　微观公平与宏观公平的属性

	宏观层次的公平(社会取向)	微观层次的公平(个体取向)
关注点	社会秩序的结构(柏拉图)	个体间关系(亚里士多德)
元原则	公民权、共同善	一致性评判
一般化原则	去个体化	个体化
表现形式	分配制度、平均分配、最低收入等	需求、能力、贡献等

现有研究关于收入公平感个体取向的论述较为充分。研究者一般将因变量通过下述方式进行操作化,如"考虑到自身的能力和工作状况,收入所得是否合理","工作报酬比应得的'多一些''少

一些'还是'正好合适'"或者"就能力和工作付出而言，现在的收入是否合理"等。如果受访者认为自身的收入状况与能力、付出、贡献等相比不合理，那么收入所得就是不公平的（马磊、刘欣，2010；孟天广，2012；魏钦恭等，2014；龙书芹、风笑天，2015；周兵、刘成斌，2015；李莹、吕光明，2019）。相关研究结果与人们的一贯认知一致，即工作收入水平越高、相对剥夺感越低、认为收入所得应该依据能力高低和工作绩效进行分配的民众个体取向的收入不公平感更低。

在理论层面，对个体取向的收入公平观可从霍曼斯（Homans）和亚当斯（Adams）这两位持有社会交换论观点的研究者在相近但又有所区别的理论界定中加以理解。霍曼斯在社会交换论中提出了分配公正（distributive justice）的概念。他采取了一种类经济学的阐述方式，认为分配公正指的是在交换关系中每个人的收益与投入成比例。收益是在交换过程中所得刨去成本，成本则是在交换过程中付于对方的交换物，而交换过程中的投入可以包含很多方面，诸如技能、努力、教育程度、培训、社会经历等。用 A 和 B 来指代社会交换中的两个主体，那么他们之间的分配公正可用公式表示如下：

$$\frac{A 的报酬（rewards）- A 的成本（costs）}{A 的投入（investments）}$$

$$= \frac{B 的报酬（rewards）- B 的成本（costs）}{B 的投入（investments）}$$

如果公式两端不一致，那么不平等则会导致交换的参与者觉得不公正，或者其中一方觉得被剥夺；而就其中一方而言，自身的收益投入比例越低，则不公平感越强（Adams，1965：267-299）。除了强调交换双方的分配公正，霍曼斯还提出人们有着公正期待的属性，即将以往社会交换中报酬与付出之间的比例关系作为今后交换关系是否公正的评判原则，若实际获得少于这一期待则会觉得不公平，产生被剥夺的感受（Homans，1950）。

可以看出，在霍曼斯那里，人们在社会交换过程中，对何种意义上的交换结果构成自身认知的不公平主要是从投入产出的比较中来进行衡量的。在《社会交换的不公平》（Inequity in Social Exchange）一文中，亚当斯的公平理论强调个体对自身所处环境公平程度的评判是根据与参照群体在产出/投入比率（outcome/input ratios）的比较中得出的（Adams，1966：267 – 299）。如果个体与参照群体相比，产出/投入比不一致（报酬过多或报酬过低），那么则会认为存在不公平，进而会通过认知或行为去改变这种状况。[①] 他同时强调无论投入还是产出是难以被准确度量的，而是为主体在比较的过程中所感知的。在将哪些是投入、哪些是产出进行归类时，除了概念化，它们事实上并非完全独立而是存在着相互关联性。一般对于何种程度的投入和产出关系构成公平，人们一般有着规范性的预期，这些预期是人们在社会化的过程中不断习得和形成的，并且以对参照群体（个体）有关投入产出的关系观察为基础。这些参照群体无所不在，包括同事、邻居等。但是，不同个体对同样的不公平境况往往有着不同的反应，这也表明不同个体在公平敏感性上的

---

① 亚当斯认为人们的不公平感不仅来自于相对获得过低（relative underpaid），也来自于相对获得过多（relative overpaid）。由相对获得过多而产生不公平感的基础是将部分个体设定为具有乐善好施的本性，即追求奉献多于索取的前提下得出的。

差异（Davison and Bing，2008：131-150）。

　　社会交换论关于微观收入公平的论述主要强调交换双方有关投入与报酬之间的比例。如果各方的收益与其投入符合所期望的比例，报酬所得就被认为是公平的；而偏离这一比例则可能形成两种结果：或者由于比例相对较低而自感不公平，或者由于比例相对过高而自感内疚。虽然这一理论抓住了人们衡量报酬所得与投入付出的关系，但亦受到后人较多的批驳。伯格（Berger）等人提出的地位价值论（status-value）认为，社会交换论所强调的社会比较过程受限于具体的主体关系从而失去了更为丰富的社会意义。因为比较条件下的公正需要一个稳定的外部参照点（概化的参照结构），这一参照点往往嵌入在外部的社会文化环境之中（Berger，1972）。换言之，主体间的关系只有在考虑外部的合法性规范时才具有意义，这一规范确定了主体应该获得多少报酬。如一个技术工人比体力工人的工资要高这一一般性规范就在某种意义上确定了人们关于报酬/投入关系的比例考量（Stolte，1987：774-784）。地位价值论指出了社会交换论对共享价值规范的遗漏，这也意味着人们的微观收入公平感并不能仅限于个体或个体间，而需要上升到外在于主体关系的社会结构中去进一步找寻合法性机制。

　　与微观公平感主要关注个体的报酬结果不同，宏观公平更强调结果的分配特征，以及更一般意义上一个群体或整个社会的福祉状态。从而在关于公共物品的维护和提供方面表现出截然不同的影响机制。在一项关于环境决策的分析中，研究者发现持有宏观公平偏好（平等、责任）和微观公平偏好（维护自身利益）的主体在如何保护环境这一议题上立场分明。宏观公平偏好者更多表现出环境主义的立场（pro-environmentalist），而相反，微观公平偏好者更易于表现出反环境主义的立场（anti-environmentalist）（Clayton，1998）。

在社会取向的收入不公平感分析中，部分研究将目标变量操作化为"全国范围内的收入差距'太小''有些小''正合适''有些大'还是'太大'"。依此认为，回答"太大"或者"有些大"的受访者可被认作是自感收入不公平的群体（如黄永亮、崔岩，2018；劳婕，2013）。另有研究者，将人们对收入差距大小的主观评判看作是"过度的不平等"状况，也即民众自感收入差距越大，则整个社会过度的不平等程度越高。影响因素的分析结果显示，与通常看法不同，农民群体相对于城市受访者以及社会经济地位较高者，反而对当下的收入差距更为容忍；教育程度越高的群体，却认为收入差距更不平等（怀默霆，2009）。

与上述单一题器的测量不同，部分研究根据受访者对不同职业实际收入（do earn）和应得收入（should earn）状况的评估来分析社会总体的收入不平等及民众的收入不公平感（Trump，2017；Schröder，2017）。有研究认为，不同职业间应得收入的差距体现出了民众对收入分配的公平观差异。如果对每位受访者关于不同职业估值的应得收入计算出离散系数①，那么离散系数越小，则表明受访者越倾向于平均原则，反之，则表明受访者更倾向于依据能力大小进行收入分配的应得原则。统计分析结果显示，随着市场化的不

---

① 离散系数的计算公式为 $cv = \frac{\sigma}{\bar{x}}$，$\sigma$ 为标准差，$\bar{x}$ 为均值。

断推进，民众关于收入分配的观念呈现出"混合形态"，即应得原则正在形成，并获得了合法性基础；但与此同时，社会底层群体更多持有平均原则的分配观（孙明，2009）。与之类似的研究也将受访者可接受的职业间收入差距作为收入分配观的测量变量，只不过在具体计算细节上以职业间收入差距的基尼系数代替了离散系数。以此为因变量的分析结果显示，受访者的受教育程度越高，对收入差距的批判意识更强烈，从而表现出更为强烈的不公感；国有部门就业者和年龄较大的受访者则表现出更为明显的平均主义倾向（李骏、吴晓刚，2012）。

  与仅以职业间应得的收入差距进行不公平状况的度量不同，有些研究则同时考虑实际收入（actual income）与应得收入（just income）之间的关系。如有研究通过计算不同职业为受访者所感知到的实际收入与所认可的应得收入之间的比值（取自然对数）来衡量收入分配是否公正。如果公正指数（justice index）大于0则意味着某一职业的实际收入高于人们所能接受的公正收入，收入获得过度（over-reward），那么就是不公平的；相反，如果公正指数小于0，收入获得不足（under-reward），那么也是不公平的。在此基础上，进一步计算收入水平两极职业间的公正指数差距（justice gap），差距越大，则表明收入分配越不公平。将上述方法运用到对东欧前社会主义国家与西方资本主义国家民众收入分配观的测量后，结果显示，在转型的早期阶段，不同的转型方式对各自国家民众收入分配观的塑造有着较为显著的差异，但随着市场化转型的持续，转型效应自身的影响减弱，不同转型国家民众的分配观逐渐接近于西方民众，更多受到自身地位结构的影响（Verwiebe and Wegener，2000）。

根据前文的相关研究结果和论述可以认为，收入公平的个体取向与社会取向是两个不同的维度，阿玛蒂亚·森所论证的"帕累托自由悖论"在某种意义上亦适用于二者间的关系。① 也就是说，保证每个个体所认可的微观收入公平状态并不能实现社会总体收入分配的公平；而要保证社会总体收入分配公平就会在某些方面妨碍甚至损害个体所追求的微观公平。举个简单的例子，如果个体认同依据能力和贡献大小分配收入，那么由于社会个体的能力和贡献相差有别，在总体层面则会导致收入差距过大而难以实现社会总体公平的目标；同样，如果在社会层面要维持较低限度的不平等，诸如通

---

① 按照帕累托最优原则，在保证每个个体自由和不侵害他人利益的前提下，个体在追求自身利益最大化的过程中就可以实现社会状态的最优。对此，阿玛蒂亚·森提出了著名的"帕累托不可能性"定理（The Impossibility of a Paretian Liberal）。森首先从最小自由原则出发（individual liberty in extremely weak form），认为诸如个体是将家里墙壁涂为粉色或为多数人所喜爱的白色以及是躺着睡还是趴着睡的偏好都是个体的基本自由，在不侵犯他人的前提下应该是被允许的。在此基础上，他通过一个例子推导出帕累托定理存在的悖论。有两个个体 A 和 B，在关于是否读《查泰来夫人的情人》（"Lady Chatterly's Love"是劳伦斯所写的长篇小说，书中涉及一些不伦和性爱的场景）这本书时会产生三种可能的结果：A 读 B 不读（x），B 读 A 不读（y），所有人都不读（z）。A 是一个思想正经之人，他认为最好 A 和 B 都不读这本书，如果非要一个人读，那么他宁愿自己读而不是让思想容易动摇的 B 受到精神毒害，这样，行为偏好就是 z > x > y；B 则是一个思想开放的人，他偏好两个人都能够读这本书，如果非要选择一个人读，那么最好 A 读，实在不行就自己读，这样，行为偏好就是 x > y > z。按照个体自由至上原则，既不能强迫 A 不愿读该书的意愿，也不能剥夺 B 愿意读该书的自由，那么对于个体 A 选择次序的社会评判应该是 z > x，而对于 B 选择次序的社会评判应该是 y > z，这样最终的社会结果应该是 y > x，即让 B 读该书是最佳选择。如果按照帕累托最优原则，那么可以看出无论是 A 还是 B 都认为 x > y，则社会的选择应该是让 A 读这本书。这样便产生了一种悖论，即如果按照帕累托原则，从个体最小自由出发，却得出与个体偏好相反的结果（参见 Sen，1970；苏振华、赵鼎新，2012）。

过收入转移、薪酬限定、对富人征收高额累进税等方式实现宏观公平则难免与部分个体所认同的微观分配观相悖。与个体取向的公平感相比，社会取向的公平感是在一个更广的范畴中去思考公平。这包括两项事实，一是一个社会的一般化基本法则（general basic rules of society），这些基本法则主要指人们的基本权利，如平等、自由等；二是总体的分配公正（global distributive justice），主要指社会资源的分配，如向弱者倾斜的收入再分配（Kolm，2004：15）。从而，罗尔斯差异原则的分配观更主要体现为社会取向，即社会的不平等只有在对社会最不利者有利时才被允许。也意味着社会取向的公平原则并不去确定每个个体应该获得多少，而只对资源分配从社会制度和社会结构层面确定概化的准则和规范，如最低收入、最高收入，降低不平等程度等。

收入公平感的社会取向和个体取向不仅理论概念和目标所指不同，而且生成逻辑和属性特征也相差有别（潘春阳、何立新，2011）。以往不少研究将两者混同对待，即研究所使用的分析变量是个体对自身收入所得是否合理的微观维度评判，但在论述中却不加区别，甚至有时不假思索地将之上升到总体收入分配结构层面，并将主体的经济地位高低视为收入不公平感产生的内生因素。这不仅忽略了宏观公平的特性，而且混淆了人们在价值判断上区别对待不同层次收入分配状况的事实。对收入分配状况的主观评判，社会取向上，人们不仅受到自身利益得失的影响，而且与整个社会的收入分配制度、收入分配价值偏好、文化氛围等结构环境相关。民众在对社会总体收入差距进行评判时，通过诸如信息传播、舆论影响、观念认同、情绪渲染等过程，也可能同时生成一种特殊的心理成分——有别于个体仅以自身利益状况做出收入分配公平与否判断的社会心态或社会共识。这也是当下无论利益受损群体还是不少受益者都开始产生不同程度不公平感的部分原因所在（郑功成，2009）。

◇◇ 四 研究问题提出

在快速的经济增长过程中，中国社会自改革以来发生了翻天覆地的变化（国家统计局，2019）。但与此同时，民众的收入和财富不平等程度亦大幅提升。无论是来自国家部门的统计数据还是研究者的分析结论都表明[1]，中国社会在短期内已从一个具有平均主义倾向的社会转向了一个收入高度不平等的社会。那么当下，我们关心的不仅在于收入的不平等程度，同样重要的是，在这种社会事实下，人们在主观上如何看待收入差距和收入分配。

应该意识到，收入不平等的研究不仅是对一个社会收入差距和财富占有程度的度量，在更为重要的意义上，其关注的是不平等的

---

[1] 中国社会的收入差距水平有多高一直是一个争议不断的问题（李实、罗楚亮，2011；Xie & Zhou，2014）。根据国家统计局公布的数据结果，近年来以基尼系数衡量的居民收入差距水平一直在 0.45 以上，也意味着超出了国际公认的贫富差距警戒线。而根据皮克提等人的研究，中国社会收入最高 10% 群体的份额比从 1978 年的 27% 激增到了 2015 年的 41%，而底部 50% 群体的收入份额比则从 1978 年的 27% 下降到了 15%，并认为这种不平等程度已接近于美国当下的水平（Piketty et al.，2017）。

结构特征、内在形成机制以及潜在的社会后果。但当下,由于研究者太过注重于不平等指数的构建和测量,在某种程度上将收入差距抽象化为一种计算目标,"身陷"于计算细节之中。所形成局面变成了研究者间对计量方法、使用数据的相互指陈,而忽视了收入层级内部的信息及不平等的社会意义,使得客观收入不平等的研究在某种程度上与社会现实渐行渐远。正是在这种背景之下,不少研究者的关注视域正在发生着转向,即越来越重视人们对收入差距的主观感受。因为无论客观收入差距呈现何种景象,只有人们感知到的收入不平等才具有真实的社会意义。

无可否认,并不是所有人都认可完全均等的收入分配,当然也并不是收入差距可以无限拉大。收入不平等的客观指标不能有效替代民众对收入分配的主观感受,在很大程度上正是缘于不同个体或群体对收入差距有着不同的价值取向和主观考量。能力主义取向者更重视按照能力和贡献来分配收入财富,从而强调收入的差别化;相反,平均主义取向者更重视主体的同一性,从而希望收入和财富能够无差别分配。但是收入分配的不均等就如同不存在完全同一的个体一样,平等只是一种理想状态,不平等才是客观的真实状况。回顾历史,"让一部分人先富起来"的制度导向在当时的经济社会环境下确实极大地提高了人们生产的积极性,也成为中国经济快速发展的动因之一。但是这一制度的非预期性后果之一是,由于所倡导的"共同富裕"被一部分人先富起来且越来越富的收入分配格局所代替。由此,民众在一定程度上将收入差距的不公转移到了对制度合法性的质疑上,从而造成了这样一种局面:政府不遗余力地发展经济，但不少群体却对政府抱怨不已。不仅利益受损群体对收入不满，甚至不少利益既得者由于不断高涨的收入预期未能实现，"拿起筷子吃肉，放下筷子骂娘"的情形亦时有发生。虽然市场体制下的能力主义原则逐渐被不少人所认同，但在中国的市场化进程中，诸如权力等非市场因素与市场规则交织在一起共同发挥着收入和财富的分配作用。当个体或部分群体凭借自身能力、努力等方式不能有效实现收入增长，或与依靠非制度化方式、先赋优势者相比，收入增长有限时，那么不满、不公等负面情绪就难免会产生，随之而来的绩效压力也会越来越大。

可以说，客观的收入不平等状况如何影响民众对收入差距的主观感知与公平性判断是收入不平等研究领域的一项关键议题，并越来越受到学界和政策制定者的关注。本书关心的核心问题是：

在客观层面，转型期中国民众的收入和财富不平等呈现何种结构特征和变动趋势？进一步，在主观层面，民众如何看待当下的收入分配结果？不同取向公平感受的生成、差异及变动的影响机制表现为何？在总体意义上，民众能够容忍何种程度的收入差距？在社会急剧转型的过程中，以经济增长刻画的"做蛋糕"机制与以收入差距刻画的"分蛋糕"机制共同形塑的社会情境是否以及如何影响民众的收入获得感？

第 二 章

刻画：收入分配的结构特征与变动趋势

"夫物之不齐，物之情也。或相倍蓰、或相什百、或相千万。"
——《孟子·滕文公》

如果将一个社会不同群体的收入和资产占有状况看作一个由低到高按照多寡排列的阶梯——"财富之梯"，那么不平等程度则取决于梯度水平和斜率大小。可以设想，在任何一个社会，由于流动机制，使得一部分群体在财富之梯上由低到高向上流动（upward mobility），另一部分群体则由高向低下行流动（downward mobility），这种上下流动的规模和速度在很大程度上关乎一个社会收入和财富分配的结果与平等性（Whyte，2009）。但在极端的情形下，财富阶梯一旦出现了某种断裂，即由于高收入群体长期的财富占有和集中，使得上下流动的机制只在阶梯的较低层发挥作用，高收入群体逐渐固化为边界清晰的"自生产"阶层，整个社会由此定型为富人群体和其他群体并形成群体间收入和财富分割的鸿沟，那么这种刚性的分配结构无疑极不利于社会的稳定与发展。

大量的历史经验表明，当一个社会的经济高速增长之时，即使收入差距较大，人们依然能够表现出较高的容忍度，并对未来抱有良好的期望。一旦经济增速停滞甚至下滑，且收入差距仍然较大，那么人们对不平等的不满与抱怨就会日益高涨（赫希曼，2010）。中国经济从长期的高速增长模式回落到中高速状态，自2009年进入了以结构性减速为主要特征的"新常态"，经济增长率的趋势性下滑不仅导致与之内洽的一系列宏观经济指标呈现新性状，而且也带来了新挑战（李扬、张晓晶，2014）。这些挑战中，关于收入分配的公正性无疑是当下及今后一段时间内需要着力解决的重要问题之一。有研究在对比两次全球性大危机后发现，一个共同特点是少数人占据了过多的社会财富，收入分配差距过大是危机出现的前兆和经济风险的主要表征之一（刘鹤主编，2013）。这也警示我们，没有一个国家的经济能够永续高速增长，当经济出现回落，"蛋糕"不再无限快速增大，民众不断高涨的收入预期不能得到满足时，没有一个公平正义的收入分配制度，相伴的矛盾与冲突就会涌现，进而严重制约经济社会的发展并可能陷于转型的"泥淖"而难以自拔（魏钦恭等，2014）。

◇ 一 被重新点燃的"论争"

如果盘点近年来社会科学界的大事件，皮克提（Thomas Piketty）的力作《21世纪的资本论》（*Capital in the Twenty-First Century*）

无疑位居其列。厚达700页的学术著作，英文版甫一出版，便"一石激起千层浪"，发行量匹敌畅销书，各种热议不绝于耳，再次将收入不平等带回到了人们视野的中心。暂且不论其主要观点，正如作者开篇所言"财富分配是当今讨论最广泛也是最富有争议的议题之一"。与其说皮克提让人们重新思考收入不平等，毋宁认为收入分配现状让此书适逢其时。该书在深入分析20多个发达国家收入分配状况之余，也为我们重新检视和思考其他国家的收入不平等留下了充分余地，自然包括经济总量排名第二的中国。

经过改革以来的快速经济增长和人民物质生活水平的不断提升，在绝对意义上，中国已经从低收入阶段迈向了中等收入阶段。但与此同时，我们国家的收入差距仍然较大，有关基尼系数的统计结果显示，1992年以来我们国家的基尼系数一直在0.40以上，2003年以来一直在0.47以上。[①] 除了国家公布的统计数据，一系列的研究亦表明，在短时期内，中国已经从一个平均主义盛行的社会转向了一个收入分配高度不均的社会（王小鲁、樊纲，2005；李实、罗楚亮，2012；程永宏，2007；甘犁等，2012）。

关于经济增长与收入分配之间的关系一直是人们关注和争论的焦点。一方面，收入分配与每个人的生活息息相关，人们对自身收

---

① 1981—2002年的基尼系数依据研究测算（参见程永宏，2007）；2003—2013年的基尼系数依据国家统计局发布的数据［参见《统计局公布10年居民收入基尼系数》，新浪网（http://finance.china.com.cn/news/special/jjsj12/20130118/1245164.shtml）；《2013年全国基尼系数为0.473达到近10年最低》，新华网（http://www.js.xinhuanet.com/2014-01/20/c_119045665.htm）］。

人增长的关心毫无疑问成为其生活的重要部分；另一方面，一个社会的经济增长是否必然惠及大众，或者缩小收入差距并不是一个规范性的命题（魏钦恭等，2014）。20世纪50年代，库兹涅茨根据西方一些国家的经济发展数据提出了经济增长与人们收入差距变化的"倒U形"假说，认为随着经济的不断增长，个人收入的差距会出现先上升后下降的趋势（Kuznets and Simon，1955）。但是这一假说与其所要研究的问题一样，虽然经济增长与社会公平是每个社会都努力追求的目标，但并没有一个固定的路径模式，数据变化的背后有着更深层次的结构性根源。无论是对库兹涅茨基于美国收入状况研究路径的扩展①，还是国内学者在分析中国的经济增长与收入差距变化后，发现"倒U形"假说并不能得到数据的支持，甚至收入差距还有继续上升的明显趋势（王小鲁、樊纲，2005；李实、李婷，2010；陈光金，2010；Xie & Zhou，2014）。

皮克提的研究以一种简单但明了的方式向人们展示出，除了关注一般位点的收入差距，如果将收入最高的10%群体再进行细分，那么他们的收入份额亦呈现出一种分化状态。我们常言"人分三六九等"，事实上在被人为归类的最高10%的阶层中，9%们和1%们

---

① 关于经济发展与收入不平等的"倒U形"关系假说是库兹涅茨在对美国1913—1948年历史段内的收入分配结构进行分析后得出的，但皮克提的研究将这一历史时段进行了前后延展。在一个更长的历史段内（1910—2010），数据结果表明，虽然为库兹涅茨所"记录在案"的分析结果并没有错，但在总体上，这一"倒U形"的关系只不过是美国收入分配状况在历史发展过程中的一个片段和偏离状态。从20世纪50年代开始，这一不平等趋势逐渐加剧，甚至恢复到了30年代的最高水平，收入前10%的人群所占有的收入到21世纪初，达到了45%—50%（参见Piketty, Thomas, 2014：23-24）。

以及1%们和0.1%们之间有着本质的差别，在收入"金字塔"的顶部，那些1‰们的收入越来越集中，对他们而言资本收入所占比例已经大大超过劳动收入，只要"钱生钱"就可以维持高额的收益。这就好比一场起点不同，加速度也不同的比赛，最高收入层级与一般收入层级之间的鸿沟不仅越拉越大，甚至难以逾越。这种收入差距之间的"鸿沟"不仅是学界关注的重要议题，也日益成为与之相关社会问题生发的诱因。

人们常言"人赚钱很难，钱赚钱容易"，虽然皮克提提出的资本主义社会收入和财富分配差异化的核心机制——资本收益率高于经济增长率（r>g）并不一定是颠扑不破的真理，但在一个社会，当这一逻辑不受规约而发挥财富分配效应时，带来的一个必然结果就是收入差距的持续拉大。并且由于资本——收益的路径完全符合市场逻辑，从而r>g的财富差异机制与市场是否完备并不相关，反而资本市场越是完善，这一机制发挥作用的可能性越大（Piketty，2014：27）。这也意味着自由主义者所主张的完全放任的市场不是减弱而是会加剧这种趋势。尤其是，当一个国家的经济增速出现放缓甚或停滞之时，资本收益优势会更加凸显，进而一部分资本持有者只需要坐享其成就可以稳赢工薪劳动者，出现如有学者所言的"马拉松"式的社会结构，即在长距离的赛跑过程中，不断有人被甩出队伍，甚至失去成为社会构成之一员的资格（郭于华、孙立平，2011）。也正是在这个意义上，皮克提的判断是否符合中国的现状还很难说，但至少已经有端倪与之吻合（吕鹏，2013；范晓光、吕鹏，2017），并对我们国家的收入和财富分配具有很大启发意义。

关于中国收入和财富不平等的研究可谓汗牛充栋，但在总体上，我们仍须对分配结构进行粗略的刻画乃出于下述考虑。

第一，现有关于收入不平等的测量大多基于个体的收入多寡，较少关注家庭收入的分化状态。但事实却是，在中国，家庭的财富总额相比于个体的收入水平更能显现总体性的贫富分化状态。就全面考察收入不平等而言，家庭收入的视角不仅不能或缺，甚至更为重要（巫锡炜，2011；阿特金森，2016：28）。

第二，不同的不平等测量指标有着各自的侧重点，当然也存在着偏颇之处。如最为常用的基于洛伦兹曲线的基尼系数（Gini Coefficient），虽能敏感地体察中等收入水平的变化并直观可视，但若被观察群体中富人群体收入误差比较大，则很不可靠；另外"同一数量的转移性收入如果转移到样本众数附近，其带来的不平等的下降比转移到收入底层更大，也不太合理"（万广华，2008）。同样，源于广义熵（Generalized Entropy）的泰尔指数虽能弥补基尼系数的不足，但泰尔T指数对高收入群体的变化较为敏感，而泰尔L指数则对低收入群体的变化较为敏感。从而综合考虑不同指标可以较好地弥补单一指标的不足，进而能够更为全面把握不平等状态。

第三，多数研究将侧重点放在了对收入分配结果的考察上，忽视了收入的来源及收入组成内部的不平等状态。与一般意义上的工资性收入或劳动所得不同，收入长期积累所衍生的财产性不平等已经大大超过了总体收入差距。作为收入累积的结果和收入的重要来源，财产性收入不仅进一步拉大了收入差距，而且在未来有不断扩展的趋势,进一步形成了"不平等之上的不平等"(李实、魏众、丁赛,2005;迟巍、蔡许许,2012)。

第四,多数有关收入不平等的研究将视角聚焦于总体层面的变动趋势及结构特征,而在一定程度上忽视了结构特征和分类机制各自的贡献。收入不平等既由分类机制(如社会结构、人口特征)的构成决定,在分类机制不变的情况下,其他诸如受教育程度、工作行业等特征也会改变不平等状态;同样,在特征构成不变的情形下,分类机制(收入的条件分布)的变化也会影响不平等的总体模式(郝令昕等,2012:174)。同时,在对收入不平等的影响因素分析中,更多研究关注的仅仅是某些因素是否具有显著效应,而对这些因素各自的贡献和影响力大小置之不理。正是基于上述原因,仍需要对不平等的变动趋势进一步分解,以验证结构特征和分类机制的相对贡献以及在总体上各项因素对不平等的影响力大小。

第五,我们的研究不仅关注不平等的客观面向,更为重要的意义在于探讨不平等的主观面向以及客观收入与主观不公平感之间的关系。从而对客观收入和财富不平等的分析既在于厘清前置因素的特征,以便于与主观不公平感之间的关系分析,而且在另外一层意义上,客观的收入和财富分配结构成为我们进一步分析不公平感的结构环境和现实背景。

对此,下文将依据调查数据对收入不平等的结构特征进行定量分析。首先,测算总体的收入和财富分化状况;其次,对不平等指数进行结构分解,以查看不平等变化的特征;最后,通过基于调查数据的反事实模型预测和夏普利值方法对不同收入属性的不平等变动趋势进行分解。

◇ 二 收入和财富分配的总体状况

不平等是社会科学研究的核心问题，根据其属性可分为不同类型，本章只关注收入和财富分配的不平等状态。对不平等的理论探讨将在后文章节中专辟论述，此处从最为简明的定义出发，不平等主要指的是偏离平等状态的程度。平等意味着资源的均匀分布，其中某一群体中的每个人都能获取相同数量或相同份额的某一资源，与之相对，不同个体、群体获得某一资源的多寡差异则构成了不平等。（郝令昕等，2012：3）从而现有关于不平等的测量指标在本质上都是以收入或财富的完全均等为参照，进以根据对平均状态的偏离程度来评估不平等水平的高低。为了尽可能全面地描述收入和财富分配的不平等状态，下文将对四类属性的不平等进行分析，即个体工作性收入、人均家庭收入、人均家庭财产性收入和人均家庭资产状况。毫无疑问，这四类分析对象存在着相互影响甚至彼此衍生的关系，但又有着各自的侧重点和生成逻辑，在一般意义上，家庭资产可被看作财富存量，而各类收入则是增量。从文章借以分析不平等的调查数据进行的相关性统计结果来看（见表2.1），四项属性间具有显著的内在关联，人均家庭收入既与个体的工作收入相关，也与家庭资产和财产性收入相关；人均财产性收入在不考虑投资主体差异和投资行为的条件下，主要取决于家庭资产的多寡；家庭资产占有的高低不但取决于家庭成员的收入状况,反过来,财产性收入又会积累成为家庭资产的一部分。

表2.1　　　　　　　　加权的四项属性偏相关关系

	工作收入	人均家庭收入	人均家庭资产	人均财产性收入
工作收入	1.000			
人均家庭收入	0.320***	1.000		
人均家庭资产	0.246***	0.322***	1.000	
人均财产性收入	0.228***	0.514***	0.429***	1.000

注:***$p<0.001$。

(一) 数据来源及质量检验

此处分析所使用的数据来自中国社会科学院社会学所课题组于2006年、2008年、2011年三个年份所组织实施的问卷调查,① 样本量分别为7061、7139、7036,涵括城乡居民。在此三个年份的调查中,问卷设计了较为详细的关于居民家庭总收入及各项来源收入的

---

① 2006年的调查采取随机抽样的方法,在全国28个省市、100多个区县抽取7000多个家庭户,然后在每个被选中的居民户中按一定规则随机选取1人作为被访者,调查于2006年4—6月进行。2008年的调查,在全国28个省市所涵盖的130个区/市/县中,每个区/市/县抽取2个乡/镇/街道,然后在每个抽取的乡/镇/街道中抽取2个村/居委会。共计抽取257个乡/镇/街道,520个村/居委会。在所抽取的村/居委会,根据随机抽样的方法,抽取7001个家庭户,然后在每个被选中的居民户中按一定规则随机选取1人作为被访者,调查于2008年5—7月进行。2011年的调查在全国25个省/自治区的城乡区域以及5座城市的市区开展,调查抽取472个村、居委会作为二级抽样单位(SSU),然后以每个SSU的地图地址为抽样框作为实地抽样的基准,抽取相应的家庭户、集体户。在抽中的家庭户中抽取1位受访者进行访问。调查于2011年7—10月进行。(抽样说明来源于调查课题组所发布的抽样调查手册)

题器，从而在一定程度上能够契合我们的研究问题、满足研究需要。由于是二手数据分析，有必要先对数据的质量进行检验，以保证研究结论的可靠性。对数据质量的检验可凭据多个方面，如受访者的社会人口特征、访问员效应、量表的守恒性等，此处我们仅对受访者中党员比例及年龄的堆积效应进行比照检验。

1. 对2006年调查数据的检验

对2006年调查数据中被访者的党员身份与性别和年龄进行交叉分析后（加权处理），结果显示，虽与官方公布数据之间存有差距，但在95%的置信区间内能够包含二者的比例数值。进一步的统计结果表明，设计效应也在可接纳的范围内。①

表2.2　　　　党员与性别、年龄交互的比例分布（2006）

	比例	标准误	设计效应	95%的置信区间		官方数据②
女	.2231	.0171	1.06	.1894	.2567	19.70%
男	.7769			.7433	.8106	80.30%
[18, 35]	.2419	.0205	1.44	.2017	.2821	23.37%
(35, 69]	.7581			.7179	.7983	76.63%

---

① 设计效应（deff）主要是评估抽样设计的效率，是复杂抽样与简单随机抽样之间的比较，deff=1则表示与简单随机抽样没有区别，deff>1则表示效率比简单随机抽样低。设计效应的计算公式可表示为：$deff = V(\hat{\theta})/V_{srs}(\hat{\theta})$，其中$V(\hat{\theta})$为在现有的抽样设计下，总体未知参数$\theta$的估计量的方差，$V_{srs}(\hat{\theta})$为相同样本量的简单随机抽样方法下，$\theta$的估计量的方差（参见梁小筠、陈亮《设计效应的计算》，《统计研究》2006年第1期）。也就意味着，deff的值越大，其抽样效率越低。

② 2006年官方党员数据来自于《2006年全国党内统计数据显示　党员队伍充满生机与活力》，2014年10月22日，人民网（http://cpc.people.com.cn/GB/64107/64109/5966550.html）。

接下来，对受访者的年龄堆积现象进行检验，这一分析是基于抽样群体的年龄尾数应该呈等比例分布的假设之上，也就是说，在自然的状态下，每个年龄尾数的人群应该不存在结构性差异。一般对年龄堆积现象的分析采用迈耶斯混合指数（Myers' Blended Index），该指数在理论上是 0 到 90 之间的数值，0 表示完全没有堆积，90 则表示所有抽样群体都堆积于一个年龄组（魏进，1985）。同样，我们可以查看各个年龄组的堆积现象，也就是将各个尾数年龄组的分布比例与 10% 相减，绝对值越大，表示堆积现象越严重。表 2.3 的数据结果显示，2006 年的抽样数据中受访者的年龄不存在严重堆积现象，在可接纳的范围之内。

表 2.3　　　　　　　年龄测量的迈耶斯指数（2006）

末尾数	0	1	2	3	4	5	6	7	8	9
比例（%）	11.76	9.12	9.80	10.40	9.48	10.05	9.27	9.52	10.94	9.67
迈耶斯混合指数 = 3.15										

2. 对 2008 年调查数据的检验

表 2.4 是对 2008 年受访者中党员比例在不同性别和年龄段上分布的比较检验结果。可以看出，男女党员的比例与官方统计数据基本一致，但在不同年龄段上存在一定差异，主要是 18—35 岁年龄段的党员比例较低、46—59 岁年龄段的党员比例过高。这可能一方面与由于对调查数据的权重耙平（calibration）未考虑受访者政治面貌从而使得数据结构发生了一定程度扭曲有关（调查组根据年龄、性

别、城乡和教育进行了联合加权);另一方面可能确实是因为样本群体的政治面貌与总体发生了偏离。表2.5是对受访者年龄堆积效应的测量结果,年龄并不存在严重的堆积现象。

表2.4　　　党员与性别、年龄的交互比例分布(2008)

	比例	标准误	设计效应	95%的置信区间		官方数据①
女	.2084	.0175	1.16	.1741	.2428	21.00%
男	.7916			.7572	.8259	79.00%
[18,35]	.1521	.0227	2.49	.1076	.1967	23.51%
(36,45]	.2556	.0203	1.36	.2156	.2954	22.64%
(46,59]	.3851	.0229	1.39	.3401	.4302	29.26%
(60,69]	.2071	.0185	1.31	.1707	.2436	24.58%

表2.5　　　年龄测量的迈耶斯指数(2008)

末尾数	0	1	2	3	4	5	6	7	8	9
比例%	10.71	8.62	9.26	9.70	9.52	11.05	11.47	10.03	10.03	9.60
迈耶斯混合指数 = 3.29										

3. 对2011年调查数据的检验

表2.6的结果表明,2011年的调查数据中,党员人数的比例无论是分性别还是分年龄段,我们有95%的把握确信,置信区间包含

---

① 2008年官方党员数据来自于《2008年中国共产党党内统计公报党员总数7593.1万》,2014年10月22日,中国网(http://www.china.com.cn/news/txt/2009-07/02/content_18051424.htm)。

了总体真实值。设计效应也在可接纳的范围之内。迈耶斯混合指数的结果显示出受访者的年龄亦不存在堆积现象。

表2.6　　　　党员与性别、年龄的交互比例分布（2011）

	比例	标准误	设计效应	95%的置信区间		官方数据①
女	.2601	.0171	1.27	.2266	.2936	23.30%
男	.7399			.7064	.7734	76.70%
[18，35]	.2865	.0205	1.71	.2463	.3267	25.00%
(36，69]	.7135			.6733	.7537	75.00%

表2.7　　　　年龄测量的迈耶斯指数（2011）

末尾数	0	1	2	3	4	5	6	7	8	9
比例%	10.59	9.36	9.75	10.41	8.91	10.15	9.85	9.57	11.06	10.35

迈耶斯混合指数 = 2.56

通过对样本数据中受访者党员身份、年龄结构的比较检验，综合三个年份的统计结果，虽然调查数据与目标总体存在一定偏离，但基本在可接纳范围内，不会造成统计结果的实质性偏误。在数据质量检验的基础上，全书的分析将围绕城镇居民展开。

---

① 2011年官方党员数据来自于《全国党员总数8260.2万名党的基层组织总数402.7万个》，2014年10月22日，新华网（http：//news.xinhuanet.com/politics/2012 - 07/01/c_ 123353337.htm）。

（二）收入和财富分配的总体状况

就群体特征和社会结构而言，描述性结果显示（见表2.8），其对人们的收入和财富获得具有明显的区隔作用。不同年龄的城镇居民，在工作性收入上符合Mincer关于人力资本理论的判断，即年龄与收入之间的关系呈现倒U形，31—45岁的群体在三个年份的调查中都是工作收入最高的；在其他三类分配结果上，年龄差异不具有明显的趋向。关于不同受教育程度群体的收入和财富分配结果表明，受教育程度与工作性收入、人均家庭收入、人均家庭资产都呈现线性关系，受教育程度越高的群体，其收入水平和家庭资产更高。地域间的收入和财富差距也较为明显，直辖市和东部地区的居民相比于其他地区，收入水平更高，家庭资产更多。大量的研究表明，工作行业和职业分割是造成收入差距拉大的重要结构性因素，从调查结果来看，这种分割效应仍然明显。就工作行业而言，2006年和2011年的统计结果表明，金融地产业的从业者在工作收入、家庭收入、财产性收入和家庭资产方面都处于各个行业的首端；相比，2008年的调查结果则显现不同的现象，在工作收入、家庭收入和财产性收入方面分别让位于科教文卫和能源资源行业。由于金融地产行业与市场的结合更为紧密，更易受到市场和金融状况变动的影响，从而2008年的变化很可能与国际金融危机的影响有关系。就职业而言，收入和财富差距的层级效应十分清晰，根据职业地位的层级高低，将受访者的职业划分为管理人员和专业技术人员、办事人员、商业服务人员、工人和农民五个类型，职业层级越高的群体在收入获得和财富占有上的优势越明显。①

（三）收入和财富分配的变化趋势

关于近年来中国城镇居民收入和财富分配状况的总体变化趋势，从图2.1可以看出，在整体上，工作收入、人均家庭收入和人均家庭资产（2006—2008）都呈不断上升的趋势，这也意味着，随着中国经济的不断增长，人们的收入水平和资产状况亦稳步提升。就人均家庭财产性收入而言，相比于2006年，2011年呈现出较大幅度的增长，但2008年的统计数值变化并不明显，甚至略有降低。由于缺乏进一步的数据进行论证，难以判断降低的缘由，但有关研究表明，2008年前后，发端于美国的国际金融危机亦对中国城镇居民的财产性收入造成了冲击和影响（杨新铭，

---

① 关于职业层级的划分是社会分层领域的核心议题，依据不同的标准有着各自不同的分类方式，且国际和国内的研究由于具体职业类属的差异也各有不同。此处的分类借鉴了李路路关于中国城镇居民社会阶层划分的类型图式，其依据社会成员所拥有的权力和所占有的资源将城镇居民的社会阶层划分为管理人员、专业技术人员、办事人员、工人和商业服务人员、自雇佣者、农民六种类型（参见李路路，2005）。此处由于自雇佣者的人数较少，从而我们将其与商业服务人员进行了合并，且考虑到管理人员人数较少，将管理人员和专业技术人员进行了合并，这样就形成了五个层级的职业划分。需要强调的是，虽然分析的对象是城镇居民，但此处的城镇居民并不完全指具有城镇户口的居民或从事非农职业的居民，而是指居住在社区（居委会）辖区中的18岁及以上人口，从而有不少职业为农民的受访者亦进入了分析对象之中。

2010)。

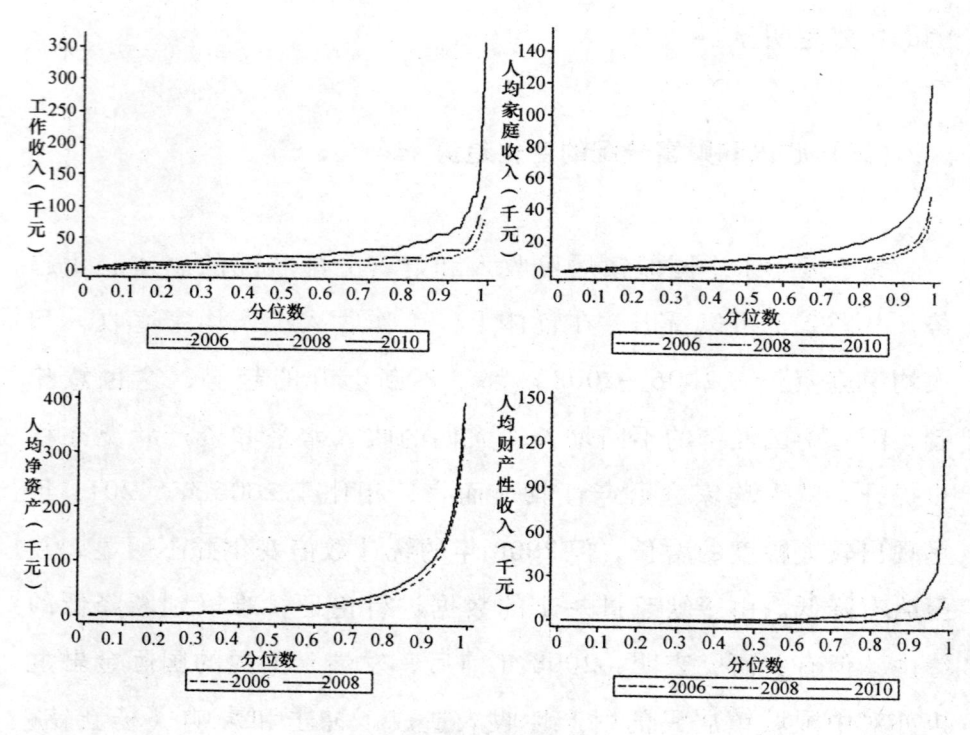

图2.1 分位数函数

在分位数函数分布的基础上，研究进一步描绘了收入和财富不平等状态的洛伦兹曲线。洛伦兹曲线以反映变量均值进行了标准化，从而排除了尺度改变，进而可以根据曲线与完全平等线之间的面积来比对不平等状况（郝令昕等，2012）。从统计分布图可以看出（见图2.2）：第一，人均资产净值的洛伦兹曲线和完全平等线之间的面积远大于其他收入的情况，这表明，近年来城镇居民在财富占有上的不平等更为严重；第二，工作收入和人均家庭收入的不平等状况呈现先下降后上升的趋势;第三,人均财产性收入的不平等程度逐年上升,2011年的不平等程度远高于前两个年份,这在一定程度上意味着,虽然财产性收入在城镇居民总体收入中占比还较低,但随着资本和金融市场的不断发展,财产性收入的差距不断扩大,在一定程度上形成了由资产而衍生的新的不平等(周晓蓉、杨博,2012)。

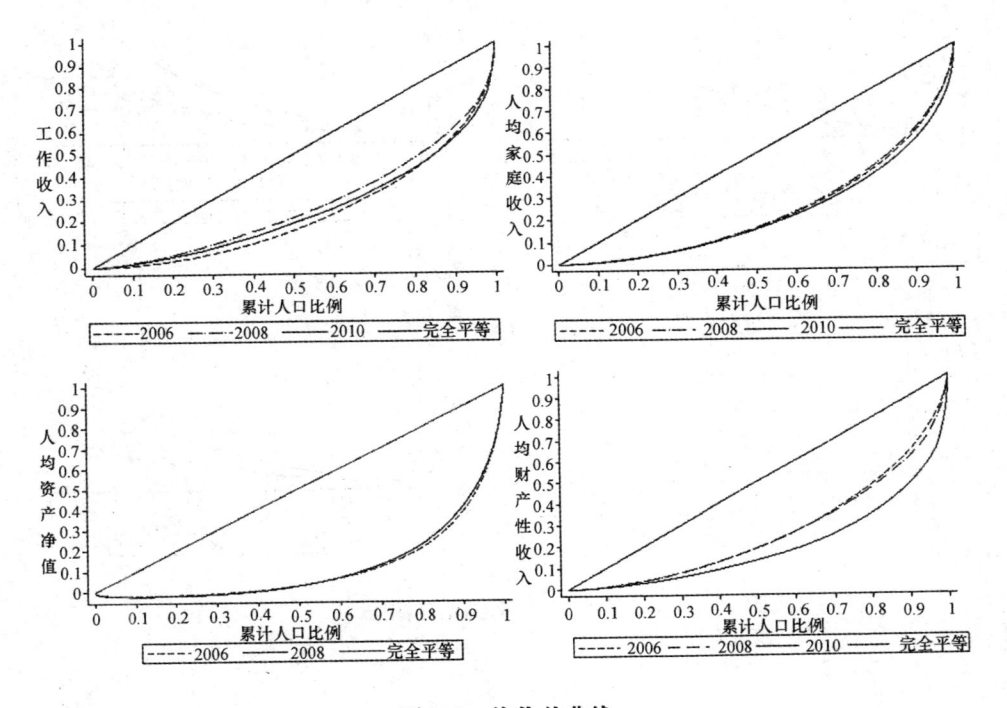

图2.2 洛伦兹曲线

广义洛伦兹曲线是在洛伦兹曲线的基础上,乘以平均收入或资产而得到的,可以看出(见图2.3),以2006年为参照基点,2008年和2011年在相关收入和财富属性上均呈现明显的增长趋势。这表明，虽然上述属性的不平等程度有着变化和加剧的态势，但对城镇居民而言，由于收入和资产增长而带来的总体福利在同时期却有着明显的改善。①

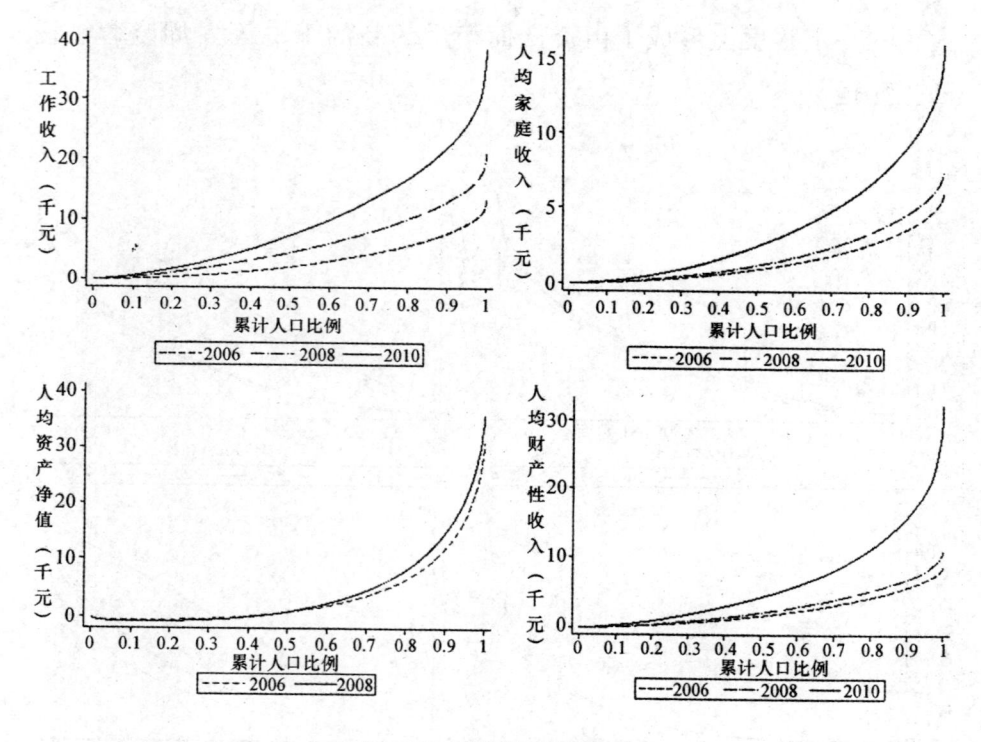

图2.3 广义洛伦兹曲线

---

① 此处所指的总体福利是指个体福利的总和，如果将一个社会看作是由 n 个个体组成，将每个个体的收入进行排列 $(y_1, \cdots, y_n)$，那么 y_i 则表示第 i 个个体的收入水平。如果将社会福利看作是个体福利总和的函数，$W(y_1, \cdots, y_n)$，在比较的情形下如果 $W(y_1, \cdots, y_n) > W(\bar{y}_1, \cdots, \bar{y}_n)$，则可认为总体社会福利在增加。

第二章 刻画：收入分配的结构特征与变动趋势

表 2.8 中国城镇居民收入和财富状况的加权描述性统计

变量	2006 年					2008 年					2011 年			
	比例（%）	工作收入（千元）	人均家庭收入（千元）	人均家庭财产性收入（千元）	人均家庭资产（千元）	比例	工作收入（千元）	人均家庭收入（千元）	人均家庭财产性收入（千元）	人均家庭资产（千元）	比例	工作收入（千元）	人均家庭收入（千元）	人均家庭财产性收入（千元）	人均家庭资产（千元）
整体	100	9.45	8.08	0.38	52.82	100	11.80	9.68	0.37	59.50	100	24.32	21.20	1.19	23.06
年龄															
18—30 岁	27.19	10.09	8.30	0.32	56.65	27.76	13.44	11.05	0.53	66.16	32.55	23.56	22.67	1.76	23.86
31—45 岁	42.39	12.33	8.06	0.31	45.21	41.44	15.82	9.91	0.37	57.98	38.76	38.06	24.05	1.49	26.59
46—60 岁	30.42	5.55	8.06	0.45	57.55	30.79	7.62	8.40	0.26	55.19	28.69	17.96	17.25	0.52	19.07
教育程度															
初中及以下	71.75	6.02	6.00	0.28	38.71	77.69	7.78	7.42	0.22	47.37	64.71	14.78	13.95	0.38	12.74
高中/中专	18.61	9.34	8.26	0.45	57.05	15.80	14.42	11.39	0.36	71.25	19.13	18.39	21.06	0.76	19.43
大专	5.73	15.37	12.34	0.62	75.93	4.38	19.61	15.30	1.40	84.72	8.34	38.33	24.97	0.88	24.28
本科及以上	3.91	24.55	15.39	0.42	104.47	2.12	37.46	20.48	0.54	153.14	7.83	54.28	42.55	5.11	66.40
地域															
东部	27.22	9.31	7.91	.50	38.65	28.03	13.18	11.09	.38	83.35	21.50	29.19	25.34	2.14	36.10
中部	30.09	7.61	6.87	.28	38.72	30.40	11.80	7.84	.28	47.33	29.34	19.20	12.87	.30	10.92
西部	23.43	10.18	7.92	.49	58.85	23.71	8.14	7.92	.15	39.11	24.99	18.09	16.05	.50	8.44
东北	11.91	7.54	6.96	.21	32.43	11.85	7.30	8.55	.29	47.75	13.61	17.91	17.21	.37	7.22
直辖市	7.34	15.43	13.18	.37	124.42	6.02	22.10	15.80	1.21	131.54	10.55	35.88	35.36	2.30	47.26

续表

变量	比例(%)	2006年 工作收入(千元)	2006年 人均家庭收入(千元)	2006年 人均家庭财产性收入(千元)	2006年 人均家庭资产(千元)	比例	2008年 工作收入(千元)	2008年 人均家庭收入(千元)	2008年 人均家庭财产性收入(千元)	2008年 人均家庭资产(千元)	比例	2011年 工作收入(千元)	2011年 人均家庭收入(千元)	2011年 人均家庭财产性收入(千元)	2011年 人均家庭资产(千元)
						工作行业									
农业、手工业	52.47	3.63	4.15	0.10	18.22	50.81	2.44	5.13	0.16	21.13	3.63	16.82	9.64	0.68	2.74
工业	17.33	15.54	9.33	0.36	45.67	19.91	24.80	12.82	0.61	73.65	30.62	40.53	25.66	0.56	23.24
能源资源	1.23	15.96	8.72	0.77	53.28	1.20	21.92	13.55	1.02	40.25	2.78	26.17	20.54	0.01	14.19
交通通信	3.78	19.09	10.01	0.28	57.16	2.36	20.94	9.56	0.22	53.85	4.57	42.96	21.12	0.35	67.09
商贸服务	15.55	15.74	8.57	0.31	55.65	18.62	20.12	11.07	0.36	68.48	35.44	41.56	20.36	0.67	13.89
金融地产	1.13	24.30	13.76	0.85	71.25	1.37	18.93	12.68	0.83	113.37	3.72	77.71	51.00	11.89	92.65
科教文卫	5.48	21.77	13.41	0.28	86.69	3.30	31.25	13.31	0.22	87.91	11.82	42.89	27.07	1.12	32.04
党政机关	3.02	14.95	10.61	0.87	63.64	2.44	19.83	12.40	0.37	62.79	7.41	36.63	23.05	0.55	22.17
						职业									
管理者和专业技术人员	8.38	25.92	15.40	0.71	93.86	6.31	35.16	18.19	0.50	116.25	12.83	49.52	38.40	2.70	47.29
办事人员	5.67	17.80	11.86	0.36	81.27	6.44	19.57	13.73	0.58	110.35	9.47	27.58	24.24	0.78	26.39
商业服务人员	17.62	14.35	7.97	0.30	48.56	18.76	18.81	10.09	0.27	56.91	19.96	26.50	17.85	1.09	16.71
工人	17.22	12.82	7.40	0.25	34.02	18.81	21.93	9.67	0.41	50.84	19.56	17.01	14.20	0.18	14.74
农民	51.08	2.80	3.58	0.08	16.29	49.68	1.41	5.04	0.03	18.31	38.18	1.63	8.35	0.19	2.83
样本量			3573					3862					4324		

◇ 三　不平等的结构特征

奥迪斯·邓肯强调"社会学不像物理学，唯独物理学才像物理学，因为一切近似于物理学家对世界的理解都将最终成为物理学的一部分"（转引自谢宇，2012：9）。自然，社会现象不可能如同物理现象一样，在控制某些影响因素后发现一套"放之四海而皆准"的普遍规律，能够对事物的发展变化进行精准的预测，但这并非意味着对不平等问题的研究只能是思辨式的内省或者体验式的观察。即使社会现象再多驳杂，仍然会在特定的时间和空间中呈现某种可以归纳的总体性结构特征。

此处关于不平等程度的测量与结构特征分析以大规模社会调查数据为基础。没有太大争议的是，社会抽样调查与数据统计分析是进行社会实证研究最重要的方法之一，但要说建立在"借眼观察"和个体回答基础上的样本数据如何能够有效表征目标总体并对总体性社会问题进行深入洞悉则争议不少。概而言之，争议主要体现在以下方面。首先，最主要的批判来自质性研究者对统计至上主义的反对，也即反对那些将社会学的实证研究简单地等同于社会统计，从而认为所有非数据、非统计的研究都是不科学的，所有未能以因果变量和数学模式表达的研究都不能探究社会现象内在逻辑机制的潮流和理念。也正是在这种意识形态之下，人们往往容易以偏概全进而否定定量分析在社会科学研究中的重要作用。其次，认为问卷调查所获得的数据结果对于研究者深入认识和理解某些社会问题意义有限,甚至在一定程度上,过度倚重调查数据和统计分析导致了对事物运行微观机制和发展过程的知识空缺,牺牲了对社会现象的意义解析(周雪光、赵伟,2009)。再次,忽略调查实施及数据统计各个环节的系统误差,社会调查的对象——个体在面对社会调查的主要工具——问卷及附着在其上的各种题器之时,对某些问题的回答并不能保证真实有效,收入和财富话题尤其如此。① 最后,大量的社会调查都属于横断面研究(cross sectional research),从而在描述和分析调查时点现况的同时,很难进行历时性的因果推断,但事实恰恰在于社会现象永远处于时序的发展变化中。

既然存有着不止于上述的争论和缺陷,采取社会调查和数据统计分析来观察和把握不平等的状况与形势,何以可行?

简单易明的道理是,不仅定量方法存在着缺陷,而且任何用以研究社会及其问题的方法,都存在着局限。对于此种局面我们并不应该感到吃惊或遗憾,而是应该明白所有的方法只不过是用以观察和解决问题的手段,就像没有普适的法则一样,适用即为有效。

第一,选择以数据为基础的定量分析是由能否更好地对主题展开研究为前提条件的。正如有研究者所指出的那样,"尽管带有自身的缺陷、局限和不完善,定量方法依然是理解社会及其变迁的最

---

① 在一般情形下,受访者的行为可分为四类:(1)拒绝参与调查;(2)同意参与调查,但是拒绝回答某些题器;(3)同意参与调查,但是出于私人目的或者利益的驱动,回答过程中刻意隐瞒某些事实,或者随意填答;(4)同意参与调查,充分配合,回答了所有问题(参见王建平、张立娟,2006:197-198)。

佳途径"(谢宇,2012:5)。也正是在这个意义上,大规模的调查数据和统计推论可以较为有效地帮助我们把握收入和财富不平等状况的总体特征。确实,框架固定的间接问卷调查忽略了现象背后的众多信息并在定量分析的过程中形成无可避免的内生性问题,诸如信息的遗漏偏误等(陈云松、范晓光,2010),但这种在一定程度上牺牲信息深入性的做法却可以对社会的总体性结构特征有更为全面的认知。作为学术性的社会调查,是研究者建构理论、验证假设、归纳事实的一项重要资料来源,无论是问卷的设计还是概念的操作化都是基于特定的理论预设和检验测量基础之上的。从问卷设计、抽样、调查实施、数据录入和清理到统计分析都有着一套严格规范的程式,在此基础上形成的调查数据具有错误可回查、统计可重复的特征,从而保证研究的客观性与真实性。

第二,就我们的研究而言,所要关注的是群体性或社会整体性的不平等状况,而非个体性因素,从而在数据样本量足够大的时候,任何个体的变异性或特殊性并不能构成对总体结构稳定性的威胁。[①] 在一定意义上,任何个体关于收入和财富的回答都可以看作是回答总体的随机误差,对解释研究现象的影响可以在一定的统计意义上忽略。

---

① 对于样本规模多大才能具有代表性并没有一致的标准,而要视总体状况、调查成本以及想要达到的抽样精度等因素而定。以简单随机抽样为例,样本量的估计公式可表示为:$n = \dfrac{u_\alpha^2 p(1-p)}{d^2}$,其中 p 为样本中某一个类别在总体中的比例;u_α 为置信度为 $1-p$ 时所对应的分布临界值;d 为样本估值和总体参数之间的差值。根据上述公式,如果我们设定估计区间置信水平为 0.05,绝对误差在 3% 以内,那么对于绝大多数分布的估计而言,仅需调查 1000 个样本即可。但由于在实际调查中,一般采取复杂抽样方式,从而还需要考虑诸如设计效应,预估的回答率等因素,进一步增大样本量。

如有研究者所认为的，相对于稳定和普遍的结构性因素而言，即时性的因素仅仅是影响独立的个案，并使它们围绕总体趋势波动的局部因素而已，对于这些即时性因素的分布，社会研究通常会认为是随机和均匀的，仅仅具有干扰性质，对于总体趋势的影响不具方向性（王天夫，2006）。从个体组成的抽样总体推论目标总体事实上是建立在"大数规律"之上的，这样做不是认为社会个体是同质的，相反我们是在承认个体异质性的基础之上，来推论总体的。迪尔凯姆的扛鼎之作，《自杀论》的研究正是表明，虽然就个体而言，自杀的原因各不相同，但一个国家或社会的自杀率则是一种社会现象，是脱离了个体差异而受社会结构环境影响的（迪尔凯姆，1996）。也正是在这个意义上，虽然每个个体的收入和财富状况差异万千，但一个社会总体性的收入差距和财富占有程度则是受到结构和条件成分影响的。

第三，对于横剖研究与纵贯研究的关系问题，实质上并不存在方法上的矛盾。我们知道截面数据相较于历时性数据（longitudinal data），在资料的深度和广度上较差，在区分事物的因果逻辑关系时会遇到困境，但这更多是缘于研究的人力、财力、物力和社会结构环境约束，为了应对此种局限，更多的横剖研究尝试在调查中通过增加时间维度来探寻因果关系。当然，如果有足够的资源，获得纵贯数据进行统计分析能够更为科学地说明所要研究的问题，但这从方法上并不能成为否定截面调查数据的论据。

确定了以社会调查作为不平等分析的数据来源，就面临着以何种方法和使用哪些指标量度不平等。如某研究者所指出的那样，可以从不同的角度或层面研究不平等，从理论上讲，一个好的指标需要满足以下性质：第一，匿名性，即度量数值只和观测数值有关，而与观测对象的其他属性无关；第二，齐次性或尺度无关性，也就是说收入或财富的不同计量单位不影响不平等的统计结果；第三，人口规模无关原则，不平等的测量结果只与收入分布有关而与人口规模无关；第四，强转移原则，是与弱转移原则相对而言的，弱转移原则表明转移后的收入分配比转移前的收入分配更不平等，而强转移原则强调当一笔收入由富有者转移给穷人之后，如果相同的转移出现在相同距离的两个人之间，收入转移会减少不平等；第五，洛伦兹占优或洛伦兹一致性，如果以洛伦兹曲线来刻画 A 和 B 两种收入不平等状态，那么 A、B 之间的关系应该可以通过洛伦兹曲线清晰地显现出来；第六，可分解性，在研究的过程中，我们不仅需要了解总体的不平等状态，而且由于社会的结构特征和收入本身的来源组成，需要将总体不平等分解为组间不平等和组内不平等，以及来源间和来源内不平等（万广华，2008；郝令昕等，2012：57 - 82）。

在上述原则的基础上，对于在类型众多的不平等测量方法和指标中选择哪种，可谓"仁者见仁，智者见智"，为了避免单一指标的偏颇，此处的分析我们将综合使用不同的几种指标，大致可分为基于分位数函数的分位数比、基尼系数、基于信息理论的广义熵指数和基于社会福利函数推导的阿特金森指数。

（一）不平等的观测结果和变动趋势

表 2.9 是对不平等的四项属性（城镇居民工作收入、人均家庭

收入、人均财产性收入和人均家庭资产状况）近年来的不平等程度测量和年度比较结果。首先查看居民工作收入的状况，分位数比的结果显示，收入分布下半部分（$p10/p50$）的不平等程度呈现年度间的下降趋势，且这种下降具有统计上的显著性；而收入分布的上半部分（$p90/p50$）却呈现不平等程度先下降后上升的趋势，与2006年相比，2008年的下降具有统计上的显著性，2011年的上升则不具有显著性。对于收入分布众位数处较为敏感的基尼系数统计结果则表明，近年来工作收入的不平等程度处于不断上升的趋势，以2006年为参照，2008年上升约4.3%，2011年上升约11%。广义熵敏感参数的四个取值（$-1, 0, 1, 2$）分别对应着收入分布的不同部分，随着数值的增大，敏感性从底部移到了顶部。广义熵指数的统计表明，在收入分布底部，GE_{-1}先降后升（2011年虽然上升，但与2006年相比，并不具有统计显著性），对顶部敏感的GE_2则先升后降（2011年虽然下降，但与2006年相比，仍具有统计上的显著性），对收入分布中部敏感的GE_0和GE_1都呈现逐年上升的态势。阿特金森指数随着厌恶不平等的参数增大，收入不平等程度亦随之提高。总体而言，工作收入的不平等状况在收入分布的不同部位具有不同特征，中部的不平等程度逐年加剧，底部和顶部则呈现年度间的升降变动。

人均家庭收入的不平等状况，从分位比的结果来看，虽然指数差异不具有统计上的显著性，但2011年相较于前两个年份，无论是下半部分还是上半部分都呈现不平等加剧的趋势。基尼系数结果显示，与2006年相比，虽然2008年出现了微弱的下降，但2011年快速上升，不平等程度提升了约9.8%。广义熵指数的结果表明，除了对顶部具有敏感性的GE_2与2006年相比不具显著差异性，其他参数的指数均显示，2011年的不平等程度更为强烈。这些结果意味着，对于人均家庭收入，在三个年份的比较中，2011年的不平等出现了明显加剧的趋势。且与工作收入相比，考虑人口基数的家庭收入在多项不平等指标上数值更大，这也在一定程度上意味着，城镇居民家庭收入的不平等程度要高于工作收入状况。

人均财产性收入的不平等测量结果显示，在三个年份的比较中，收入下半部分的不平等程度呈先上升后下降的趋势，而上半部分的不平等年度变化趋势则与下半部分相反。值得关注的是，人均财产性收入的基尼系数虽然在年度的比较上不具有显著差异性，但数值结果却呈逐年增加的态势，以2006年为参照，2008年上升了约5.9%，2011年则上升了约6.9%。在测量不平等的四类属性中，财产性收入的不平等程度最高，这也意味着由资产所衍生的收入差距成为城镇居民收入不平等的新来源，并有不断上升的走势。

对于人均净资产，由于有不少家庭样本的资产为非正值，从而在测量的过程中使用了与前述有所不同的指标。且前文有述，在2011年的问卷调查中关于家庭资产的测量题器与前两个年份不同，从而难以进行年度间指数差异的比较。但数值结果显示，就2011年而言，无论是收入上半部分的分位数比值、基尼系数还是广义熵GE_2指数，都表明人均家庭资产的不平等程度较为严重。

从三个年份的四项不平等属性统计结果中可以较为清晰地看到：第一，家庭财富及其所衍生的财产性收入不平等程度远高于人

表 2.9 加权的收入和财富不平等测量以及变化趋势的显著性检验

测量	2006年	2008年	2011年	2008年变化(以2006年为参照)	p值	LB	UB	2011年变化(以2006年为参照)	p值	LB	UB
工作收入											
$p10/p50$	.300	.417	.491	.117	0.000	.078	.155	.191	0.000	.158	.223
$p90/p50$	2.800	2.500	2.944	-.299	0.028	-.567	-.033	.144	0.353	-.159	.448
Gini	.462	.482	.513	.020	0.517	-.136	-.020	.050	0.024	.006	.094
GE_{-1}	.579	.521	.590	-.059	0.410	-.200	.082	.010	0.868	-.109	.130
GE_0	.383	.410	.461	.027	0.630	-.082	.135	.077	0.056	-.002	.157
GE_1	.435	.608	.629	.173	0.224	-.105	.451	.194	0.006	.055	.332
GE_2	.916	3.841	1.765	2.925	0.226	-1.810	7.661	.849	0.006	.244	1.453
$A_{0.5}$	.182	.213	.234	.030	0.351	-.034	.094	.052	0.014	.011	.093
A_1	.318	.336	.369	.018	0.627	-.055	.090	.051	0.053	-.001	.102
A_2	.537	.510	.541	-.027	0.423	-.093	.038	.004	0.867	-.046	.055
人均家庭收入											
$p10/p50$	.288	.288	.296	-.000	0.979	-.034	.033	.008	0.624	-.022	.038
$p90/p50$	3.032	2.848	3.148	-.184	0.163	-.443	.075	.116	0.404	-.156	.388
Gini	.489	.484	.537	-.005	0.680	-.032	.021	.047	0.014	.009	.085
GE_{-1}	.956	1.108	1.744	.152	0.259	-.112	.417	.788	0.017	.143	1.432
GE_0	.450	.449	.547	-.000	0.988	-.049	.048	.097	0.012	.021	.173
GE_1	.469	.454	.665	-.016	0.698	-.095	.063	.195	0.031	.018	.372
GE_2	.948	.845	2.573	-.102	0.572	-.458	.254	1.626	0.089	-.253	3.504
$A_{0.5}$	.202	.198	.252	-.004	0.767	-.027	.020	.050	0.017	.009	.092

续表

测量	2006年	2008年	2011年	2008年变化(以2006年为参照)	p值	LB	UB	2011年变化(以2006年为参照)	p值	LB	UB
人均家庭收入											
A_1	.362	.362	.422	-.000	0.988	-.031	.031	.059	0.009	.014	.104
A_2	.656	.689	.777	.032	0.266	-.024	.089	.121	0.002	.044	.197
人均财产性收入											
$p10/p50$	.094	.040	.067	-.054	0.502	-.211	.103	-.027	0.679	-.155	.101
$p90/p50$	9.375	12.000	8.000	2.625	0.098	-.481	5.731	-1.375	0.348	-4.246	1.496
Gini	.764	.809	.817	.046	0.200	-.024	.115	.053	0.224	-.033	.139
人均净资产[①]											
$p90/p50$	6.508	5.728	17.000	-.780	0.111	-1.741	.180	—	—	—	—
Gini	.649	.625	.767	-.024	0.129	-.054	.007	—	—	—	—
GE_2	2.288	1.472	14.589	-.815	0.322	-2.430	.799	—	—	—	—

注：LB 和 UB 分别代表置信区间的下限和上限。

① 在关于人均净资产的不平等程度统计中，略去了收入下半部分的分位数比，是因为资产净值可以取负值，因此 ($p10/p50$) 出现了负的分位数比值，较难进行解释。

均家庭收入和工作收入状况；第二，在年度的比较中，相比于前两个年份，2011年城镇居民的收入和家庭财富不平等状况更为严重；第三，收入分布中间部分的分化程度要高于两端。在此分析基础上，下文将对收入不平等进行结构分解，以查看不同组群间的不平等差异和收入来源的影响大小。

此处的统计结果，关于人均财产性收入的分析只列出了分位数比值和基尼系数，而略去了广义熵指数和阿特金森指数，这是因为在样本中，回答具有财产性收入的人数较少且分化较为严重，通过统计得出的广义熵指数和阿特金森指数（比如泰尔指数大于1），笔者很难进行解释，故略去不谈。对于人均净资产，由于一般的测量指标主要适用于收入或财富为正值的情形，但家庭资产净值（总资产－总负债）往往具有负值，且人数较为众多（2006年的调查中，没有正值资产的家庭户比例为6.41%；2008年调查的情形为7.85%；2011年的情形为27.6%）并包含着重要的社会信息，所以选择了基尼系数、分位数份额比和广义熵族中的某些形式（GE_2）来测量不平等。

（二）不平等的群间分解和来源分解

前文有述，为了更好地理解不平等的结构特征，根据加和可分解和非加和可分解原则，在将目标总体划分为不同年龄、不同教育程度、不同地域和不同行业四个社会分组后，进一步查看群体间平均差异如何促成总体不平等以及哪些分组特征对不平等的贡献更大。这里的分析将集中于基尼系数和四个不同敏感性参数的广义熵指数,由于人均净资产具有非正值特征,统计分析将只涉及基尼系数。

就工作收入不平等来看,受教育程度的贡献率远高于其他几类群体特征,2006年的调查结果中,不同受教育程度的群间成分对基尼系数贡献了40.42%,2008年和2011年虽有下降,但贡献仍在30%以上。就不同敏感性参数的广义熵指数而言,受教育程度对GE_2的贡献要小于其他三类,这在一定程度上显示出,收入和财富顶端的差异更少受教育程度的影响。同时,也可以看到,在2006年的调查中,工作行业对不平等的贡献要高于地域差异,但在后续的调查结果中,地域的贡献超过了工作行业的差异,这也说明,在当下,形成工作收入不平等的结构因素中,不仅行业分割的效应明显,而且由于地域差异所形成的不平等有着增强的态势(见表2.10)。

对人均家庭收入不平等的贡献上,四个分组变量中,受访者的工作行业和教育程度的群间成分贡献最大。详细来看,工作行业的组间贡献畸高不下,对基尼系数贡献了90%以上,如果结合广义熵指数来看,由工作行业所引致的人均家庭收入不平等更多地集中在收入分布的中部,而在收入顶端(GE_2),教育程度的贡献要高于行业差异。同样值得关注的是,在三个年份中,无论是对基尼系数的贡献还是广义熵指数的贡献,地域差异的作用在不断增长。由于在问卷调查中,对家庭收入的来源进行了较为细致的测量,从而,我们可以依据收入来源进一步对人均家庭收入的不平等程度($Gini$)

表 2.10　组间成分对收入和财产不平等的加权百分比贡献

指标	2006 年				2008 年				2011 年			
	年龄	教育程度	地域	工作行业	年龄	教育程度	地域	工作行业	年龄	教育程度	地域	工作行业
工作收入												
Gini	10.28	40.42	18.11	26.28	14.38	32.53	23.84	18.54	16.27	35.11	25.49	18.56
GE_{-1}	0.57	9.64	2.54	9.71	1.59	8.51	5.03	3.23	1.45	9.28	5.72	4.56
GE_0	0.54	15.54	3.74	11.06	1.89	11.41	5.99	3.82	1.83	12.48	7.37	5.62
GE_1	0.72	15.09	3.21	7.90	1.20	8.47	3.85	2.48	1.31	9.68	5.39	4.15
GE_2	0.33	8.27	1.49	3.28	0.18	1.54	0.58	0.39	0.46	3.74	1.93	1.60
人均家庭收入												
Gini	20.40	37.47	16.70	93.98	30.76	35.33	26.52	95.44	36.05	42.27	34.40	92.34
GE_{-1}	0.07	5.82	1.23	6.45	0.69	4.59	2.77	4.59	0.71	4.86	3.79	2.18
GE_0	0.16	13.06	2.59	11.11	1.69	11.98	6.92	8.93	2.13	15.86	11.58	6.69
GE_1	0.15	13.69	2.46	9.19	1.67	13.01	7.04	7.29	1.65	14.11	9.37	5.84
GE_2	0.08	7.71	1.22	4.16	0.90	7.98	3.92	3.35	0.40	4.17	2.43	1.73
人均财产性收入												
Gini	25.26	24.51	13.80	26.62	5.81	22.74	28.14	16.96	19.00	54.82	47.82	50.20
GE_{-1}	0.12	0.19	0.09	0.52	0.10	0.48	0.25	0.24	0.57	2.56	3.21	3.37
GE_0	1.23	1.78	0.92	4.93	1.80	8.94	3.80	3.42	3.90	21.86	19.98	26.68
GE_1	1.47	2.02	1.11	5.99	2.09	12.31	4.00	3.39	3.16	24.77	16.07	35.96
GE_2	0.55	0.72	0.42	2.45	0.32	2.51	0.57	0.47	0.54	6.70	2.92	13.79
人均净资产												
Gini	19.20	25.69	24.37	70.30	17.52	23.99	27.45	72.19	16.94	29.00	32.42	55.18

进行分解。

家庭收入按照来源可主要分为工薪收入（包括工资及补贴收入、其他劳动收入）、经营净收入、财产性收入（包括利息收入、股息与红利收入、保险收益、其他投资收入、房屋土地出租收入、知识产权收入等）和转移性收入（主要指养老金或退休金、社会救济收入、保险收入等）。根据国家统计局的入户抽样调查数据，中国城镇家庭从2003年到2011年，经营净收入和财产性收入在家庭收入中所占的比例虽然较低，但增长比例最多。经营净收入从2003年的403.82元增加到2011年的2209.74元，增长5倍多；财产性收入从2003年的134.98元增加到2011年的648.97元，增长近5倍（见图2.4）。虽然此两项收入来源的基数仍然较低，但按照现有的发展速度，其越来越成为收入的重要来源，也构成了对收入差距调节的重要对象（周晓蓉、杨博，2012）。

由于我们所使用的调查数据在对居民家庭收入来源的测量上没有上述分类那般详细，2006年的调查不包含转移性收入，从而为了比较的一致性，在下文的分析中将收入来源归为三类，分别是劳动收入、经营收入和财产性收入。统计结果显示（见表2.11），在三类收入来源中，劳动收入的贡献率最高，呈先升后降的"倒U形"趋势；经营性收入的贡献率在20%左右，逐年升高；财产性收入的贡献率虽然较低，但也呈增长的趋势。同时我们也可以发现，在三类收入来源中，劳动收入的增长具有缓解不平等的作用，而经营性收入和财产性收入每增加千元，对不平等的加剧作用明显。

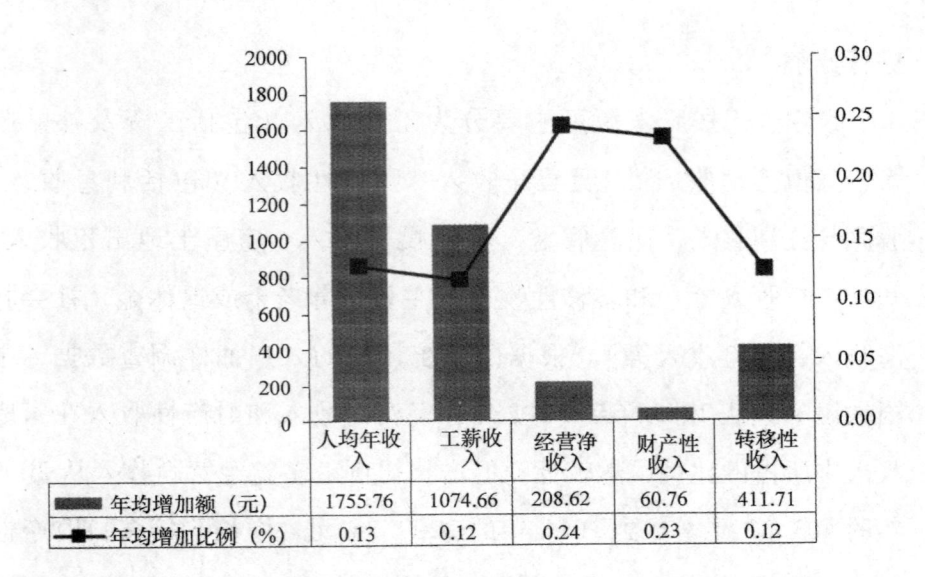

情境与感知：转型期的收入分配与民众公平感

	人均年收入	工薪收入	经营净收入	财产性收入	转移性收入
年均增加额（元）	1755.76	1074.66	208.62	60.76	411.71
年均增加比例（%）	0.13	0.12	0.24	0.23	0.12

图 2.4　2003—2011 年城镇居民人均收入及收入来源的变化趋势

资料来源：《中国城市（镇）生活与价格年鉴》。

表 2.11　　　　基于收入来源的人均家庭收入不平等分解结果

2006 年	Sk	Gk	Rk	Share	% Change
劳动收入	0.73	0.55	0.85	0.69	-0.04
经营性收入	0.15	0.94	0.66	0.19	0.04
财产性收入	0.04	0.95	0.67	0.05	0.01
2008 年	Sk	Gk	Rk	Share	% Change
劳动收入	0.78	0.53	0.87	0.74	-0.04
经营性收入	0.15	0.94	0.70	0.20	0.05
财产性收入	0.04	0.95	0.66	0.05	0.01
2011 年	Sk	Gk	Rk	Share	% Change
劳动收入	0.56	0.64	0.75	0.51	-0.05
经营性收入	0.15	0.96	0.75	0.21	0.06
财产性收入	0.05	0.98	0.84	0.08	0.03

注：根据问卷调查，将工资、奖金收入归为工作收入；将经商、办厂、投资收入归为经营性收入；将股票、债券、分红、存款利息、房屋土地租金等收入归为财产性收入。

前文对人均财产性收入的分析结果已经表明,不平等程度逐年加剧。在四个分组变量中,与前两个年份相比,2011年,不同群间成分对基尼系数的贡献都在增大;在不同敏感性参数的广义熵指数上,除了年龄,教育程度、地域和工作行业的群间贡献在三个年份都呈递增态势。这充分说明,在城镇居民中,财产性收入的不平等具有稳定的结构特性,即无论是从群间特征还是收入分布特征来看,财产性收入差距拉大的态势越来越明显。

在人均家庭净资产上,工作行业对 $Gini$ 系数的贡献最大(由于测量题器的差异,此处不进行2011年的比较),2006年和2008年稳定在70%以上。相比,由教育程度和地域进行的分组对不平等的贡献虽然小于工作行业,但仍然较高,在24%左右。

简单而言,对群间差异的分析是基于群体内成员收入和财富占有平均化的理想类型之上的,在控制这一条件之下,群体间的不平等则来源于非群体成员的收入和财富差异。从而,除了平均收入和财富的影响,群体规模也会对群间差异有影响。但是我们知道,在现实中,基于任何特征进行的群体分类,其群体内部不可能是平均无差异的;另外,除了根据人口规模进行分类,任何形式的分类很难使得不同群体的规模相等。这也就使得对不平等程度的群间分解只是一个总体特征的估算,对我们理解由于某些社会结构特征而形成的不平等有一定的帮助,但并不能据此认为群体内无收入和财富差距或不平等只是由于群体结构特征使然。也正是在这个意义上,关注收入和财富不平等,除了某些结构特征,比如年龄、教育程度、行业和地域之外,还需要分析在结构变化和控制结构不变情况下，条件分布对不平等的影响。

◇◇ 四 分解不平等的变动趋势

举个简单的例子，一个社会由两类群体 A 和 B 构成，假设这两类群体最大的特征分殊是性别，且男性的平均收入高于女性。那么这两个群体的收入分化状况在一般情形下可分为三类：第一，男性—女性收入差距的增大且女性的人口规模较大将会增加不平等；第二，男性—女性的收入差距减小且女性的人口规模较小将会减少不平等；第三，男性—女性的收入差距和男女的人口规模协同变化，将会导致不平等出现一个整体的变化。前文的分析结果已经表明，在假定分类机制不变的条件下，教育程度、地域和工作行业等特征的变化会改变收入不平等；而事实却是，不仅这些群体特征，而且收入在这些不同特征群体间的条件分布同样对不平等的变化具有影响。那么接下来的任务就是对不平等的变动趋势进行基于分类机制和群体特征的分解，以进一步查看各自的相对贡献及对不平等趋势的影响。

对此，根据收入的不同属性，对工作收入和人均家庭收入的分析将使用反事实的方法进行构成成分和条件成分的分解；对人均财产性收入的分析将使用夏普利值方法进行影响因素的重要性分解。

(一) 工作收入和人均家庭收入的反事实分解

反事实方法（counterfactual），就是通过已有的调查数据构建一个并不真实存在的反事实分布，在给定一个时期的协变量的情况下，模拟出另一个时期的条件反应分布。在构建预测变量之时，由于协变量之间往往具有相互关联性，从而使用分位数回归代替线性回归（郝令昕等，2012：143-152、174）。对工作收入分析的分位数回归设定纳入了15个协变量，分别是性别、户籍、受教育年限、工龄和工龄的平方、代表工作行业的7个虚拟变量以及代表区域的3个虚拟变量。对人均家庭收入的分析则纳入了16个协变量，在上述协变量的基础上新加入家庭人数变量。

在设定协变量之后，我们将根据下面程序进行反事实分解：首先分别根据调查数据对2006年和2011年模拟基于分位数回归的工作收入和人均家庭收入的边缘分布。以工作收入为例，(1) 从$U(0,1)$分布中随机选取一个数估计第U个分位数的回归模型；(2) 从2006年的调查数据中，按每个省份（自治区、直辖市）抽取3个人的规模形成自举法样本，得到基于分位数回归模型估计值的预测收入；(3) 将上述步骤重复500次；(4) 得到一个以预测收入值为收入边缘分布的随机样本；(5) 重复上述步骤，用2011年的结果减去2006年的结果；然后：(6) 用2006年的分位数回归模型系数和2011年的协变量数据模拟反事实收入边缘分布，用2011年的分位数回归模型系数和2006年的协变量数据模拟反事实收入边缘分布；最后：（7）根据两个反事实收入边缘分布，得到不平等测量的构成成分（compositional）和条件成分（conditional）。

表2.12和表2.13是对工作收入和人均家庭收入的反事实分析结果。可以看到，在模型预测的基础上，整体变化出现了与我们前文基于调查数据分析结果不同的趋势，即从2006年到2011年，工作收入和人均家庭收入的不平等出现了下降。然后再进一步关注构成成分和条件成分，在给定协变量的情况下，条件分布促使不平等加剧；而协变量构成对不平等的降低具有显著作用。总体而言，协变量构成和分类机制的条件分布都具有统计上的显著性，但值得注意的是，在模型所纳入的协变量中，构成成分的影响作用要强于条件作用。这也意味着基于反事实的不平等趋势下降有着两种可能的解释，第一，模型所纳入协变量及基于这些变量之上的工作收入和人均家庭收入预测结果与现实状况具有偏差，从而使得整体不平等程度下降；第二，前文的统计结果表明，诸如受教育程度、工作行业和地域等群间差异对不平等具有较大的贡献，但相比于收入在不同社会群体间越来越不平等的分配（条件成分的作用），构成成分并非是不平等的主要来源，反而解释了不平等的下降。对此，我们可以推测，在工作收入和人均家庭收入的不平等促生因素中，某些被遗漏的关键特征及收入在这些特征间的条件分布是加剧不平等的主要原因，而人力资本（教育程度和工龄）、地域分割和行业分割效应并不构成收入不平等上升的关键因素。

第二章 刻画：收入分配的结构特征与变动趋势

表 2.12　工作收入不平等变动趋势的构成成分和条件成分（2006 年和 2011 年间的比较）

分解	p_{90}/p_{50}	Gini	GE_{-1}	GE_0	GE_1	GE_2	$A_{1/2}$	A_1	A_2
2006 年的模型预测结果	1.581	.240	1.515	.133	.098	.088	.054	.125	.752
2011 年的模型预测结果	1.514	.224	.171	.106	.085	.077	.046	.100	.255
整体变化	-.067***	-.016***	-1.344***	-.028***	-.013***	-.011***	-.008***	-.024***	-.497***
反事实顺序 1									
构成成分	-.081***	-.024***	-.049***	-.020***	-.017***	-.018***	-.009***	-.018***	-.050***
条件成分	.014	.008***	-1.296***	-.007***	.004**	.007***	.000	-.006**	-.447***
反事实顺序 2									
构成成分	-.218***	-.047***	-1.397***	-.057***	-.035***	-.031***	-.020***	-.051***	-.560***
条件成分	.150***	.031***	.052	.029***	.022***	.020***	.012***	.026***	.063***
反事实顺序 1 和 2 的平均									
构成成分	-0.150	-0.036	-0.723	-0.039	-0.026	-0.025	-0.015	-0.035	-0.305
条件成分	0.082	0.020	-0.622	0.011	0.013	0.014	0.006	0.010	-0.192
百分比贡献									
构成成分	223.88	225.00	53.79	139.29	200.00	227.27	187.50	145.83	61.37
条件成分	-123.88	-125.00	46.21	-39.29	-100.00	-127.27	-87.50	-45.83	38.63

注：**$p<0.01$，***$p<0.001$。

表 2.13　人均家庭收入不平等变动趋势的构成成分和条件成分（2006 年和 2011 年间的比较）

分解	p_{90}/p_{50}	Gini	GE_{-1}	GE_0	GE_1	GE_2	$A_{1/2}$	A_1	A_2
2006 年的模型预测结果	1.640	.273	1.440	.211	.131	.114	.075	.189	.742
2011 年的模型预测结果	1.486	.263	.680	.191	.124	.106	.072	.174	.576
整体变化	−.155***	−.009***	−.760***	−.019***	−.007***	−.008***	−.004***	−.016***	−.166***
反事实顺序 1									
构成成分	−.179***	−.027***	−.091*	−.024***	−.021***	−.023***	−.010***	−.020***	−.030*
条件成分	.024*	.018***	−.669***	.004	.014***	.015***	.006***	.004	−.136***
反事实顺序 2									
构成成分	−.195***	−.037***	−.874***	−.072***	−.033***	−.029***	−.020***	−.061***	−.212***
条件成分	.040***	.028***	.114	.053***	.026***	.021***	.017***	.045***	.045
反事实顺序 1 和 2 的平均									
构成成分	−0.187	−0.032	−0.483	−0.048	−0.027	−0.026	−0.015	−0.041	−0.121
条件成分	0.032	0.023	−0.278	0.029	0.020	0.018	0.012	0.025	−0.046
百分比贡献									
构成成分	120.65	355.56	63.55	252.63	385.71	325.00	375.00	256.25	72.89
条件成分	−20.65	−255.56	36.45	−152.63	−285.71	−225.00	−275.00	−156.25	27.11

注：* $p < 0.05$，*** $p < 0.001$。

（二）财产性收入的夏普利值分解

在上文关于收入来源的分析中，虽然财产性收入的份额较低，但仍然值得进一步关注其变动及对收入分配的意义。

财产性收入是家庭财产的衍生物，反过来其又进一步提升家庭总收入。无论是房屋租金、土地租金还是股票、债券等金融财产收益，都是以一定的前期财产积累为基础，从而财产性收入的多寡更能体现出收入的不平等和财富分化状态。从收入来源项内部的不平等状态来看，财产性收入的不平等状况要远甚于劳动收入，基尼系数也高于经营净收入。虽然财产性收入占有的份额仍然较低，但其高度的不平等预示着，在平抑收入差距的过程中，要更加重视居民家庭的财产状况，因为仅就这部分收入而言，其已经具有了"马太效应"的特征，即财产越多，收益越高，收入的积累进一步提升财产数量，以此往复。

正是基于上述意义，我们有必要对财产性收入的影响因素进一步展开分析。表2.14是以财产性收入为因变量，以工作收入、房产现值和金融资产为自变量的回归分析结果。由于房产和金融资产作为前期收入积累的衍生品与工作收入有着较强的相关性，从而引入了这两项的交互项。统计结果显示，在财产性收入最高的10%家庭中，房产的影响作用已经不再显著，只有金融资产的多寡才构成这部分群体财产收入的主要来源。也就意味着，收入越高，房产等固定资产在财富中所占的比重越来越低，金融资产所占的比例越来

表 2.14 以财产性收入为因变量基于不同分位点的 OLS 回归分析

解释变量	2006 年			
	25%	50%	75%	90%
工作收入（万元）	0.068(0.77)	0.052(0.61)	0.101(1.42)	.029(0.35)
人均房产现值（万元）	0.052***(7.04)	0.029***(4.32)	0.017**(2.92)	.006(0.96)
人均金融资产（万元）	0.089**(2.70)	0.085**(2.73)	0.089**(3.52)	.061*(2.49)
工作收入×人均房产现值	−0.001(−0.21)	0.001(0.33)	0.001(0.22)	.001(0.28)
工作收入×人均金融资产	0.007(0.90)	0.004(0.58)	−0.001(−0.25)	.001(0.28)
截距	5.903***(81.51)	6.653***(87.41)	7.481***(96.72)	8.344***(75.17)
Adj R^2	0.19	0.18	0.28	0.26
样本数	652	429	220	94

解释变量	2008 年			
	25%	50%	75%	90%
工作收入（万元）	0.152**(2.81)	0.146***(3.22)	0.126***(3.19)	0.133*(2.15)
人均房产现值（万元）	0.052***(8.06)	0.041***(7.18)	0.023***(4.70)	0.008(1.28)
人均金融资产（万元）	0.066***(4.61)	0.050***(4.58)	0.048***(5.80)	0.034***(4.30)
工作收入×人均房产现值	−0.003(−1.93)	−0.005***(−3.56)	−0.002(−1.54)	−0.001(−0.49)
工作收入×人均金融资产	−0.018***(−3.07)	−0.001(−0.16)	−0.008(−1.47)	−0.011(−1.56)
截距	5.598***(77.95)	6.454***(96.27)	7.438***(108.51)	8.426***(68.28)
Adj R^2	0.13	0.16	0.22	0.18
样本数	944	629	328	112

续表

解释变量	2011年			
	25%	50%	75%	90%
工作收入(万元)	0.096**(2.84)	0.037(1.25)	0.043(1.29)	0.029(0.85)
人均房产现值(万元)	0.010***(7.20)	0.005***(4.44)	0.002(1.57)	0.001(0.57)
人均金融资产(万元)	0.014***(4.74)	0.012***(5.01)	0.009***(4.02)	0.006**(2.91)
工作收入*人均房产现值	-0.000(-0.89)	0.000(0.30)	-0.000(-0.15)	-0.000(-0.13)
工作收入*人均金融资产	-0.000(-0.48)	-0.000(-0.57)	5.74e-06(0.04)	0.000(0.34)
截距	7.530***(95.72)	8.333***(102.06)	9.313***(83.97)	10.144***(67.50)
Adj R^2	0.29	0.29	0.28	0.29
样本数	415	278	126	57

注：* $p<0.05$，** $p<0.01$，*** $p<0.001$。

高；在金融资产中，来自股票的分红而非股票增值后的收入又成为财富的主要来源。从我们所使用的调查数据来看，家庭收入越高的群体，财产性收入所占的份额越高，不同分位点的财产性收入从2006年到2011年呈不断拉大的趋势（见图2.5）。这一结果在一定程度上印证了皮克提关于全球范围内资本收益不断增长的论断。

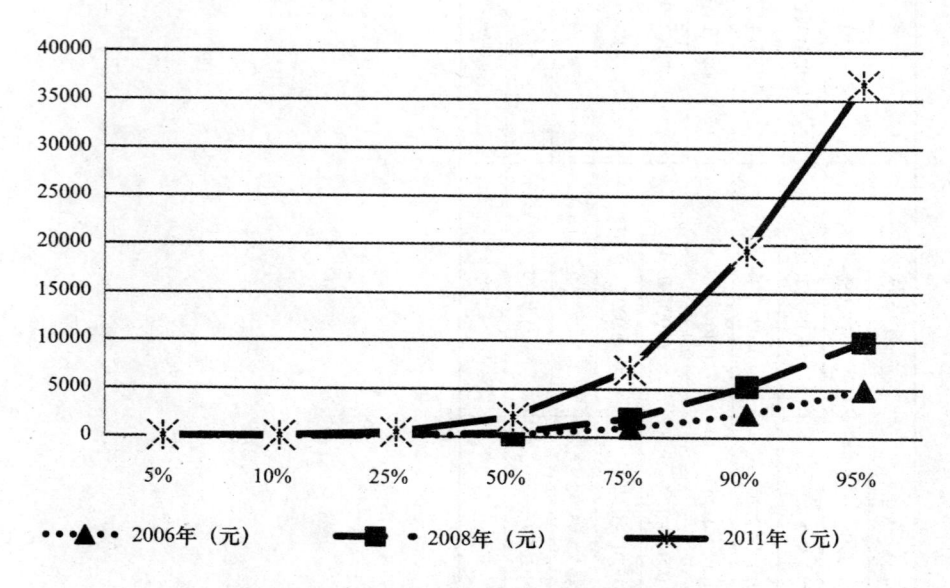

图2.5　不同分位点的人均财产性收入增长趋势

回归分析对我们从总体上把握影响因素具有重要意义，但却难以准确认定影响因素各自的贡献大小，基于夏普利值分解的方法可以较好地提供相关因素的影响大小。统计结果显示（见表2.15），在总体上，家庭房产成为财产性收入的主要成分，相比之下，金融资产的贡献率对市场波动状态最为敏感，2008年前后由于国际金融危机的波及和影响，城镇居民金融资产对财产性收入具有负向作用，也意味着大部分持有金融资产的家庭出现了亏损现象。工作收入不直接产生财产性收入，但毫无疑问是房产和金融资产得以形成的重要来源和支柱，虽然具有间接作用，但影响效应明显，在总体贡献中达到40%左右。

表2.15　　　　　　　基于影响因素的夏普利值分解结果

因素	2006年		2008年		2011年	
	贡献额	贡献率%	贡献额	贡献率%	贡献额	贡献率%
工作收入	0.114	41.60	0.052	39.28	0.199	39.65
房产	0.111	42.66	0.086	64.54	0.194	44.82
金融资产	0.060	15.74	-0.005	-3.82	0.103	15.54
残差	-0.102	—	-0.105	—	-0.230	—
总计	0.183	100	0.133	100	0.266	100

五　总结与讨论

我们用较多笔墨以三个年份的全国性调查数据为基础，描绘了近年来中国城镇居民收入和财富分配的总体图景。在总体上，工作收入、人均家庭收入、人均财产性收入和人均家庭净资产（2006—2008）呈不断增加的趋势，这也意味着，随着中国经济的不断增长，人们的收入水平和资产状况亦稳步提升。在不平等的变动趋势上，家庭资产及其所衍生的财产性收入不平等程度远高于人均家庭收入和工作收入状况；在年度比较中，相比于前两个年份，2011年城镇居民的收入和家庭财富不平等状况更为严重;从量度不平等的指标上看,收入分布中间部分的分化程度要高于两端。如果用基尼系数来衡量城镇居民的收入和财富分化状态,那么在总体上,不平等程度仍然较高。

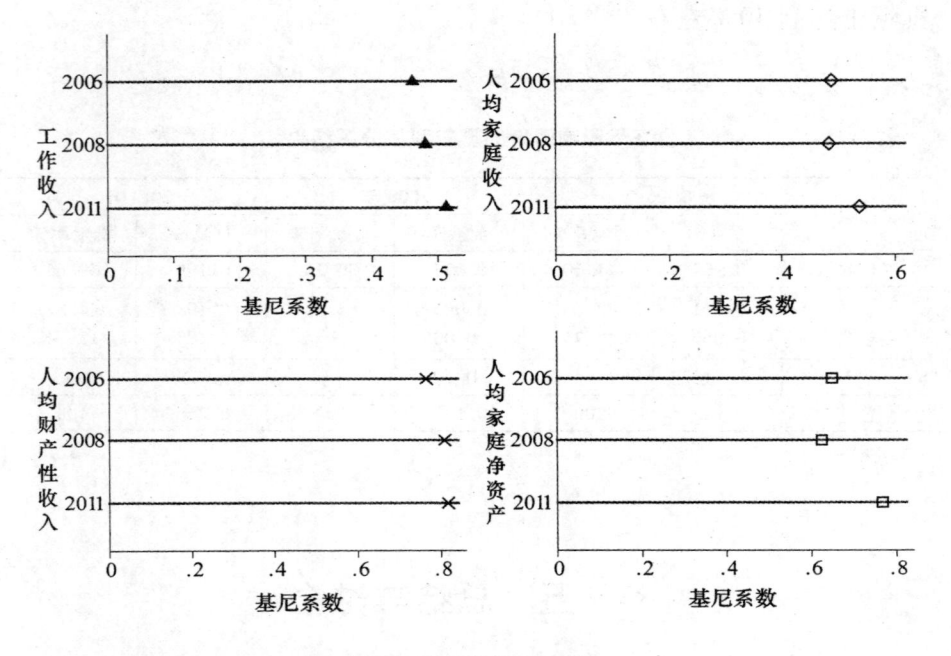

图 2.6　不平等四类属性的基尼系数(2006—2011)

在对总体不平等进行刻画的基础上,不平等的组间分解和来源分解结果显示,教育程度对工作收入不平等的贡献最高,但收入顶端的差异较少受到教育程度影响。人均家庭收入不平等的组间贡献上,工作行业的差异对基尼系数的贡献在 90% 以上;在家庭收入的来源组成上,劳动收入的贡献最高,依次是经营性收入和财产性收入,且经营性收入和财产性收入在城镇居民家庭的收入中所占的份额逐年增加。就财产性收入而言，其不平等程度逐年增加并具有稳定的结构特性，无论是从群间特征还是收入分布特征来看，财产性收入差距拉大的趋势越来越明显。在人均家庭净资产上，工作行业对基尼系数的贡献最大，相比，由教育程度和地域进行的分组对不平等的贡献虽然小于工作行业，但仍然较高。

在组间特征分解的基础上，为了进一步分析分类机制的作用，对工作收入和人均家庭收入的不平等趋势运用反事实方法进行构成成分和条件成分的分解。结果表明，基于调查数据相关变量进行的收入预测结果与调查数据的分析结果不同，从2006年到2011年，不平等的整体变化呈下降趋势。虽然条件成分具有促使不平等加剧的作用，但协变量构成却在一定程度上具有降低不平等的作用。对此结果，我们认为在工作收入和人均家庭收入的不平等促生因素中，某些被遗漏的关键特征及收入在这些特征间的条件分布可能是加剧不平等的主要因素，而诸如人力资本（教育程度和工龄）、地域分割和行业分割效应并不构成收入不平等加剧的最为关键因素。同时，我们对财产性收入进行了相关因素的影响效应分析和影响力大小的夏普利值分解。结果表明，在财产性收入最高的10%家庭中，房产的影响作用已经不再显著，只有金融资产的多寡才构成这部分群体财产收入的主要来源。也就意味着，收入越高，房产等固定资产在财富中所占的比重越来越低，金融资产所占的比例越来越高；在金融资产中，来自股票的分红而非股票增值后的收入又成为财富的主要来源。在总体上，家庭房产成为财产性收入的主要成分，相比之下，金融资产的贡献率对市场波动状态最为敏感。

除了上述统计结果，还有下述方面仍然值得关注和进一步探讨。

首先，我们所使用数据反映出的最高家庭收入和资产状况肯定是低估的，也就是说真实的收入和财富差距要高于本文的分析结果。有过社会调查经历的研究者都知道，在当下中国社会，入户面访不仅拒访率高，而且真正意义上的"富人区"或"贵人区"连社区大门都很难迈进，从而这部分真正的高收入群体在一般的社会调查中都是系统性缺失的。而对于接受访问者，收入和家庭财富作为隐私一般都是讳莫如深，在调查数据中往往也是准确性低、缺失值多的题项。至于一些灰色收入甚至黑色收入更不可能获得，从而调查数据很难反映实际收入状况（边燕杰，2002：39）。即便如此，从一些社会调查所获得的数据来看，中国当下的财产分布差距正在逼近西方一些国家。根据北京大学中国社会科学调查中心公布的调查结果，中国家庭财产的不平等程度在迅速提高，其中顶端1%的家庭占有全国三成以上的财产，而低端25%的家庭仅拥有一成左右的财产。① 但值得注意的是，中国这种不平等的财富分化是在很短的历史时期内发生的，皮克提强调的依靠财产继承而产生的"世袭食利者"还没有完全显现，但如果中国的税收制度未能适时改变这种状况，在未来，由于代际传递而产生的财富集中程度将会维持在一个较高水平。

其次，改革以来的高速经济增长在带来巨大社会财富的同时，

---

① 参见《报告称我国顶端1%的家庭占有全国三分之一以上财产》，人民网（http://society.people.com.cn/n/2014/0725/c1008-25345140.htm）。

由于过度依赖高投资的促生方式，资本投资的收益率也在快速提升。据媒体报道，"温州一家有千余员工的企业，一年利润100万元左右，而企业老板的妻子在上海炒房，8年获利3000多万元"（熊建，2014）。这件事情的真伪尚有待查证，但资本投资和经营生产之间的巨大反差也显现出在当下中国，资本收入比也在一个高位运行。即使与皮克提笔下的西方国家不同——中国的国有资本占很大比例，但如果公共资本不能够保证更加均等地分配其所创造的财富，那么公共财富的分配不合理加之私人资本的高收益率会加速拉大收入差距。

再次，西方国家资本收入比的提升也与西方国家经济发展减速、低迷有关，与之相比，中国的高速经济增长在普遍提升民众收入水平的前提下会在一定程度上消减由于收入和财富差距拉大所带来的负面效应，从而即使分配不公但社会仍能够维持稳定（李实，2014）。但不能否认的事实是，在经济结构性减速的现实环境下，如果缺少一个公平正义的收入分配制度，那么中国社会在发展的进程中不仅可能要面对"中等收入陷阱"，还可能会面对如有学者所认为的"社会转型陷阱"（清华大学社会学系社会发展研究课题组，2012）。

最后，《21世纪的资本论》中皮克提的另一项洞见就在于指出了大家不假思索、认为理所当然但却蕴含着更多经济社会意义的收入层级。也就是说，"在财富和收入不平等中，最严重的问题不在于基尼系数的大小，而在于不平等的等级结构细节中"（杨春学、张琦，2014）。他认为诸如基尼系数、泰尔指数等衡量不平等的综合指标，乍看之下虽然简单明了但却由于过于简化和综合而掩盖了不同层级收入之间的信息以及不同收入来源和发挥影响作用的政治经济机制。而看似简单的分配表（distribution tables）和分位数，却可以洞若观火地辨察到收入和财富顶端人群在总财富中的比重以及各个收入层级相应的财富水平（Piketty，2014）。确实，虽然上至官方，下至学者（包括本文）都在不断地计算和辩论不平等指数的高低变化，但对于普通民众来说，他不关心基尼系数有多大，因为他甚至都不知道基尼系数的含义；或者说他根本不关心社会总体的收入差距，因为社会的总体收入差距跟他个人生活状况相去甚远。但并不能因此低估每个人对其所处时代的财富和收入水平的直观认识，即使他们缺乏理论框架和数据分析，因为每个人对其生活以及不同社会阶层之间的权力与支配关系有着独特的观察，并据以形成自己的是非判断，从而财富分配问题不仅仅是研究者关心的事实，每个被裹挟进这个社会的个体都对自身收入和财富关心至极（Piketty，2014）。也正是在这层意义上，有研究者强调，应通过对民众收入分配的满意度分析来代替基于基尼系数的观测（李实，2011）。

第 三 章

独议其身：微观收入公平感

"一座房子不管怎样小，在周围的房屋都是这样小的时候，它是能满足社会对住房的一切要求的。但是，一旦在这座房子近旁耸立起一座宫殿，这座小房子就缩成茅舍模样了。"
——马克思，《雇佣劳动与资本》

在总体意义上，改革前的中国社会由于国家垄断着所有资源，从而是在一种行政性的主导下通过"大锅饭"式的平均主义来进行分配。中国的改革开放，首先是通过引入市场机制，打破大锅饭，让一部分人先富起来，造成原来的社会结构与功能的失调以后，经过逐步的调整，扩大公共产品的服务范围，从而达到新的协调，实现发展的均衡与突破（李汉林，2012）。这种通过"让一部分先富起来，先富带动后富，最后实现共同富裕"的制度导向深深激发了全社会发展经济、创造财富的动力。改革开放以来的快速经济增长可以在一定程度上看作是由于制度安排的转变从而引致的人们行为方式和观念的变化，进而形成全面追求物质财富的结果表现。在承认经济快速增长和人们物质生活水平极大提升的同时，由于收入差距拉大导致的社会公平公正问题却越来越成为影响社会持续发展的重要因素。经济的持续增长不但没有化解社会不平等问题，反而群体间以及区域间的不平衡有不断强化之势（谢宇等，2014；储德银、张婷，2016），从而有研究者强调社会分配不公已成为影响中国社会不稳定的根源，遏制社会不公不仅是伦理问题，且已成为危及发展的社会问题和国家政权稳定的政治问题（胡鞍钢等，2009：8）。

如果说改革前的社会分配由于人们"不患寡而患不均"，从而采取平均主义的分配原则，维系着社会与政治的稳定；那么改革后，在非平均主义原则条件下实现的物质富裕，由于分配的不公正，形成了人们"患不均更患不公"的社会观念（李路路等，2012）。除了在总体层面上，人们分配观念的转变，有研究指向了如下一种社会现象：与人们的预期不相一致，大部分社会底层群体对当下的社会不平等状况有着更大的容忍性，农民相对于城市居民和职业地位较高的群体，并不认为当下的社会不公平现状是过分和超乎限度的（怀默霆，2009；Whyte，2012）。反而不少既得利益者，一方面坐享改革的成果，另一方面却对自身的利益状况颇有微词，甚至形成一种"拿起筷子吃肉，放下筷子骂娘"的局面。这种具有反差的状况，表现出社会公平问题的新特征，社会不公平感不是利益受损者所独有的感受，而且受益者也开始产生不同程度的不公平感（郑功成，2009）。甚至在更为尖锐的意义上，有研究者提出中国社会已经陷入到了一种由既得利益者为了维持其利益最大化而阻止进一步的社会改革，并将具有过渡性特征的体制因素定型化的"转型陷阱"(清华大学社会学系社会发展研究课题组，2012)。在这种社会发展趋势下，一方面诸如下岗失业人员、失地农民、城市底层等社会弱势群体很难享有社会经济发展的成果；另一方面央企高管、政府官员等精英群体却更加敏感于自身的得失，希望并通过各种方式将现有制度结构定型化。这种格局使得阶层之间的对立情绪加剧，"仇富"与"嫌贫"的集体意识产生并不断扩大，贫富差距不仅持续扩大，而且有不断固化的趋势(清华大学社会学系社会发展研究课题组，2012)。

这些"印象"反映的正是中国社会在剧烈的发展变迁过程中，由于制度安排未能适应民众的利益与价值要求而产生的矛盾与冲突。这种矛盾与冲突并不局限于某些群体、行业、部门与区域，而是带有一种普遍性的结构性特征，更准确而言，是一种结构性的紧张，其既是社会与制度变迁的后果，又是形成混乱与冲突的根源(李汉林、渠敬东，2005；李汉林，2010)。一方面，快速的经济增长极大地提高了民众的预期，绩效基础之上的中国政府在很长时段内片面地认为只要经济能够持续增长，民众的物质欲求得以满足，所有社会问题便可以在物质基础之上得以解决；另一方面，由于制度安排的失当，很多民众的预期并未随着经济增长同步实现，反而在与参照群体或者其他阶层者比较的过程中，发现利益间接或直接受到了损害，从而人们的价值观念亦发生了从单纯满足物质需求到对社会公平公正的追求。

◇◇ 一 发展进程中的"双重印象"

经过改革以来的快速经济增长和人民物质生活水平的不断提升,在绝对意义上,中国已经从低收入阶段迈向了中等收入阶段。统计显示,2018年,全国居民恩格尔系数为28.4%,那么根据这一指标的社会意义①,在2010年前后,我们国家已经摆脱了温饱,并在逐步走向小康与富裕。但与此同时,我们国家的收入差距仍然较大。有关基尼系数的统计结果显示②,1992年以来我们国家的基尼系数一直在0.4以上,2003年以来一直在0.47以上,其中2008年达到了历史的最高值0.491。

关于经济增长与收入分配之间的关系一直是人们关注和争论的焦点。一方面,收入分配与每个人的生活息息相关,人们对自身收入增长的关心毫无疑问成为其生活的重要部分;另一方面,一个社会的经济增长是否必然惠及大众,或者缩小收入差距并不是一个规范性的命题。20世纪50年代,库兹涅茨根据西方一些国家的经济

---

① 恩格尔系数是指居民家庭的食品支出金额在消费支出总金额中所占的比例,计算公式为恩格尔系数=食品支出金额/消费支出总金额×100%。按照联合国粮农组织提出的标准,恩格尔系数在60%以上为贫困,50%—59%为温饱,40%—50%为小康,30%—40%为相对富裕,30%以下为富裕。

② 基尼系数是通过收入分配差距反映收入分配公平程度的一项指标,介于0—1之间,数值越大表示收入差距越大。根据国际一般认定标准,低于0.2表示收入公平,0.2—0.3之间表示收入比较公平,0.3—0.4之间表示收入相对公平,0.4—0.5之间表示收入很不公平,0.5以上表示收入差距悬殊。

发展数据提出了经济增长与人们收入差距变化的"倒 U 形"假说，认为随着经济的不断增长，个人收入的差距会出现先上升后下降的趋势。但是这一假说与其所要研究的问题一样，虽然经济增长与社会公平是每个社会都努力追求的目标，但并没有一个固定的路径模式，数据变化的背后有着更深层次的结构性根源。国内学者在分析中国的经济增长与收入差距变化后，发现"倒 U 形"假说并不能得到数据的支持，甚至收入差距还有继续上升的明显趋势，诸如经济体制转型、制度政策安排等构成了影响收入差距变化的关键因素（王小鲁、樊纲，2005；李实、罗楚亮，2012；程永宏，2007；甘犁等，2012）。改革以来，尤其是经济发展进入快速转型期之后，人们收入差距的快速拉大是为大家所共识的事实，乃至于统计数据所反映的差距很可能低估了实际收入差距（王小鲁，2012）。那么，在这种收入分配格局之下，民众的不公平感是否也如此强烈？

通过对近些年相关研究机构实施的全国性社会调查数据进行统计分析后，我们发现，人们的微观收入不公平感呈现下行的态势，具体来看，认为收入不公平的受访者比例从 2008 年的 43.13% 逐年下降到 2013 年的 27.03%（参见表 3.1）。[①] 这些调查结果与不少总

[①] 上述受访者回答比例的变化可能会存有偏误，第一，借以分析的调查数据分别是不同研究机构在相关年份进行的截面调查，从而在进行趋势分析之时，难以回避受访者变动和异质性问题；第二，调查中关于受访者微观收入不公平感的测量题器，在题目和答案上有所差异，从而在进行历年比较之时，难以避免受访者在不同理解基础上进行的回答偏误。但是，我们认为即使存在上述不利因素，这些基于全国性的抽样调查，仍然能够为我们提供一个总体性的图式。首先，研究只选取了调查中的城市居民受访者，并进行了加权处理，以使得比较的基础尽量一致；其次，从历年调查的受访者人数来看，相差不多，避免了比较的人数结构偏差；最后，从调查的题器（转下页）

体性判断有着不相一致,甚至是相悖的状况。也就是说,一方面,不少研究提出中国当下的收入分配差距呈现逐步扩大的趋势,但根据前述相关问卷调查结果进行的分析显示,人们自感的不公平感并未加剧,反而是逐年下降。

表3.1　　　　　受访者收入不公平感的测量题器及变化

调查数据	"社会发展与员工参与状况调查"2007		CGSS2010		"社会态度与社会发展状况调查"2012		"社会态度与社会发展状况调查"2013	
题器	"就您的能力和工作付出而言,您觉得您现在的收入是否合理?"		"考虑到您的教育背景、工作能力、资历等各方面因素,您认为自己目前的收入是否公平?"		"我的工资和报酬与我的付出和能力相适应"		"我的工资和报酬与我的付出和能力相适应"	
公平	公平	1.21%	32.66%	10.06%	28.52%	5.44%	42.54%	6.69%	43.69%
比较公平		31.45%		18.46%		37.10%		37.00%	
一般		24.20%		31.30%		28.33%		29.29%	
较不公平	不公平	34.48%	43.13%	21.23%	40.18%	21.66%	29.14%	20.45%	27.03%
不公平		8.65%		18.95%		7.48%		6.58%	
调查总体	中国城市居民		中国城市居民		中国城市居民		中国城市居民	
样本量	4950		6961		7300		6235	

(接上页)可以看出,虽然字词有所差异,但是从中文的理解出发,在实质上仍然比较一致,可以忽略语义表达差异。此处需要注意的是,2012年和2013年"社会态度与社会发展状况调查"中,询问人们微观收入公平感时的表述为受访者在收入、报酬与个人付出、能力进行比较后,对二者是否一致状况进行判断,答案分为"完全赞同""比较赞同""说不清""比较不赞同"和"完全不赞同"五个方面。那么按照此种表述和询问逻辑,收入报酬与能力付出不一致的情形有两种可能。第一种可能是收入报酬低于受访者基于自身能力、付出的预期,这自然会产生不公平感;第二种可能是个人的收入和报酬超过了自身能力和付出的预期,对于这种可能性,我们认为从人们的一般行为方式和价值判断逻辑出发,即使如是,绝大部分人更可能将之归为付出回报相一致的范畴之中。从而,在分析的过程中,对于付出回报不一致的受访者我们完全有理由将之归为高付出—低回报范畴之中,也即认为这部分人更具有不公平感受。

上述结果在一定程度上显现出，在当下中国，收入分配状况呈现出一种"双重印象"：一方面是人们物质生活水平的提升与收入差距不断拉大之间的双重特征，另一方面是客观上不断拉大的收入差距与人们主观上降低的收入不公平感之间的双重特征。我们认为，这种"双重印象"可能蕴含着重要的理论和现实意义。对此，文章接下来将从收入不公平感着手，进一步分析，哪些因素影响着人们的收入分配观，这些影响机制如何解释上述看似相悖的"双重印象"。

◇ 二　DBO 理论及机制解释

主体的认知感受是个体层面的心理现象，但总体层面的社会态度则是由个体心理现象"化合"而成的"社会事实"。① 社会层面的总和性社会情绪（aggregated mood）具有与个体社会态度不同的特征。在这个意义上，如果总体性的收入公平感是一个社会收入分配状况的"表征"（representation），那么即使在个体层次上存在着感受上的差异，但并不影响总体结构特征，其虽发于个体，但却形

---

① 涂尔干在关于个人意识与集体意识关系的论述指出，"毫无疑问，如果没有个人意识，任何集体生活都不可能产生，但仅有这个必要条件是不够的，还必须把个人意识结合或化合起来……个人的精神在相互结合、相互渗透和相互融合的过程中产生一种存在，说这种存在是心理的存在亦可，但它具有一种新的心理个性"。参见迪尔凯姆，2009：116。

成了在性质上完全不同的一种"集体心理"。① 也就是说，在一定的时空环境下，总体性的收入公平感是既定的，可以作为测量一个社会收入分配公平与否的指针，社会调查正是为了准确获知这种社会环境（social climate）属性，而非相反。从而，我们的研究在一定程度上摒弃了韦伯与涂尔干的认识论之争，在微观基础层面，强调对主体进行收入公平判断的可理解；在宏观层面，将总体性的收入不公平感视为一项社会事实。

分析人们收入不公平感之时，不仅需要关注主体的主观感受，亦需要将其放置在更为宏观的结构环境之中，将主体与结构关联起来，才能更为深入地洞见在发展进程中，人们总体上的不公平感变化及这种变化的社会意义。关于公平问题的研究，在学术脉络上既深且远，作为一项实证研究，我们首先需要解决以下两个方面的问题：第一，契合的分析框架；第二，合理的逻辑机制。将人们的收入不公平感及其变化视为一项社会事实，在解释的过程中就需要一个契合的分析框架来指导，并以此作为出发点来寻找微观机制与宏观结构之间的互动及其关系。在这个意义上，没有分析框架，实证研究便缺少了更广泛的意义；而忽视社会事实背后的影响机制，实证研究便失去了分析的深度。

---

① 关于社会心态的定义，有研究者强调"社会心态虽来自于个体心态的同质性，却非个体意义上的简单叠加，而是通过诸如社会认同、情绪感染、去个性化等机制新生成的具有本身特质和功能的心理现象，反映了个体与宏观社会在心理意义上的联结与相互构建"。（参见杨宜音，2006）与上述论断有所区别，有研究者强调从单个的个体心理转化为群体或社会心理的事实，在宏观性和变动性的基本特征外，还需要强调社会心态所具有的突生性，即集体心态一旦形成，便具有了自身的特性和功能。（参见周晓虹，2014）

从最为基础的层面出发,合理性的认知(无论是目的合理性还是价值合理性)成为人们用以对其收入公平与否进行判断的逻辑起点,也就是说,人们做出收入公平与否的主观认知必然是意图性的结果。此处的意图性不等同于经济学视域中的"理性人",而是在韦伯理解社会学的基础上,强调人类的行动(不包括纯心理层面的活动,如主观内省)都是以某种目标为出发点的。韦伯强调社会学的主要研究任务是通过人们社会行动的过程及结果对社会行动作出因果解释,因为人们的社会行动是有意义的,是可以在理解的基础上加以解释的(韦伯,2010)。虽然,收入公平感只是主观意义上的判断,但在可理解的意义上,其已经属于社会行动的范畴。

正是在秉承韦伯关于社会行动具有意图性及可理解的基础上,赫斯特罗姆提出了"解析社会"(dissecting the social)的观点,运用中层理论的方法,以个体行动为基础,建立对社会现象的机制性解释(陈云松,2008)。解析社会的视角在探讨从微观行动向宏观社会结构跃迁的过程中,首先回到社会行动的基础层面,即探讨社会行动的发生原因是什么。按照赫氏的观点,任何可理解的社会行动当且仅当行为能够被期望(Desires)、信念(Beliefs)和机会(Opportunities)解释时,才是一种行动,而像"夜里打鼾或者偶然被石头绊倒"这样的不具有目的性的行为并不能构成社会行动(Hedström,2005:38)。此处,信念被定义为行动主体关于社会事实状态的理解,即不管某一事物是否会发生、是否存在,某一行动是否可行、是否必然能达到主体的欲求,都持有一种可信的、虽无法被直接观察但能够影响主体行动的心理状态。与信念相比,期望指的是主体对某事物是否发生的预期。相比于上述两种心理活动，机会是独立于行动者，但会对其信念和期望产生结构性约束的行动选择。正是上述三者之间的互动与组合构成了一系列有目的行动得以产生的原因（Hedström，2005：38-39）。在社会行动发生原因可分解的基础上，社会机制成为勾连微观社会行动与宏观社会结构的关键。在非严格的意义上，结构分析强调分析的总体性，即结构的构成部分及社会事实的片段，都应回归到社会总体结构的基本特性上；而机制解释则重视事物发展和转化的过程，但这两个方面不应该分离或各执一端，在实证研究的过程中，更需要将结构分析与机制分析相结合，才能在更广的社会结构环境下和更长的逻辑链条中理解所要解释的社会事实（渠敬东，2007）。

具体而言，何谓"社会机制"，赫氏强调能够规律性地产生某个特定结果的一系列主体和行为的组合（Hedström and Swedberg，1998），我们认为其只不过是一个分析性的概念，并没有具体的操作定义，更确切而言，只有与具体的研究事实相关联之时，社会机制才具有其实在意义。在社会机制与社会理论的关系上，一个理论可能包含多个机制，同样一个机制亦可能包含多个理论；一个社会机制可能是在解释一个社会现象时的一个暂时性假设，也可能是一系列假设的集合。从而，机制解释的研究范式是在中层理论的指导下来进行的，一项复杂的社会事实总是由不同的社会机制有机组合而成，这种复杂性也是任何一项研究难以穷尽的，因为"社会比我们有关它们的理论更为混杂"（迈克尔·曼，2007：5），研究的目的就是从中找出某些关键机制，进而能够对社会现象进行解释。

正是在强调机制解释在社会科学研究中的重要意义之时，赫斯特罗姆区分了三种类型的解释范式：覆盖率解释、统计学解释和机制性解释。覆盖率解释主要指由理论进行演绎的解释范式；统计学解释则是归纳导向的解释范式；与前两种解释相比，机制性解释重视行动者、行动以及它们如何在时间和空间上的组合，并进一步对社会现象进行解释（Hedström and Swedberg，2005：14）。在这个意义上，机制性解释追寻基于主体行动的解释，但其同样重视理论的指导和定量分析的意义。

上述梳理和论述的目的是在本项研究中建立一个总体性的分析框架，我们并不关心某一个体关于其收入公平与否的现状，而是需要解释在总体层面上人们收入不公平感的事实和变动。借鉴DBO理论，在微观基础层面，人们收入不公平感的认知和判断基础是由其关于收入分配的期望、信念和机会结构决定的；在此基础上，通过某些关键机制，进一步达到从微观主体向宏观社会事实的解释。

◇ 三 分析路径与研究假设

人们的收入公平感与其所处社会的结构环境（经济发展状况、制度安排结构、地位阶层结构等）变化密不可分，也与在上述结构变化的同时人们对收入分配的期望、信念和机会的变化相关联。对于影响人们公平感的逻辑机制，在梳理以往研究的基础上，文章将从以下方面进行分析与检验。

(一) 社会经历影响论

个体的生活经历，尤其是一些重大的社会事件势必会影响到个体、具有相似生活经历的同期群体的价值观念、生活际遇乃至生命历程。埃尔德在其著作《大萧条中的孩子们》中，将剧烈的社会变迁与个体的生命周期联系起来，呈现了一幅具有历史感的生命历程变迁图景，不同的代际群体对大萧条的感受以及大萧条对不同年龄群体生命历程的影响都不相同（埃尔德，2002）。生命历程理论认为经历了相同历史事件的人们，因所处年龄段的不同会对时代有不同的体验、感受和记忆；从而以此为主要分析范式的研究者将注意力更多地放在了重大的历史事件、制度安排对人们生命历程的形塑上，将社会结构变迁、制度安排以及个体的生命体验融合到了特定的时空环境之下，并分析由此导致的后延性社会后果（郭于华、常爱书，2005；周雪光、侯立仁，2003：374；刘亚秋，2017、2019）。在生命历程理论的研究范式下，"年龄已经从本来的身心发展和健康的生物学意义拓展出来，被赋予了时代、同期群、社会成熟等丰富的社会学涵义……年龄所表达的是一种社会期望，这种期望是社会对个体发展方向的一种规定"（边燕杰、肖阳，2014）。

在对人们不公平感的探讨上，研究者发现"文革"中的下乡经历对下乡青年而后的收入状况具有较强的负面延迟效应；更为明确的假设则认为，"文革"中"失落的一代"社会不公平感可能更为强烈,如果以年龄的变化来刻画生命历程,年龄与社会不公平感之间应该存在着一种"倒 U 形"的曲线关系(周雪光、侯立仁,2003;怀默霆,2009)。在上述研究基础上,我们建立开放性假设:

个体的生活经历会影响其收入不公平感,这种不公平感随着年龄的变化呈现一定的规律性趋势(假设 1)。

与"文革"事件相比,20 世纪 90 年代的国有(集体)企业转改制以及相伴而生的大规模下岗失业给多数城市家庭带来了经济和生活上的困顿。这一中国经济转型过程中的重大事件对多数的"单位人"而言仍历历在目,并改变了多数人的人生轨迹。全民就业以及单位体制下的各项福利曾经是计划经济意识形态的基石,而失业对于当时的单位员工而言不仅始料未及,而且体制内外的巨大落差和市场的风险性使得很大部分失业下岗群体成为制度的相对剥夺者。由于中国社会保障体系的不完善和不平衡,除了失业所带来的经济收入下降,下岗失业者还面临着社会保护的缺失,他们的生计因此而遭遇更大的风险和不确定性(朱玲,2013:4)。作为重要的社会经历,企业转改制和下岗失业势必影响"单位员工"有关收入分配的期望和信念(Kluegel et al.,1999)。为此,我们建立研究假设如下:

那些有过企业转改制经历的群体,收入不公平感更强烈(假设 2)。

(二)地位结构决定论

地位结构决定论强调人们所处的社会经济地位影响其社会不公

平感受,即那些处于优势地位的群体更倾向于认为其所得是公平的(马磊、刘欣,2010;李颖晖,2015)。通俗的表述便是"屁股决定脑袋",利益决定观念,其背后隐含的逻辑是,人们维护自身利益所得正当性的价值偏好。早期,有研究在对比英格兰和美国民众的不公平感时,提出并验证了"失败者原则"(underdog principle)的假设,即个体在客观上越能够在现有的分层体系中获益,便越会认为不公平状况是正当的(inequalities to be just);同样的道理,对于那些"失败者"——非白人、较低职业声望者、较低家庭收入者越会追求社会的公平性,因为在其他方面保持不变的情况下,社会越是公平,他们所能获得的社会性物品(societal goods)越多(Robinson and Bell,1978)。也就是说获益较多的群体或处于优势社会经济地位的群体,更易于将现有的收入分配方式认为是自然合理的结果,从而认可所处社会的利益分配格局或满意于当时的社会不公平状况;反之亦然。从而我们建立如下假设:

人们的收入水平越高,收入不公平感越低(假设3)。

在承认客观地位结构影响人们社会公平感的基础上,与上述研究结论不相一致,有研究在分析当下中国民众的社会公平感后,发现弱势社会经济地位群体的不公平感并非更强,反而,那些受教育程度更高、位居城市的民众相比于他们的对应群体更认为社会是不公平的。对于此种结果,研究者认为对于教育程度而言,虽然物质上的优势让人更容易接受现状,但是较高的教育水平,会使得人们更具有批判性或者更可能意识到社会中存在的偏见和歧视(怀默霆,2009)。

事实上，高文化程度的群体具有更多的社会批判意识只是在某种意义上指向了教育所具有的一层属性——社会化，且这种作用只有在与更广的社会环境相勾连的情形下才能产生。英格丽哈特等人的研究表明，在西方，战后出生的一代与其上一代相比，更容易进入高等教育阶段并享受到了前所未有的物质富裕，从而在价值观念上亦发生了变化，更多地趋向于公平、自由等后物质主义的价值观（Inglehart and Abramson，1999、1994）。也就是说教育程度的提升所带来的价值观念上的变化是在不同世代间存有较大的社会环境差异的比较中才具有显著性。更进一步而言，正如英氏所言，中国还处于大转型和发展较为早期的阶段，不会马上进入后物质主义国家（英格丽哈特，2013）。那么前述研究结论，在没有相关佐证之下，关于在中国更高文化程度由于更具有批判意识从而更加认为社会不公平的论断还值得进一步商榷。

与教育社会化对人的内在观念形塑不同，教育水平不仅与工作获得和经济收益相关联，而且其具有更加广泛的社会背景意义。教育程度不仅代表受访者的社会经济地位，而且也深受其家庭经济地位的影响。有关教育获得与父代阶层地位间关系的研究表明，家庭出身等先赋性因素对子代的教育获得具有显著的正向效应（Boudon and Raymond，1973）。随着中国高等教育的扩招，有研究发现，父代阶层位置对以地位取向为主的大学本科教育机会获得的影响，不是内卷化而是在成倍地扩大；来自中上阶层家庭的人和拥有较多家庭文化资本的人接受大学本科教育的机会要远多于下层阶层和拥有较少家庭文化资本的人（刘精明，2006；李春玲，2010；张延吉等,2019)。在这个意义上,教育水平不仅代表着"自致性"的社会经济地位而且也在一定程度上代表着其"先赋性"的社会经济地位。那么既然有关教育对不公平感的影响作用还存有争议,我们在此亦建立开放性假设:

人们的地位结构影响其不公平感受,受教育程度不同的群体,收入不公平感不同(假设4)。

(三)参照比较论

与上述研究着重社会变迁结构和客观地位结构对人们不公平感的影响不同,另一类研究关注不同参照点间的比较问题。认为,人们的不公平感主要源于与不同的参照点进行比较后所产生的负面感受所致,这种负面感受被称为"相对剥夺感"。根据这一理论的解释路径,相对剥夺感主要发生在以下三个层面,第一个层面主要是横向的群体比较,即在与参照群体比较的过程中,如果发现自身的利益状况受损,就会产生相对剥夺的感受,进而导致不公平感的产生(马克思,2012/1849:345;默顿,2008;Runciman,1972;Stouffer et al.,1949;李汉林、魏钦恭,2013;孙灯勇、郭永玉,2016);第二个层面主要是与自身的历史状况进行纵向比较后,若社会地位和境遇变差或恶化,便会产生相对剥夺的感受,促生不公平感,如下岗失业工人群体(李强,2004;蔡禾等,2009);第三个层面是将人们相对剥夺感的产生放置到更为宏观的社会结构变迁背景之中,通过人们的价值期望(value expectation)与社会满足期望的价值能力（value capacity）之间的比较来衡量相对剥夺感的类型与大小，如果社会的价值能力不能满足期望的变化则会产生相对剥夺感（Gurr，1971）。

国内学者在对人们的不公平感进行研究后，发现中国城市居民的分配公平感主要是由相对比较因素决定的，那些无论是与自身历史相比还是与参照群体相比，相对剥夺感更低的群体认为自身收入所得更加公平（马磊、刘欣，2010）。事实上，相对剥夺感与人们收入分配观念之间的关系在很大程度上并不是单向的因果关系，而是交互影响。在关于单位内部成员的相对剥夺感分析中，研究发现，单位内成员的收入高低显著影响其相对剥夺感受，进而影响单位成员的依赖结构与资源获取方式（李汉林、李路路，2000）。在更高层次上，公平公正的社会机制，防止收入差距的扩大能够有效降低人们的相对剥夺感（付允，2011）。甚至在一定程度上，相对剥夺感的产生和高低成为衡量组织成员乃至社会民众对不公平状况容忍度的"表征"。按照赫希曼"隧道效应"的解释逻辑，在经济高速发展的初期阶段，各个阶层、行业和地区之间的收入差距会迅速拉大，但整个社会可能会对此持相当宽容的态度。因为收入较低者会持有较高的期望，认为随着经济的持续发展，自己亦会不断收益，收入差距会不断缩小。但是当这种差距没有改观或者持续恶化并超出人们的期望之时，人们的容忍度阀值会不断降低，直到产生不满、相对剥夺、愤怒、沮丧等情绪，进而引发诸多问题（赫希曼，2010）。可见，在这种比较的过程中，收入差距的拉大并不会立即产生相对剥夺感，而是与一个组织或社会的发展状况相关联,并且即使产生相对剥夺感,也具有一种延后效应。若组织或社会管理者能够充分意识到并在关键时刻化解这种"隧道效应",反而能够利用人们的忍耐度,推进一个组织或社会的发展。在这种意义上,相对剥夺感的产生是"隧道效应"的一种表现结果,但并不是必然结果,收入差距的拉大并不必然导致人们不公平感的增强。

上述研究表明,依据相对剥夺感理论解释人们的不公平感受,主要关注的是收入状况的变化,这一方面是因为收入水平的测量简单、易操作,并且与其他类型的资源相比更少歧义;另一方面,收入无疑构成了人们评判生活状况变化的主要维度,而且随着中国向市场社会的转型,收入差距将对人们产生越来越大的影响。从而无论是在与参照群体、自身历史状况进行比较的过程中,还是在与预期比较的过程中,认为自己的收入状况处于劣势,更易于做出分配不公的判断;而且即便收入在增长,但当这种增长与参照者相比增幅较小,自身期望未能达到时,不公平感亦会产生。在这个意义上,我们建立研究假设如下:

当人们与参照群体比较、与自身历史境遇比较时,认为自己的经济收入水平越低,更易于产生不公平感(假设5)。

(四)能力取向论

改革以来的中国社会,最重要的机制变革之一可以说是从计划经济向市场经济的体制转变。与计划经济相比,伴随着分配方式的转换，人们有关收入分配的价值观念亦发生了变化，与市场分配制度相适应的应得原则逐渐被接受，获取经济收益的能力主义取向逐渐增强（孙明，2009；李路路，2012；张海东、姚烨琳，2016）。有研究在比较东欧市场转型国家与欧美发达资本主义国家的民众对市场正义（market justice）的认知和信念后，发现遍存于西方国家的市场正义观在转型后的前社会主义国家（保加利亚、捷克、东德、匈牙利、俄罗斯）中亦具有了公众的合法性基础；社会主义正义观向市场主义正义观的转变不仅发生在总体层面也同样存在于个体层面（Kluegel et al.，1999）。市场正义，被定义为是一套内在相连的规范和信念体系，规范的核心强调人们对非平均主义（inegalitarian）的偏好和对应得原则（criteria of earned deserts）的接受，信念的核心是经济机会（economoic opportunity）的可得性和收入分配（distribution of income）的公正性（Lane，1986）。关于不平等的偏好是从功利主义的视角出发，认为不平等不仅能够进一步促进生产而且有利于总体收益最大化；机会开放和可得的信念使得人们对自己的经济命运负责并将经济收入与自身的努力程度关联起来，进而认为不公平在总体层面是公正的。在这个意义上，我们假设：

如果人们的能力主义取向越强，则收入不公平感越低（假设6）。

根据世界价值观调查（WVS）数据的分析结果，中国与同时期所调查的相关国家相比，民众无论是对当前社会状况的判断还是未来社会发展的倾向，意识到并更接受基于能力竞争和个人贡献的收入分配方式（参见图 3.1）。① 将中国视为一个地区发展不均衡的总体，那么是否也意味着，民众收入分配的能力主义取向亦存在区域差异？

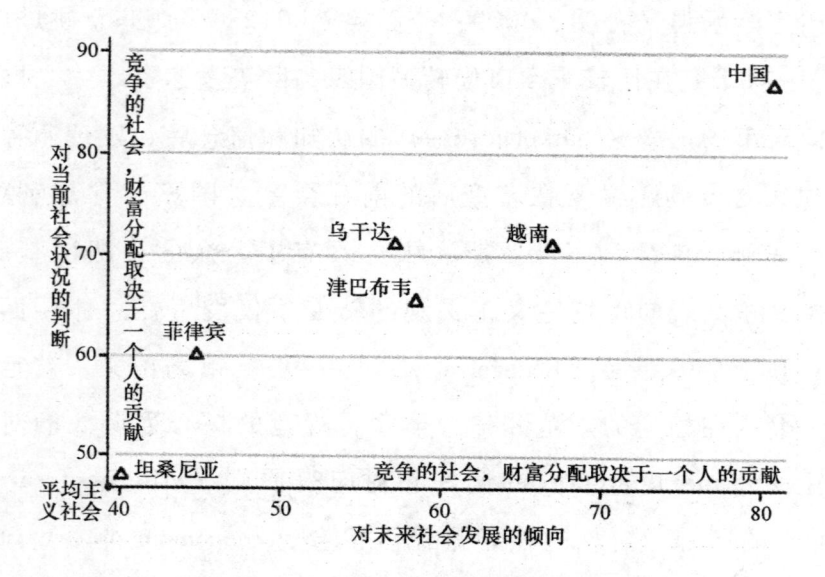

图 3.1　不同国家民众的分配观比较

事实上，对于市场转型与收入分配之间的关系，在市场化早期

---

① 数据来源：http://www.worldvaluessurvey.org/wvs.jsp。在 2001 年 WVS 数据中，有两项题器可用于测量民众对社会财富分配的价值取向，其中一项是询问受访者认为当前的社会"是一个平均主义社会，贫富差别很小，不取决于贡献大小；还是一个竞争的社会，财富分配取决于一个人的贡献"？另一项是询问受访者认为社会未来发展应该"是一个平均主义社会，贫富差别很小，不取决于贡献大小；还是一个竞争的社会，财富分配取决于一个人的贡献"？答案分为五类，1."平均主义社会"；2."接近平均主义社会"；3."不知如何表达"；4."接近竞争主义社会"；5."竞争主义社会"。在此基础上，我们将 1 和 2 合并，4 和 5 合并，构建了一个基于人们主观认知的社会分配观指数，指数 = $(N\_competitive/(N\_competitive + N\_egalitarian)) \times 100$，$N\_competitive$ 表示倾向于竞争主义的人数，$N\_egalitarian$ 表示倾向于平均主义的人数，该指数是一个 0—100 之间的数值，分值越高，表示某一国家民众基于个人能力的竞争主义分配观越强。

就受到了研究者的关注,谢宇和韩怡梅在分析中国城市居民的收入不平等之时,强调并引入地区经济发展程度的差异来检测中国在市场转型的过程中,地区经济发展的异质性与人们人力资本、政治资本回报率的差异(谢宇、韩怡梅,2002)。在此基础上,郝大海和李路路的研究不仅关注经济发展程度的差异性,亦关注市场化程度的影响效应,他们发现无论是地区经济发展程度还是市场化程度,都对人们的经济收益具有正向的影响作用,并且市场化的推进能够显著抑制国有垄断部门的收入优势,但两项宏观结构因素与人们的教育回报率之间没有统计上的显著关系(郝大海、李路路,2006)。这些研究一方面力图对"市场转型争论"(MTD)中的某些关键假设进行检验(Nee,1989:663-681),另一方面却发现结构性因素的差异在某些个体性因素对收入的影响效应上还不十分明确。与客观收入的分析结果不同,在一项关于市场转型与民众分配公平观的研究中,研究者发现市场分配制度的建立,使得社会上一部分人树立了基于个人能力应得原则的分配公平观,并获得了一定的社会合法性基础(孙明,2009)。对此,如果我们将市场化看作是一项多面化的进程,那么除了在分配结构、分配结果上对人们的收入产生影响,其同样在人们关于收入分配的期望、信念、认同等主观层面具有建构作用。① 为此,我们建立如下假设,以对上文的研究假设

---

① 桑德尔在描述市场价值的渗入之时,如是描述"在过去的30年里,市场和市场价值观渐渐地以一种前所未有的方式主宰了我们的生活。但是需要强调的是,我们深陷此种境地,并不是我们审慎选择的结果,它几乎像是突然降临到我们身上似的"(参见桑德尔,2012:XII)。

进一步探索：

地区的经济发展程度越高，人们收入分配的能力主义取向越强（假设7）。

地区的市场化程度越高，人们收入分配的能力主义取向越强（假设8）。①

◇◇ 四 数据、变量与模型

如前文所述，我们分析人们收入不公平感变动趋势的数据来自不同年份所实施的全国范围内的问卷调查。考虑到不同年份调查数据在变量设置上的差异，为了使研究假设能够有尽量全面的检验，此处的分析仅使用2007年"社会发展与员工参与状况调查数据"。

该调查的目标总体是具有正式工作的中国城市居民，问卷调查的时间为2007年10月至12月，样本量为6000个，有效样本量为4917个。在抽样过程中，先利用国家统计局的年鉴数据及相关变量

---

① 对于市场化与经济发展程度之间的关系，虽然有研究发现二者之间具有显著的正向关系，但在更为本质的意义上，二者有着不同的意涵。首先，市场化转型是制度层面的转变，在中国更多的是一种政府主导下的渐进过程，无论是从再分配经济向市场经济的转型还是市场机制自身的深化和完善，更强调制度层面的演进；与之相比，经济发展程度在改革以来的中国，更多的是市场化推进的某种结果表现。其次，作为一种制度结构，市场化作为内生性因素同样塑造着人们有关市场的价值观念，而作为结果的经济发展更多的是一种外生影响因素。最后，从历史和国际经验来看，市场化并不一定会带来经济的发展，甚至如东欧国家的快速市场化进程，反而使得经济长时段内处于停滞甚至倒退状态。

进行潜类分析。在此基础上，在全国659个城市中按分层抽样方式抽选调查城市，将所调查城市聚类为5层，每层随机抽选8个城市，每个城市随机抽选10个居委会，每个居委会按照系统抽样方式抽选15户居民进行调查，每个家庭只抽取1个被访对象，被访者为当前有工作的常住户籍人口（不包括离退休人员、流动或迁移人口）。

研究的因变量，选取了调查问卷中的相关题器来指代。此题器是定序变量，为了研究方便、易解释起见，将其进行了Ridit转换，转换后的变量数值越大，收入不公平感越强，进而使用线性回归分析。[①]

社会经历影响机制。一方面，用受访者年龄来测量，并加以年龄的平方项，如果某一年龄段的受访者因为其社会经历而具有更强的不公平感，那么年龄与因变量之间应该呈现一种曲线关系。另一方面，由于问卷中未有专门询问受访者失业经历的题器，从而只引入受访者是否经历过企业转改制的变量。此处需要强调，企业的转改制不仅发生在制度层面，同样对员工价值观念有着很大影响，即

[①] 由于因变量是定序类型，笔者在此处也尝试了其他处理方式，如多项logit或probit模型，模型的分析结果较为复杂且有些方面较难进行解释，但如果采用一般线性分析则违背了因变量为连续型的假定。从而，我们进行了另外一种处理方式——对因变量做Ridit转换。Ridit分析是"relative to an identified distribution integral transformation"的缩写，指对一个确认的分布做积分转换，用一个基于经验分布的函数对有序分类资料的频数分布进行概率性的积分转换，以此给有序分类变量的每一类赋予Ridit值，在此基础上对两组及以上的有序分类资料进行分析和比较。转换后的Ridit值，在不太精确的情况下，可以看作是均值为0.5，服从[0，1]的均匀分布，从而可以利用此值进行分组比较，在不太严格的意义上也可以用来进行回归分析。这种做法可以看作是对定序分类变量无法进行多组比较和x^2检验的改进，多用于临床医学中标准组与对比组之间的比照检验（参见刘嵘、白瑞华，2004；Schnell et al.，1995）。

使部分经历企业转改制的员工并未因此而下岗，但毫无疑问，其有关收入分配的观念也会受到较大冲击。

地位结构影响机制。测量主要使用受访者的收入水平、教育程度。由于收入在不同地区之间具有较大的差别，从而我们按照其所属的城市，将收入水平由低到高划分为四类，以收入层级代替绝对收入。①

参照比较机制。操作化使用受访者与组织内同事相比、与社会上其他人相比以及与其历史境遇相比之时的收入地位高低来测量，相比收入地位越低，则相对剥夺感越强。

能力取向机制。因变量询问的是受访者"就能力和工作付出而言，现在的收入是否合理"，我们的假定是受访者的能力主义取向越强，收入不公平感越低。由于问卷中没有专门的关于能力主义取向的测量题器，借用调查中一项关于"能力付出匹配状况"的量表，如果能力付出匹配程度越高的受访者，收入不公平感越低，那么转而可以证明能力主义取向的影响作用。

"能力付出匹配状况"量表由三项题器构成，答案分为"完全符合""比较符合""一般""较不符合"和"很不符合"，分别赋值为"5""4""3""2""1"。验证性因子分析的结果显示（结果见3.2），就整个量表而言，具有较高的信度系数，每项题器也较为稳定和可信。然后生成"能力付出匹配状况"因子，因子的分值越

---

① 有研究者亦指出，不同地域和城市之间的收入水平，在绝对数值上有较大的差异，从而按照研究所需，应该考虑受访者所在城市的收入层级，而非绝对收入水平（参见高勇，2013）。

高则表明能力付出匹配程度越高。

表 3.2　　　　　　能力付出匹配量表的验证性因子分析

量表信度系数 = 0.848	因子负荷估值（λ_i）	残方差（θ_{ii}）	题器信度系数① $\dfrac{\lambda_i^2}{\lambda_i^2 + \theta_{ii}}$
我目前的工作岗位与我的教育水平相适应	0.797	0.365	0.635
我在工作中的付出和努力能得到相应的荣誉和承认	0.822	0.323	0.677
在单位中我已经充分发挥了自己的才干	0.801	0.359	0.641

与上述为了检验个体层次因素对人们收入不公平感的影响机制所进行的操作化变量不同，考虑地区异质性所纳入的经济发展程度和市场化程度属于高于个体层次的结构性因素。区域层次，我们选择了调查中的初级抽样单元（PSU）。对于经济发展程度，根据相应年份的国家统计数据和地方年度统计公报中的人均国内生产总值（GDP）操作化。除少数 PSU 外，一般都依据地级市（州）数据，其中北京、上海、天津、重庆四个直辖市采用市辖区的平均数据。市场化程度，我们借用中国经济改革基金会国民经济研究所的市场化指数来操作化，但由于其指数都限于省一级，从而同一省份的

---

① 此处关于信度系数的计算参照我们以往的研究，即在验证性因子分析框架下，常用的量表信度系数 Cronbach 的 α 值不能恰当地拟合指标和因子间关系，从而采用 Raykov 的信度系数 ρ，其计算公式为：$\rho = \dfrac{u^2}{u^2 + v} = \dfrac{(\sum_{i=1}^{k}\lambda_i)^2}{(\sum_{i=1}^{k}\lambda_i)^2 + \sum_{i=1}^{k}\theta_{ii}}$，其中 λ_i 是第 i 个题器的因子载荷，θ_{ii} 是第 i 个题器的残方差（参见 Raykov, 2002）。

PSU 之间在市场化程度上是一致的,这也是此项操作化的不足之处。①

在上述变量的基础上,将受访者的性别和户籍设定为控制变量。

表 3.3　　　　　　　　　　变量的描述性统计

变量	均值	标准差	最小值	最大值
微观收入不公平感	.50	.28	.01	.96
年龄	38.15	9.36	17	70
能力付出匹配状况	$6.95e-10$	1	-3.78	2.46
人均 GDP	26471.68	18535.10	6605	70832
市场化程度	7.93	1.88	5.23	11.16
性别	分类变量:男性为参照组			
户籍	分类变量:非农业为参照组			
是否经历过企业转改制	分类变量:没有经历者为参照组			
受教育程度	定序变量:0 = 初中及以下;1 = 高中/中专/技校;2 = 大专;3 = 大学本科及以上			

---

① 考虑到上述不足,我们仍然借用此指数,主要是基于以下原因。在以往的相关研究中,有研究者依据因子分析,选择了城市失业率、国有单位社会消费品零售总额占全部的比例、国有工业占工业总产值比例、其他经济工资总额比全部工资总额、私有经济职工人数比等作为市场化程度的操作指标,但这种基于数据结构的因子析出方式往往在理论上存在着不足,诚如研究者本人对因子旋转结果所解释的那样"唯一有所奇异的是,国有经济职工人数比和国家财政预算收入占 GDP 的比重理论上应该属于市场化因子",但数据结果却将其归类为现代化因子。与使用多项指标进行的操作化不同,另外一项研究中,作者仅使用其他经济成分的职工人数占全体职工人数的比例这项指标,并将其与中国经济改革基金会国民经济研究所的市场化指数进行相关分析后,发现相关系数为 0.858,具有显著的正相关。但毫无疑问,即使相关程度很高,这种操作化具有简化过度之嫌。从而,在本章的分析中,我们还是选择樊纲等人所构建的市场化指数,这项指数的构建较为繁杂,但却包含了市场化的主要方面,如政府与市场关系、非国有经济发展、产品市场发育、要素市场发育、市场中介组织发育和法律制度环境等。(参见梁玉成,2007;郝大海、李路路,2006;樊纲等,2011)

续表

变量	均值	标准差	最小值	最大值
收入水平	定序变量:0=第一层;1=第二层;2=第三层;3=第四层			
与组织内同事相比的收入状况	定序变量:0=经济收入高;1=经济收入一般;2=经济收入低			
与社会上其他人相比的收入状况	定序变量:0=经济收入高;1=经济收入一般;2=经济收入低			
最近三年工资增长状况	定序变量:0=下降很多;1=略有下降;2=基本未变;3=偶有增加;4=年年增加			

在变量操作化的基础上,建立线性回归模型如下:

$$Y = \beta_0 + \sum_{i=1}^{k} \beta_i X_i + \varepsilon \qquad (公式1)$$

Y 表示不公平感;X 是自变量矩阵;β_0 是截距;β_i 是回归系数;ε 是残差项。

与检验个体层次因素对人们收入不公平感的影响机制所构建的分析模型不同,在考虑地区异质性的基础上,需要构建多层模型(HLM)。公式2是随机截距和随机斜率模型,前面括弧内表示的是固定效果,由总截距、结构特征、个体特征和两个层次之间的互动变量所组成,δ_{oj} 表示未被观察到的城市层次的随机变量,ε_{ij} 代表未被观察到的个体层次的随机变量,δ_{1j} 表示随机斜率。①

---

① 我们此处构建随机截距随机斜率模型主要是出于下述原因:系数的随机化依赖于理论的指导,文章建立的研究假设主要是考察宏观经济发展和市场化因素对人们能力主义取向的影响,在一定程度上只需检验结构因素与个体能力付出匹配状况的互动效应即可,从而可以暂时忽略与其他个体特征之间的关系。

$$Y_{ij} = (\gamma_{00} + \gamma_{01}G_{1j} + \gamma_{10}X_{1ij} + \gamma_{11}G_{1j}X_{1ij}) + (\delta_{oj} + \delta_{1j}X_{ij} + \varepsilon_{ij})$$

（公式2）

◇ 五　统计结果与分析

表3.4是以微观收入不公平感为因变量的多元线性回归统计结果。

表3.4　以收入不公平感为因变量的多元线性回归统计结果

解释变量	模型1	模型2	模型3	模型4	模型5
性别 （男性为参照）	0.001 (0.07)	-0.012 (-1.55)	-0.017** (-2.69)	-0.009 (-1.24)	-0.021** (-3.29)
户籍 （非农业为参照）	0.034* (2.18)	-0.022 (-1.40)	0.003 (0.25)	-0.006 (-0.44)	0.009 (0.73)
年龄	0.011*** (3.71)				0.012*** (4.70)
年龄平方	-0.001*** (-3.48)				-0.001*** (-4.27)
企业转改制经历 （未经历者为参照）	0.057*** (5.80)				0.0235** (2.93)
受教育程度（初中及以下为参照）					
高中/中专/技校		-0.003 (-0.25)			0.019* (2.06)
大专		-0.012 (-1.02)			0.027** (2.69)
大学本科及以上		-0.034** (-2.61)			0.045*** (4.12)
月收入水平 （第一层为参照）					

续表

解释变量	模型1	模型2	模型3	模型4	模型5
第二层		-0.099*** (-6.21)			-0.019 (-1.45)
第三层		-0.154*** (-8.96)			-0.045** (-3.18)
第四层		-0.141*** (-12.20)			-0.057*** (-5.98)
与组织内同事经济收入比较（经济收入高为参照）					
经济收入差不多			0.091*** (5.97)		0.087*** (5.86)
经济收入低			0.261*** (15.80)		0.245*** (15.11)
与社会上其他人经济收入比较（经济收入高为参照）					
经济收入差不多			0.100*** (6.93)		0.082*** (5.76)
经济收入低			0.247*** (15.92)		0.218*** (14.18)
最近三年工资增长状况（下降为参照）					
略有下降			-0.045 (-1.27)		-0.037 (-1.06)
基本未变			-0.099*** (-3.33)		-0.069** (-2.37)
偶有增加			-0.130*** (-4.41)		-0.096*** (-3.34)
年年增加			-0.158*** (-5.20)		-0.112*** (-3.76)
能力付出匹配状况				-0.087*** (-23.19)	-0.045*** (-13.61)
截距	0.261*** (4.49)	0.635*** (45.02)	0.329*** (10.22)	0.505*** (96.24)	0.109 (1.91)
样本量	4903	4915	4876	4876	4795
R^2	0.012	0.035	0.353	0.100	0.390

注：$^*p<0.05$，$^{**}p<0.01$，$^{***}p<0.001$（双尾检验）；表（ ）中为t值。

（一）社会经历机制具有显著影响效应

年龄与微观收入不公平感之间是一种"倒U形"的曲线关系，即从17岁开始，人们的收入不公平感逐渐增强，在43岁左右达到峰值，然后随着年龄的增大，收入不公平感逐渐降低。[①] 有过企业转改制经历的群体收入不公平感更为强烈。仔细辨识，与以往的研究结论相比较，诸如"文革"经历对人们收入分配观念的影响似乎并不能得到验证（怀默霆，2009）。因为年龄的峰值和置信区间表明，这部分人在"文革"时期才刚刚出生，而与比其年龄更长的群体相比，并不具有更为深刻的历史体验。相比之下，这个年龄段的群体，一般都处在人生的中年，要承担更多的家庭和工作责任，收入压力也更大，从而更易于对收入所得表达出不公平的感受。对于企业转改制经历，20世纪90年代的大规模"下岗潮"所波及的群体对现有收入分配状况持有更多的负面情绪。这可能一方面确实因为这部分群体的收入与以往相比出现了下降，另一方面可能是企业转改制和失业下岗的历史体验在他们有关收入分配的预期和信念方面留下了不公正的"烙印"。

（二）地位结构的影响作用显著

对于地位结构影响机制的检验结果显示，在控制其他变量的

---

① 在95%的置信度下，年龄影响效应的峰值在43岁左右，置信区间为[39.76, 46.30]。

状态下，那些受教育程度高、收入水平低的受访者，收入不公平感更强。对于收入的影响效应，简单易知，在其他状态相同的状况下，收入愈少，自然认为收入与付出不相一致、收入分配不公平。相比之下，受教育程度的社会学含义更为广泛。接受教育被认为是一项最重要的人力资本投资和获得经济收益的成本投入，教育程度成为人力资本高低的主要衡量标准（Mincer，1974）。那么教育程度越高的群体，应该更加倾向于收入分配的能力原则，在同样的收入水平下，受教育程度越高，能力原则下的分配不公平感越强。与有关研究结论比较，由于缺少进一步检验的资料，我们很难将受教育程度高者的不公平感归咎为其更具有社会批判意识。但相关研究显示，教育的经济收益率并未随着市场化的推进而同步提高，随着高等教育尤其是研究生招生的扩大，高学历群体的收入预期在不断降低；同时，在市场转型还不彻底的过程中，由于部门分割、城乡分割、劳动力市场分割等结构性因素的存在，教育收益率存在不平衡甚至在某些部门下降的趋势，进而导致部分较高文化程度群体以能力为原则的收入不公平感增强（刘精明，2006；岳昌君等，2019）。

（三）相对剥夺感越强，收入不公平感越强

作为主观的认知和评价过程，在一定程度上相对剥夺感即是一种不公平感，只不过这种心理感受更强调与参照群体的比较，但值

得注意的是，参照群体的选取是受到结构性约束的。① 在现实生活中，一个普通人借以比较的对象很难扩展到社会收入金字塔顶尖的人物，即使扩展到也不一定产生相对剥夺的感受，这意味着参照点的选择与群体关系结构有着紧密的关联。在传统单位制社会，人们相对剥夺感的产生可能是由于单位分配制度的不公，而在市场社会环境下，相对剥夺感的产生很可能是由于市场要素占有的不公，也即随着社会结构环境的变迁，人们据以进行收入比较的参照系亦发生着变动。就研究因变量而言，"人们的分配公平观作为一种社会认知，是受到所处制度环境塑造的"（孙明，2009），众多关于民众分配公平感的研究，均证实了相对剥夺机制的影响作用。但是，如果仅仅停留在相对剥夺感是否具有影响作用的层面，不仅对于其背后影响机理知之甚少，甚至有同义反复之嫌。接下来，文章将对相对剥夺这一重要影响机制进一步分析，以探讨组织内外两个层面的相对剥夺感发挥作用的异同及隐含的现实意义。

毫无疑问，文章所引入的两个层面的相对剥夺感，不仅在参照对象上存在着差异，而且据以进行收入比较的机制也不同，组织内的收入比较更多的是建立在组织制度的认同基础之上，与社会其他人的比较更多的是建立在社会制度的认同基础之上。相比于组织内比较，社会比较有着一个参照对象的扩展过程，两个层面的收入地

---

① 关于主观变量解释主观变量的问题，胡安宁做了较为详细的论述。他认为虽然在方法论层面存在诸如混淆偏误、内生性关系等疑问，但如其所强调的，主观解释主观仍然是社会学议题中非常重要且需要并能够在经验和方法层面进一步拓展的分析进路（胡安宁，2019）。

位认同既可能存在一致,也可能存在差异。根据调查数据,将每个层面的相对剥夺感受由低到高分为五个类别,那么就会有 5×5 种组合方式,认同一致和不一致两种类型。借用物理学的"渗透现象",组织内的收入比较与社会上的收入比较就好比有着不同渗透压的两种"溶液",收入地位认同一致就是达到了"渗透平衡",而在认同不一致的状态下,就会存在组织内外分配公平观的不断渗透和影响。也就是说,我们此处需要解释的是,在对因变量的影响上,究竟是组织内还是社会层面的相对剥夺感发挥着更强的作用,更进一步,在从组织内收入比较向社会层面收入比较扩展的过程中,组织内外的"渗透"是否亦发挥着作用。

为了检验不同层面相对剥夺感的影响效应及效应的扩展作用,我们将通过构建对角线参照模型来进一步分析。公式 3 中 Y_{ij} 代表收入不公平感,ii 代表受访者在组织内的相对剥夺感,jj 表示受访者在社会层面的相对剥夺感,a_{ii} 和 a_{jj} 分别表示处于交互表中对角线位置,即在组织内和社会层面相对剥夺感认同一致成员的收入不公平感均值。w 和 $(1-w)$ 分别代表组织内相对剥夺感和社会层面相对剥夺感影响因变量的权重。$\sum m_w x_{ij}$ 代表在控制组织内和社会层面相对剥夺感后,组织内外相对剥夺感扩展效应的影响。①

---

① 对角线参照模型 (Diagonal Referential Models) 主要用于社会流动领域的研究,其优点主要在于不仅考察社会地位间的流动效应,而且也能同时检验流动自身的影响后果 (参见 De Graaf et al., 1995)。在此处,我们类比于社会流动,将组织内和社会层面相对剥夺感认同一致的受访者作为参照,一方面考察各自对收入不公平感的影响权重,另一方面查看相对剥夺感在组织内外扩展效应的影响作用。

$$Y_{ij} = w \times a_{ii} + (1 - w) \times a_{jj} + \sum m_w x_{ij} + \varepsilon_{ij} \qquad （公式3）$$

表 3.5 的统计结果显示，在控制地位认同一致的影响后，组织内外分配公平感的"渗透压"并不平衡，组织内相对剥夺感的影响作用要显著大于社会层面（w 大于 0.5），对收入地位的比较在从组织内扩展到社会层面的过程中，那些相对剥夺感由强变弱的群体收入不公平感更低（在 90% 的置信水平上显著）。这一结果与以往相关研究的结论较为一致，即在中国社会，个体意义上的"自我中心剥夺感"发挥着很强的效应，这种感受主要源于与个体周围的小圈子成员的比较，不涉及与更广泛的"他者"群体的比较，其既受到社会关系组织方式的影响也受到所能获取的比较信息的影响（孟天广，2012）。

表 3.5　　　　　与参照群体比较的对角线参照模型参数估计

参数	B	S. E.	置信区间（95%）	
			下限阀值	上限阀值
w（组织内相对剥夺感权重）	.780	.148	.490	1.069
m（扩展效应）	-.065	.037	-.137	.007
高——高（$n=13$）	.118	.054	.013	.224
较高——较高（$n=197$）	.189	.013	.164	.215
一般——一般（$n=1946$）	.386	.005	.377	.395
较低——较低（$n=904$）	.663	.006	.650	.675
低——低（$n=320$）	.869	.011	.847	.891
R^2	0.38			
样本量	4959			

另外一项值得注意的方面是受访者与其历史境遇比较后产生的

显著影响效应。那些收入不断增长的群体，相对剥夺感明显降低。也就是说，一方面人们在与参照群体比较的过程中，如果发现自身经济收入较低，会产生不公平的感受；另一方面如果自身的收入亦是在不断增长，那么可以在一定程度上消减由于相比不足而产生的不公平感。没有一个社会的收入分配是完全均等的，那么相对比较意义上的不公平感就不可避免，如果能够在公正分配的基础上，不断实现人们收入的增长，就可以在很大程度上降低由于收入不平等所带来的负面效应和风险。

（四）能力主义取向显著降低其收入不公平感

能力付出匹配状况具有显著消减收入不公平感的效应，那些认为在工作中已经完全发挥能力和投入付出的群体，收入不公平感更低。这也进一步证实了能力主义取向机制的作用，也就是说对收入分配持有能力主义取向的群体，更满意于当下的收入分配状况。表3.6是纳入结构性因素的统计结果，考虑城市层次的影响，层间关联度系数为0.17，表示对人们收入不公平感的影响效应有17%来自于城市间的差异，这一指标也是我们将城市层级的宏观因素纳入到对因变量分析之中的统计证据。对比空模型（null model）和随机截距随机斜率模型（random-inercept model），在将区域市场化程度和经济发展水平纳入到分析模型之后，地区的市场化程度能够解释城市层次变异的57%，地区的经济发展程度能够解释城市层次变异的58%。参数估计结果表明这两项结构性因素均对因变量具有显著的影响效应,在一定意义上证实了前文的假设,即随着市场化程度的推进和经济发展水平的提高,人们的收入不公平感显著降低,但收入分配的能力主义取向在不同经济发展地区和不同市场化程度地区并不具有显著的差异性。

表3.6　　　　多层次模型的参数估计和拟合优化统计数

无条件平均模型（$n=4950$）		L^2	DF	AIC	BIC
城市之间变异（τ_0^2）=.056 个体之间变异（σ_0^2）=.270 关联度系数（$\rho = \frac{\tau_0^2}{\tau_0^2 + \sigma_0^2}$）=.171		1161.26	3	1167.26	1186.78
随机截距和随机斜率模型 （纳入市场化程度）（$n=4815$）		L^2	DF	AIC	BIC
解释城市层次变异度 = $\frac{\tau_0^2 - \tau_{0j}^2}{\tau_0^2}$ =.569		-1175.85	26	-1123.85	-955.49
参数估计	能力付出匹配状况	Coef.=-.049**, S.E.=.015			
	市场化程度	Coef.=-.006*, S.E.=.003			
	交互效应	Coef.=.001, S.E.=.002			
随机截距和随机斜率模型 （纳入经济发展程度）（$n=4596$）		L^2	DF	AIC	BIC
解释城市层次变异度 = $\frac{\tau_0^2 - \tau_{0j}^2}{\tau_0^2}$ =.583		-1163.3	26	-1111.32	-944.16
参数估计	能力付出匹配状况	Coef.=-.044***, S.E.=.006			
	经济发展程度	Coef.=-7.04e-07*, S.E.=2.77e-07			
	交互效应	Coef.=-2.71e-09, S.E.=2.05e-07			

注:*$p<0.05$,**$p<0.01$,***$p<0.001$。
表中省略了其他个体层级因素对因变量影响的参数估计结果。

❖ 六 总结与讨论

文章在描述客观收入差距不断拉大与主观收入不公平感降低这一"双重印象"的基础上，通过对调查数据的统计，分析了引致人们收入不公平感差异的逻辑机制。结果显示，人们的社会经历、结构地位、相对剥夺感、能力取向及地区的经济发展和市场化程度都对其收入不公平感具有显著的影响作用。由于缺少纵向数据的比较研究，我们很难准确认定双重印象的形成机理，但统计结果中已经显现出某些关键性机制，可以对这种看似相悖的"双重印象"进行初步的解释。其中部分结论不仅有着重要理论意义，亦对有关收入分配的制度安排具有现实指导性。

第一，关于客观收入差距与主观收入不公平感的关系涉及两个层面的问题。收入差距拉大的事实是基于客观的统计数据所得出，从而可以看作是"实然性"问题；相对应，收入不公平感，包含着民众的价值判断等主观心理成分，从而可以看作是"应然性"问题。事实上，有研究发现，在当下中国，民众并不追求完全平均意义上的收入分配，而是在一定程度上认可并接受收入和财富在公平、合理前提下的差距（李路路等，2012；刘欣、田芊，2016）。也正是在这个意义上，收入差距并不能与收入不公平感完全画等号，相反，在更加贴切的意义上，有研究者提出可以通过对民众收入分配的满意度分析来代替基于基尼系数的观测（李实，2011）。

这种客观数据与主观感受的偏差以及从基于客观数据的分析向基于人们主观感受分析的转向也意味着，只有人们切实感受到的事实才更加"真实"。作为社会人，每个个体都对收入分配有着不同的价值判断，对收入差距有着不同的忍受限度，客观的数据不能代替主观的感受，对人们不公平感的研究同样具有重要意义。①

第二，如果一个社会的收入差距不可避免，那么在差异原则下实现收入的共同增长则可在一定程度上降低收入不公平感，进而减缓由此带来的矛盾与冲突。② 改革以来经济的快速增长和物质生活水平不断提升，极大地提升了人们有关收入分配的预期。那些与历史境遇相比较收入不断增长的主体，收入不公平感更低，也在一定程度上意味着人们更重视自身经济收入的增长预期能否实现。收入差距的拉大并不必然带来收入不公平感的增强，民众虽"患不均更患不公"，但"患不公亦患不增"，只要收入分配格局不是"穷者更穷，富者更富"，民众对自身的收入增长有着一个良好的预期，且社会能够在一定限度内不断实现民众预期，那么便对解决由于收入

---

① 有研究者亦指出，客观的分配过程与分配结果与人们的公平感之间并不存在简单的对应关系，在二者之间有一个主观判断的过程，其判断原则作为社会共识存在于社会成员的观念之中。（参见孙明，2009）

② 差异原则的社会公平观，是罗尔斯在反对道德任意性因素基础上提出来的，他认为无论是自由主义者所持有的形式上的机会均等还是精英主义者所持有的实质机会均等都不能保证社会的公正，而基于"差异原则"的社会公正强调只有当社会和经济不平等能够有利于社会最不利者的利益时，才是公正的。（罗尔斯，1988）罗尔斯的理论并不评价这个人或那个人的工资的公平性，因为只要是具有任意性因素，就会不可避免地出现不平等，从而其更关注社会基本结构，如果一个体制使得穷人比他们在一个更加严格的平等安排中的状况要好的话，那么这种不平等就能够与差异原则相一致（桑德尔，2012：171-172）。

不公所带来的不利影响有了一个延缓的空间。

第三，随着市场化的不断推进，市场机制带来了人们利益取向和利益结构的重大改变，"市场关系在较大范围内、于很大程度上取代了国家再分配的关系，虽然转型社会中国家权力仍然在资源和机会分配中具有重要影响，但市场机制发挥着越来越重要的作用"（李路路，2012）。这一方面表明，收入分配的合法性基础正在发生着从再分配向市场分配的转变；另一方面，前文的统计分析也显现出，人们逐渐树立了有关收入分配的能力主义原则，并将其收入所得看作是自身能力和工作付出的回报，从而能够更加理性地正视收入分配现状。

总而言之，在很短的历史时期内，中国通过改革开放，引入市场机制，实现了经济的高速增长，极大地提升了民众的物质生活水平。在此阶段，由于全社会都致力于"做大蛋糕"，在一定程度上忽视了收入分配的公正性，进而导致收入差距不断拉大；但与此同时，总体上民众的收入水平均在不同程度地增长，大家也都抱着收入不断增长的预期，从而当下的收入分配格局并未完全造成人们心理感受的失衡，这也为我们制定合理的制度安排赢得了民众心理"空间"。但必须意识到，没有一个国家的经济能够永续高速增长，当经济出现回落，"蛋糕"不再无限增大，民众不断高涨的收入预期不能得到满足之时，没有一个公平正义的收入分配制度，那么相伴的矛盾与冲突就会不断涌现，进而严重制约社会的发展并可能陷于转型的"泥淖"而无法自拔。这也正是有研究者所强调的，凡是保证了社会公正的时期，经济发展和社会稳定能够得到保障；凡是牺牲社会公正的时期，经济发展和政治稳定便会受到威胁（胡鞍钢等，2009：7-8；王绍光，2013）。相反，如果我们能够清醒地认识到并充分利用当下民众对收入分配的容忍空间，充分释放改革发展的红利不断惠及普通大众，既正视民众的收入分配取向又通过制度安排适时地改变过大的收入差距，通过一些重大的制度安排形成公平正义的社会分配机制，则能不失时机地把中国的社会发展推向一个新的阶段。

第 四 章

兼评总体：宏观分配公平感

"每个人都会对所处时代的财富收入水平有自己的直观认识，哪怕他缺乏理论框架或数据分析。可以肯定的是，绝不应该低估这种直观认识的重要性。……每个人都有自己独一无二的优势，都对其他人的生活以及不同社会阶层之间权力与支配存在的关系有着自己的独特观察，并依据这些观察形成自己的是非判断。"

——皮克提，《21 世纪的资本论》

◇ 一　收入分布表与公平感差异

在《21 世纪的资本论》中，皮克提的一项洞见在于指出了为大家较少关注但却蕴含着更多经济社会意义的收入层级。也就是说，"在财富和收入不平等中，最严重的问题不在于基尼系数的大小，而在于不平等的等级结构细节中"（杨春学、张琦，2014）。看似简单的收入分布表（distribution tables）和分位数，却可以洞若观火地辨察到收入和财富顶端人群在总体财富中的比重以及各个收入层级相应的财富水平（Piketty and Thomas，2014）。那么收入分布表上不同层级的民众在公平感受上有何不同？

根据所能获得的实证资料，对收入公平感社会取向的分析将使用中国社会科学院社会学所"中国社会状况调查"（CSS）数据，且将分析对象限定为城镇居民。① CSS2006年的调查问卷中设置了专门的题器询问受访者"您觉得在当前社会生活中，财富及收入的分配公平程度如何？"，答案分为"很公平""比较公平""不大公平""很不公平"四类；CSS2008年的调查问卷中所设置的题器询问受访者"您觉得在当前社会中，收入差距方面的公平程度如何？"，选项同上。虽然上述题器在表述上有所差别，但所询问的目的都是让受访者对当下社会收入差距是否公平进行主观判断。

此处，我们不准备对年份间的收入不公平感做历时性比较，虽然这样做很容易，也能给我们关于不公平感的变化趋势一个总体印象，但如此却会冒一定的"风险"。不公平感是主观感受的表达，更易于受到外在环境的影响，基于抽样的调查数据所推论的目标总体是调查时点的全国性状况，但考虑到样本量和中国时下的调查访

---

① CSS2006年的调查采取随机抽样的方法，在全国28个省市、100多个区县抽取7000多个家庭户，然后在每个被选中的居民户中按一定规则随机选取1人作为被访者，调查于2006年4—6月进行。CSS2008年的调查，在全国28个省市所涵盖的130个区/市/县中，每个区/市/县抽取2个乡/镇/街道，然后在每个抽取的乡/镇/街道中抽取2个村/居委会。共计抽取257个乡/镇/街道，520个村/居委会。在所抽取的村/居委会，根据随机抽样的方法，抽取7001个家庭户，然后在每个被选中的居民户中按一定规则随机选取1人作为被访者，调查于2008年5—7月进行。（抽样说明来源于调查课题组所发布的抽样调查手册）

问环境，我们很难有对数据所反映的总体趋势变化究竟是真实状况的反映还是结构性偏差的影响做出准确判断。

表4.1是对CSS2006调查数据的分析结果。首先就人均家庭收入而言，最高10%收入群体的不公平感最低，相比之下，25%—50%分位点群体的不公平感最强烈。但组间比较的结果显示，除了第三层（25%，50%］和第一层（0，10%］之间具有显著差异外，其他各层之间的不公平感差异并不显著。对于工作收入和人均财产收入，不同层级的民众在不公平感上亦不存在显著差异。至于人均家庭资产，只有第五层级（75%，90%］的群体与第二层、第三层、第六层之间在不公平感的高低上具有差异性，其他群体间也无明显区别。

表4.1　　　不同收入和资产分位点的宏观收入不公平感分布
比例及组间比较（CSS2006）①

人均家庭收入	≤10%	(10%，25%]	(25%，50%]	(50%，75%]	(75%，90%]	>90%
公平（%）	38.62	36.28	33.95	35.73	38.53	39.48
不公平（%）	61.38	63.72	66.05	64.27	61.47	60.52
样本数	303	479	779	864	401	319
≤10%						

---

① 此处对组间百分比的比较，由于是大样本（当样本数较大时百分率的抽样分布可被假定为近似正态分布，一般Z检定法要求样本数≥100，而当样本数≤30时，一般用t检验法。参见李沛良，2002：175），分组比较的各组样本数一般都大于30，从而我们使用Z检验，公式表示如下：$Z = \dfrac{p_1 - p_2}{\sqrt{\dfrac{p_1(1-p_1)}{n_1}} \sqrt{\dfrac{p_2(1-p_2)}{n_2}}}$，其中$p_1$是组1的不公平感比例，$p_2$是组2的不公平感比例，$n_1$和$n_2$分别是各组的样本数。在给定的显著水平下，可以通过Z值比较各组间是否具有显著差异。

续表

人均家庭收入	≤10%	(10%，25%]	(25%，50%]	(50%，75%]	(75%，90%]	>90%
(10%，25%]	Z = -0.63					
(25%，50%]	Z = -1.97*	Z = -1.48				
(50%，75%]	Z = -1.40	Z = -0.81	Z = 0.80			
(75%，90%]	Z = -0.77	Z = -0.18	Z = 1.20	Z = 0.57		
>90%	Z = -0.36	Z = 0.25	Z = 1.57	Z = 0.98	Z = 0.40	
工作性收入	≤10%	(10%，25%]	(25%，50%]	(50%，75%]	(75%，90%]	>90%
公平（%）	35.38	33.13	36.85	34.92	39.58	41.12
不公平（%）	64.62	66.87	63.15	65.08	60.42	58.88
样本数	221	264	628	288	235	184
≤10%						
(10%，25%]	Z = -0.73					
(25%，50%]	Z = 0.23	Z = 1.15				
(50%，75%]	Z = 0.08	Z = 0.87	Z = -0.15			
(75%，90%]	Z = 0.75	Z = 1.53	Z = 0.68	Z = 0.71		
>90%	Z = 1.15	Z = 1.89	Z = 1.15	Z = 1.13	Z = 0.45	
人均家庭资产	≤10%	(10%，25%]	(25%，50%]	(50%，75%]	(75%，90%]	>90%
公平（%）	29.90	40.06	37.72	35.23	30.91	39.77
不公平（%）	70.10	59.94	62.28	64.77	69.09	60.23
样本数	270	410	683	693	409	273
≤10%						
(10%，25%]	Z = 1.61					
(25%，50%]	Z = 1.77	Z = 0.02				
(50%，75%]	Z = 1.21	Z = -0.64	Z = -0.77			
(75%，90%]	Z = -0.19	Z = -2.03*	Z = -2.28*	Z = -1.63		
>90%	Z = 1.61	Z = 0.14	Z = 0.13	Z = 0.71	Z = 1.96*	
人均财产收入	≤10%	(10%，25%]	(25%，50%]	(50%，75%]	(75%，90%]	>90%
公平（%）	47.27	34.41	35.50	43.15	38.57	34.68
不公平（%）	52.73	65.59	64.50	56.85	61.43	65.32
样本数	72	113	159	198	93	74
≤10%						
(10%，25%]	Z = -1.17					
(25%，50%]	Z = -1.04	Z = 0.23				
(50%，75%]	Z = -0.02	Z = 1.46	Z = 1.36			
(75%，90%]	Z = -0.42	Z = 0.78	Z = 0.62	Z = -0.51		
>90%	Z = -0.98	Z = 0.09	Z = -0.11	Z = -1.16	Z = -0.62	

注：*表示 p≤0.05；不公平感比例分布为加权后的结果。

为了比较的合理性，进一步根据受访者所在地区①（在总体层面，同样的收入水平往往掩盖了不同地域间的收入状况区别。比如同样的收入水平，在大城市和小城市、经济发达地区和落后地区所具有的意义则很不同，不能将其等同对待），将收入和资产由低到高划分为六个层级②，分别等同于上述的分位点分组。在控制地域差异的条件下，统计结果显示，就受访者回答比例而言，在总体上，人均家庭收入水平、工作收入水平越高，人均家庭资产占有越多的群体不公平感越低，但除了部分收入和资产层级在组间比较上具有显著差异性，整体上并不具有结构性区别。在人均财产性收入上，不仅不公平感的回答比例不具有趋势性，而且群体间差异亦无统计显著意义（见表4.2）。

表4.2 控制地域差异的宏观收入不公平感分布比例及组间比较（CSS2006）

人均家庭收入	第一层	第二层	第三层	第四层	第五层	第六层
公平（%）	31.03	35.74	34.32	38.50	38.10	40.82
不公平（%）	68.97	64.26	65.68	61.50	61.90	59.18
样本数	349	467	792	789	465	283
第一层						
第二层	Z = 1.13					
第三层	Z = 0.32	Z = -1.01				

① 对于地域的划分，CSS2006 的调查数据包含受访者所在的县市信息，从而我们可根据 101 个 psu 进一步将受访者的收入和资产状况按照地域划分为高低有别的六个层级；CSS2008 的调查数据中由于只提供了受访者所在的省份（自治区、直辖市）信息，从而只依照 28 个省份将受访者的收入和资产状况进行层级划分。

② 谢宇等人的研究表明，改革开放以来的中国，区域因素是造成不平等加剧的关键变量，收入水平在区间的差异要比其他国家（如美国）大很多（参见谢宇、韩怡梅，2009：460-508；谢宇，2012）。

续表

人均家庭收入	第一层	第二层	第三层	第四层	第五层	第六层
第四层	Z = 1.42	Z = 0.21	Z = 1.42			
第五层	Z = 1.42	Z = 0.32	Z = 1.38	Z = 0.15		
第六层	Z = 2.10*	Z = 1.17	Z = 2.14*	Z = 1.10	Z = 0.89	
工作收入	第一层	第二层	第三层	第四层	第五层	第六层
公平（%）	32.05	34.30	36.27	37.09	39.49	43.33
不公平（%）	67.95	65.70	63.73	62.91	60.51	56.67
样本数	255	288	440	445	254	138
第一层						
第二层	Z = 0.56					
第三层	Z = 1.29	Z = 0.71				
第四层	Z = 1.53	Z = 0.96	Z = 0.29			
第五层	Z = 1.88	Z = 1.38	Z = 0.83	Z = 0.58		
第六层	Z = 2.17*	Z = 1.75	Z = 1.30	Z = 1.10	Z = 0.58	
人均家庭资产	第一层	第二层	第三层	第四层	第五层	第六层
公平（%）	33.50	34.82	35.57	34.58	38.24	40.87
不公平（%）	66.50	65.18	64.43	65.42	61.76	59.13
样本数	309	400	676	696	404	253
第一层						
第二层	Z = 0.03					
第三层	Z = 0.22	Z = 0.20				
第四层	Z = 0.44	Z = 0.44	Z = 0.27			
第五层	Z = 1.03	Z = 1.06	Z = 0.99	Z = 0.76		
第六层	Z = 1.39	Z = 1.44	Z = 1.40	Z = 1.20	Z = 0.50	
人均财产收入	第一层	第二层	第三层	第四层	第五层	第六层
公平（%）	46.34	33.49	38.42	41.73	37.05	29.95
不公平（%）	53.66	66.51	61.58	58.27	62.95	70.05
样本数	108	99	176	175	105	46
第一层						
第二层	Z = -1.07					
第三层	Z = -0.66	Z = 0.54				
第四层	Z = -0.15	Z = 1.04	Z = 0.59			
第五层	Z = -0.81	Z = 0.27	Z = -0.25	Z = -0.76		
第六层	Z = -1.42	Z = -0.58	Z = -1.03	Z = -1.39	Z = -0.79	

注：* 表示 $p \leqslant 0.05$；不公平感比例分布为加权后的结果。

按照上述分析逻辑，同样对 2008 年的受访者根据其收入、资产水平高低和地域差异进行分组并比较不公平感的差异。结果显示（见表 4.3），在回答比例上，民众的家庭收入水平越高，不公平感越低；但在群间比较的过程中，人均家庭收入水平差异与不公平感强弱的线性趋势并不明显，仅在某些组群间具有显著性。在工作收入上，仅就表面趋势而言，收入水平越低，不公平感越强，但这种强弱的组间差异只存在于较高收入层级（第五层、第六层）和较低收入层级之间，较低收入层级和较高收入层级内部则并无明显区别。同样，对于人均家庭资产，资产占有越多的群体收入不公平感越低，但这种结构性的统计差异只是表现为最低资产占有者和其他层级之间。在人均财产性收入上，与 2006 年的调查结果相仿，收入不公平感的差异不仅无结构性趋势，亦无群间显著差异。

表 4.3 控制地域差异的宏观收入不公平感分布比例及组间比较（CSS2008）

人均家庭收入	第一层	第二层	第三层	第四层	第五层	第六层
公平（%）	19.18	20.32	21.37	26.08	23.50	30.75
不公平（%）	80.82	79.68	78.63	73.92	76.50	69.25
样本数	371	535	899	894	528	338
第一层						
第二层	$Z=0.33$					
第三层	$Z=0.23$	$Z=-0.14$				
第四层	$Z=1.80$	$Z=1.65$	$Z=2.09^*$			
第五层	$Z=0.97$	$Z=0.71$	$Z=0.94$	$Z=-0.86$		
第六层	$Z=2.02^*$	$Z=1.88$	$Z=2.19^*$	$Z=0.61$	$Z=1.24$	
工作收入	第一层	第二层	第三层	第四层	第五层	第六层
公平（%）	18.60	17.53	20.15	25.88	31.56	42.60
不公平（%）	81.40	82.47	79.85	74.12	68.44	57.40

续表

工作收入	第一层	第二层	第三层	第四层	第五层	第六层
样本数	211	328	484	397	252	149
第一层						
第二层	Z=0.68					
第三层	Z=1.48	Z=0.90				
第四层	Z=1.56	Z=1.00	Z=0.15			
第五层	Z=3.14**	Z=2.84**	Z=2.25*	Z=2.03*		
第六层	Z=4.39***	Z=4.24***	Z=3.80***	Z=3.56***	Z=1.65	
人均家庭资产	第一层	第二层	第三层	第四层	第五层	第六层
公平（%）	15.52	20.63	22.39	24.29	24.09	33.42
不公平（%）	84.48	79.37	77.61	75.71	75.91	66.58
样本数	345	352	657	688	409	263
第一层						
第二层	Z=2.37*					
第三层	Z=2.84**	Z=0.20				
第四层	Z=2.94**	Z=0.30	Z=0.11			
第五层	Z=3.06**	Z=0.64	Z=0.52	Z=0.43		
第六层	Z=3.43**	Z=1.22	Z=1.18	Z=1.11	Z=0.67	
人均资产收入	第一层	第二层	第三层	第四层	第五层	第六层
公平（%）	15.88	26.75	31.34	21.87	31.53	29.33
不公平（%）	84.12	73.25	68.66	78.13	68.47	70.67
样本数	114	143	215	241	133	83
第一层						
第二层	Z=1.49					
第三层	Z=1.19	Z=−0.46				
第四层	Z=0.41	Z=−1.37	Z=−1.00			
第五层	Z=1.82	Z=0.38	Z=0.86	Z=1.77		
第六层	Z=0.61	Z=−0.73	Z=−0.40	Z=0.33	Z=−1.04	

注：*表示$p \leqslant 0.05$，**表示$p \leqslant 0.01$，***表示$p \leqslant 0.001$；不公平感比例分布为加权后的结果。

通过上述略显烦琐的方式，我们刻画了收入和资产分布表各个层级的群体在公平感社会取向上的比例分布及组间差异。除了在个别组群间有着不成规律的显著差异,在总体上,冗长的统计表格似乎可以告诉我们一个有违直觉的现象。即公平感的社会取向并不因收入高低和资产多寡而明显有别,甚至呈现出一种群体间无显著差异的结构特征。

那么由此引出的饶有兴趣的问题是:

(1)为什么在社会取向上,经济地位较低群体并未表现出更加强烈的不公平感?

(2)既然收入多寡并非影响收入不公平感强弱的充分条件,那么社会取向的收入不公平感生成、差异、变化的主要影响机制是什么?

毫无疑问,上述结果所呈现出的是人们在调查时点对收入分配是否公平的主观评判,传递的信息在类比的意义上如同一张定格化的"照片",但在分析过程中我们仍然力图展现"更为丰富的主体"。也就是说,现实主体是"历时性"与"社会性"的统一:一方面,从个体发展的维度来看,主体对收入分配是否公平的判断不仅以当下状况为评判基础,同样受到历史境遇和未来预期的影响;另一方面,从个体"嵌入"其中的社会结构维度来看,其生命历程及行为观念亦受到外在结构环境变迁的影响。

首先,对人们收入不公平感产生与差异的分析不能忽略其历史境遇变化的影响,即强调主体存在的历史性。人的存在的历时性,意味着人的存在的时间化,存在的变化性(张曙光,2005)。马克思在谈论人类历史发展时指出"人们自己创造自己的历史,但是他们并不是随心所欲地创造,并不是在他们自己选定的条件下创造,而是在直接碰到的,既定的,从过去继承下来的条件下创造"(马克思,1995:585)。同样的道理,个体并非片段性的存在,当下的状态亦是在历史的条件和基础上不断形成的,诸如个体或群体收入状况的变化、财富的积累等。调查数据中民众对调查时点的收入不公平感并不能掩盖其生成的潜在历史过程。也就是说,与历史境遇相比,当下的经济地位是否改善在一定程度上对其有关收入分配的主观感受有着深刻影响。

其次,无论是"理性预期""自我暗示"还是"自证预言",人们的期望或者希望因子确实是一项强大的心理活动。为了预期目标的实现或认为目标很快就会实现,人们会对当下的不公或者不满变得更为容忍,甚至能够忽略当下所经受的痛苦和不快。① 从而,主体对时下的收入公平感受,无可避免要受到未来收入增长预期的

---

① 事实上,此处关于未来预期的主观感受包含着两个相区别的层次。在一般意义上,未来预期是对某种状态是否会发生的可能性判断,而在另外一个递进的层次上,当人们将某种状态可能发生的预期转变为肯定会发生的信念时,那么由之带来的心理感受就更为强烈。如虔诚的宗教信仰者所持有的救赎观,认为通过现世的磨难能够获得来世的救赎时,在遇到困难时会以异于常人甚至非理性的方式处之,将各种困境视为获得救赎的机会。我们此处所强调的未来预期不包括这种超现实信念,而是为一般人所普遍共有的工具性的心理状态。这种希望因素在人们心理活动中普遍存在,只要稍加留意,就会发现,为了某种不久将会实现的预期人们会克服或暂时忽略当下不尽如人意的现状。如认为通过努力学习能够像他人一样考上大学的期望会缓解繁重的学业压力;认为给子女创造尽可能好的环境从而可以像其他孩子那样出人头地,父母会忍受当下生活的艰辛;认为很快就能像同事一样获得职务的晋升,员工会接受平日最为讨厌的加班……在中国的传统文化中,为了目标实现而忍受时下各种不快的价值观念深入人心,这种"忍"的心态或观念被有的学者称为具有目的性的自抑过程(参见杨国枢、黄国光、杨中芳编,2008:579-601)。也就是说为了某种利益和目标的实现,可以忍受时下或一段时期内的不快、不适甚至痛苦,如"卧薪尝胆""头悬梁、锥刺股"等便是这种心理状态的写照。

影响。无论是下文将要论及的"隧道效应"还是"路径效应"的影响都是对基于现实状况评判的补充。

最后，人的社会性决定了其并非完全自主存在，而是主动或被动地嵌入到外在于个体的社会结构之中，由此，结构环境的变迁自然也无可避免地对个体或群体的行为观念产生约束和外生影响。如果将个体的收入状况及有关收入分配的主观感受视作由历史境遇到时下现状再到未来预期的线性过程，那么这种纵向的变化离不开现实的结构环境及其所提供的资源与条件。

在上述意义上，本书将在调查数据基础上，通过数据所包含的变量及可利用的外在数据资源，在对民众有关收入分配的公平感受分析中，既拓展历史视野并关照结构环境，力求在一定程度上实现从"定格化"的受访者转变到更为"丰富"的社会主体。

在总体上，本章的分析建立如下研究假设：民众关于总体收入分配的公平感受不仅以现实状况为评判基础，同样受到自身历史境遇变化及未来预期程度的影响，在宏观层次，亦受到结构环境变迁的影响。

◇ 二 历史境遇比较

面对居民收入差距不断拉大的社会事实，关于收入不平等在多大程度上会对社会秩序和稳定产生影响，形成了两种几欲相持的观点。第一种暂且称之为"规范论"，即通过价值预判，认为过大的收入差距和财富鸿沟无异于"定时炸弹"（time bomb）（Vidal, 2008），中国时下的收入差距无时不在侵蚀社会稳定的基石，当不平等达到一定程度就会引发严重的社会问题。第二种可称之为"实证论"，在摒弃价值判断的基础上，通过实证研究对不平等与社会稳定之间的关系进行判断。

"规范论"的观点广泛存在，甚至成为一种通常看法（conventional view）。持有这种看法者认为中国过大的收入差距和大众感受到的收入不公会使得社会和政治稳定具有很大风险。在更为严重的意义上，中国社会已经成为一座随时可能爆发的"社会火山"，诸如逐年增加的群体性事件便可以看作是在不平等的土壤中所滋生的"愤怒的种子"（He Qinlian, 2003: 66 - 72; Chung et al., 2006: 1 - 31）。怀默霆将这种论调概括为以下四个方面：（1）当下的不平等模式被广泛地认为是不公正的，从而大部分中国民众对这种不平等的趋势和模式持有较为强烈的愤懑情绪；（2）当下不平等的另一项特征在于，与改革前不同，民众最为反对的是社会层级根据财富和资产而分殊有别；（3）对不平等的状况和趋势最为不满的群体是在改革进程中所形成的"失败者"和弱势群体，尤其是中国的农民，换而言之，客观的优势转换为对不平等的接受（objective advantage translate into acceptance），而客观的弱势则转换为对不平等的不满（objective disadvantage translate into anger）；（4）如果人们的努力并不能使逐年扩大的不平等趋势发生转变，反而使得大众对不平等的趋势更为愤怒，那么不满意的状况就会不断累加，最终威胁到中国的社会和政治稳定

（Whyte，2009）。

"实证论"者在某种程度上比"规范论"者乐观。他们通过实证调查结果对一系列假设进行了验证，发现，在总体上中国民众对不平等的看法并非异常强烈，甚至可以用"温和"来形容。根据这些研究，虽然一些个体和群体遭遇了诸如下岗失业、向下流动、陷入贫困等问题，并认为现存的社会秩序是不公的，但对于大多数群体而言，源于市场改革所获得的益处远甚于不足，从而他们认为当下的制度相对是公正的。这种对市场制度的广泛接受有助于降低民众的不满情绪和社会抗争事件的发生。尽管中国社会的不平等问题确实存在并有所增加，但其本身的危险性是被过分夸大的，在一段时期内并不会造成社会的不稳定。与其他国家的民众相比，中国受访者对不平等的态度更加正面和积极，在某种程度上中国社会非但不是社会火山，反而是"稳若磐石"（rocky stability）（谢宇，2010；Whyte，2009：181-182；Shambaugh，2000）。

我们认为，无论是"规范论"还是"实证论"，各有道理，但各有不足。"规范论"的核心推理有着一定的合理性，即一个社会如果罔顾收入差距的拉大和民众的不公平感受，自然会引发人们的不满，最终危及社会稳定。但由于忽视了收入不公平感向社会失序转变的逻辑机制和外在结构约束，将可能性当作了必然性，从而漏洞百出。实证论的观点虽然是在调查数据基础上得出的，更具说服力，但由于是对某一时点调查数据的分析所得出的结论，从而以此认定中国的收入差距并不会对社会稳定造成负面影响也显得过于武断。① 事实上，对收入不平等如何影响社会稳定亦是一项复杂而难有定论的难题。因为不仅不同个体对收入差距的容忍度不相一致，而且人们的收入不公平感在一定程度上并不稳定。更为重要的是，有关集体行为与社会运动的研究结果表明，诸如不公平感、不满意度、相对剥夺感等负面的主观情绪并非造成社会冲突行为发生的充分条件，而是受到诸多因素的影响，如社会变迁、结构环境、组织动员、话语意识等（赵鼎新，2006；冯仕政，2013）。如果仅以客观不平等和人们的主观感受来预测社会冲突行为的发生则无疑显得过于偏颇和幼稚。

无论收入差距有多大，不可否认的是，从中国实际出发，改革以来经济的快速增长，确实极大地提升了多数民众的物质生活水平。人们虽"患寡患不均"，但"患不均亦患不增"。只要收入分配格局不是"贫者更贫，富者更富"，多数民众的收入水平和生活水平不断提升，那么差异原则下的收入共同增长则可在一定程度上部分削减收入差距带来的不公平感。同时，市场化改革带来的快速经济增长不仅极大地提升了民众的物质生活水平，也创造了人们向上流动的机会。一方面，经济的发展创造了大量的就业岗位；另一方面，为了经济能够更好地发展，政府放开了长期禁锢的城乡间流

---

① 正如怀默霆在《社会火山的迷思》一书结尾处所指出的那样，由于该书的讨论所使用的调查数据是在2004年完成，而近年来随着中国经济增长率的下滑和出口率降低，失业率也随之增加。由此，很难认定在当下，人们对不平等的接受程度和对未来预期的积极态度是否还如以往一般。（参见 Whyte，2010：199）

动,大量的农民可以迁徙到城市就业,同时大学的扩招也为底层群体向上流动提供了更多机会,这使得大部分民众对收入差距持有较为积极的态度。①

由此,我们建立如下研究假设:

与历史境遇相比,收入水平提升的民众,收入不公平感更低(假设1)。

◇◇ 三 当下状况评判

在观念上可以假定人们的收入和财富获得应该是平等的,但由于各种因素的影响和限制,实质上收入和财富的不平等才是客观真实的。并且在机会平等与结果平等之间往往有着难以调和的张力。由此,什么样的不平等才是合理的不平等,什么样的不平等才够得上人们观念上认可的公平?罗尔斯在有关民主平等的讨论中就是力求从两个层面去追求合理的不平等,即从机会上保证

---

① 在社会学的研究视域中,流动主要分为循环流动(circulation mobility)和结构性流动(structural mobility)。循环流动指的是一个社会中高层级和低层级的机会总体保持不变,但是上下阶层间的对流机会增加,从而下层民众有机会流动到上层,同样在上者的地位并非一成不变,也会发生向下流动。但是总体而言,在这种社会结构下,社会弱势者向上流动的总体机会仍然有限。结构性流动指的是在一定时期内人们所希望得到的社会地位和机会在总量上有了一个增长,从而下层民众的向上流动并不一定要完全取代原有的上层,这样整个社会的冲突也会相对较少。相比于循环流动,结构性流动的主要促生机制是经济的不断增长(参见 Whyte, 2010: 164–168)。

自由的平等和从结果上进行差别原则的分配。应该注意到，罗尔斯的正义理论是从"无知之幕"出发来论证如何通过实现社会制度和社会结构层次的公正进而保证社会整体收入分配的公平，在一定程度上个体自身的属性被隐去。但恰恰在现实之中，无论是对机会获得还是结果分配的公平感受无不与个体的价值偏好（social preference）和利益取向（self-interest）相关（Fong，2001：225-246）。

（一）机会、结果考量过程中的价值偏好

罗尔斯抽象、形式的正义原则希冀达到的目的正是化解机会与结果之间难以调和的矛盾。在机会平等上，即使能够消除社会偶然性因素的影响，但是由于天赋是自然偶然性因素，从而在本质上是难以消除的。由此导致的问题是，为了消除结果的不平等，就需要进行再分配。这种再分配是建立在人们能够从社会合作中获益以及自然天赋是共同资产的假定之上。对此假定，仍然会产生不公平的逻辑结果。如果天赋较高者只有在社会的合作过程中且能够有利于社会不利者的情形下才能获得有差异的报酬，那么如何解决天赋较高者的激励问题。对此，虽然罗尔斯强调差异原则允许为了激励而在收入上有所不同，但这种结论显然忽视了天赋较高者在发展自身自然才能方面所付出的努力。

由此导致的后果是，不仅自然天赋因为非道德应得而应该向弱者倾斜，而且附着在自然天赋之上的个人努力也由于载体的非道德

应得而被贬值，这自然不符合公平原则。更为关键的问题在于罗尔斯忽视了以差异原则进行再分配的社会合作基础，即偏好于弱者的社会分配制度的合法性基础是如何得以建立的。无论是对机会平等还是结果平等的考量无不与一个社会的制度环境和人们的价值偏好相关。在不同社会和同一社会的不同历史阶段，人们关于何种的平等状态是公平的考量在很大程度上是建立在共享观念之上。反观罗尔斯，无论是对自由的机会还是差异的分配，并没有给出一个界定何种不平等才是公平的界限和确定性原则。故而，在现实生活中，当人们谈论收入不公平之时，解决之道往往是诉之于社会共有观念中的一些共识准则，而不会使用收入较高者的获得是否有益于改善社会弱者境遇这一信条来框定。

为了进一步论述价值偏好和共有观念在收入分配中的意义，我们设定一个虚拟情境，这一情境中的参与者都是理性人。

在一个小镇上，有人发布消息需要修建一栋房屋，在两个月之内建成可给承建者付80的工费，如果加快工期，在一个月之内建成可付120的工费。A是一名建筑工人，家境贫寒，正在为家中嗷嗷待哺的孩子和每个月50的家庭生计而发愁，看到这则消息，A有意承建这栋房屋。但是A只会修建而不精设计，这样他就需要再找一位善于设计的合作者来共同完成。但是当地只有一名建筑设计师B，如果他不去找B很可能就会被别人捷足先登。B最近看上了一套设计工具，需要60的费用。当B听到A说有一笔生意可以挣钱便同意了A的想法，但要求自己能获得的份额要足以购买一套设计工具。A急需用钱同意B的条件，并进一步协商，为了获得更多的报酬需要加快工作进度，多出份额各自一半。这样A和B两人达成了协议。本需要10天完成的图纸设计，B昼夜工作，只用了3天。同样，本需要两个月完成的建筑施工，A拼命工作，只用了20多天。房屋如约提前一个月完成，按约得到了工费和额外费用。

那么接下来这笔费用如何分配才是公平的？我们设想可能有下述四种分配结果。

情形一：如果是在一个传统的崇尚德性的社会，当B得知A的家中急需用钱后，他仅保留购买设计工具所需要的费用，其余如数给了A。这样，A和B各得到60，B在行业内和邻里间赢得了纷纷赞誉。

情形二：如果是在一个自由竞争的市场社会，按照市场行规，设计和修建之间的费用分成应该按照各自的价值和贡献来分配。那么，双方应该按照约定行事，A能获得40，B能获得80。

情形三：如果是在一个"罗尔斯主义"的社会，A家庭贫寒，收入所得还不足以维系家用，就需要再分配来维持公平。对此B需要将自己收入的一部分转移给A以改善其生活境遇。

情形四：如果是在一个平均主义的社会，当A拿到费用之后，认为各自所得并不符合社会规范，遂将B讼之于法。仲裁机构裁决修建房屋所得应该五五分成，各自一半。

针对上述四种情形的收入分配，哪种分配方式是公平的，完全有赖于一个社会的制度环境、共享观念和参与者的价值偏好。

在情形一中，机会在 A 和 B 之间是不平等存在的，A 和 B 的契约是在非对等的基础上达成的。但对于 A 而言，B 可以和任何他人达成协议，与 B 的合作事实上对 A 有利。若非如此可能分文难获，从而对 A 而言机会是公平的。对于分配结果，为了获得较高的社会声望，B 将部分收入转送给了 A，但由于 B 所获得的社会赞誉远比经济收益更稀缺，从而对 B 也无所谓是否公平。需要强调的是，此处 B 的价值偏好转变并不是理性向感性的转变。因为 B 的行为选择符合社会的价值期望且结果也满足了其预期所求，从而也是一种理性的考量。

在情形二中，对于机会状况而言，A 的可替代性较强，而掌握建筑设计技能的 B 却无可替代，从而 B 可以与任何建筑工人进行合作。但在一个自由竞争的市场中，只要双方达成一致的契约，那么对双方而言都是公平的。对于结果状况，虽然 B 只用了短短三天，而 A 用了几倍于 B 的时间，但是在自由的市场逻辑下，资源的稀缺性决定了其所拥有的价值。契约双方是自由行为的选择，A 和 B 关于收入分配的结果与市场逻辑一致，那么 A 获得较少的收益相较于 B 获得更多的收益是公平的。

在情形三中，对于机会平等而言，B 头脑聪颖，掌握着稀缺的技能，而 A 只能出卖体力且有着众多的竞争者。由此虽然 A 和 B 之间达成了契约，但 A 是在生活所迫的条件下不得已与 B 合作，机会对 A 而言是不公平的。对于分配结果，B 的收入由于是在头脑聪颖、掌握稀缺技能的任意性因素基础上获得的，从而其过高的收入份额非道德应得，需要将一部分收入转移给 A 以改善其生活。这样本来B应该获得80，A应该获得40，转移之后A和B各应得多少，罗尔斯并没有给出明确的原则。但我们同样可以预测，对于B来说如果收入所得不多于60则是不公平的，因为如果是60就如同是平均分配，并没有体现差异原则。而如果少于70，即A获得多于其最低生活所需的费用对B而言也不是公平的，因为为了更早地完工和获得更多的收益，B也付出了自身的努力。

在情形四中，机会在A和B之间是不平等的，A认为约定之时B有着优势地位，自己迫不得已与B达成契约。对于分配结果，A的做法虽然令B很不满意，但在一个平均主义的社会，只有平分收益才是公平的。需要强调的是，对B而言，在达成契约的过程中，虽然可以预见由于不均等的分配可能会受到社会规范制裁，但通过冒险来获得更多收益无疑也是一种理性行为。

上述假设的案例试图说明，人们在衡量收入获得是否公平的过程中虽然都是基于理性考量，但是价值偏好同样受到外在结构环境以及社会成员间共享规范的影响。民众对收入差异是否公平的主观判断并非一成不变，而是随着社会环境的变化表现出相应的差异。也正因如此，一个社会关于收入分配的制度才可能具有合法性并为大众所认可（参见表4.4）。人类学家玛丽·道格拉斯（Mary Douglas）在有关共享知识的论述中揭示了制度如何塑造人们的行为和观念。

表4.4　不同类型社会关于机会和结果分配的共享规范及社会期待

社会类型	共享规范		社会期待
	对机会的考量	对结果的考量	
传统封建社会	机会由不同阶层成员的资格、身份等先赋因素决定。机会的差异合乎天理、人伦秩序	贫富有别、等级有差，贫富缘于身份尊卑不同	富有者应体恤贫者、贫者应安守本分。贫富相持、互助友爱、社会团结
自由市场社会	经济机会人人可得，可分为自由至上主义的形式平等和精英主义的公平机会均等	经济收入与自身的努力程度相关，各人对自身的经济命运负责	偏好非平均主义（inegalitarian），接受应得原则（criteria of earned deserts）
罗尔斯主义的再分配社会	"机会的公平平等，依系于在机会公平平等条件下职务和地位向所有人开放。一种机会的不平等必须扩展那些机会较少者的机会。"	允许一定程度的收入差距，但差距应是以社会弱者的生活境遇改善为前提	所有社会的基本善——自由和机会、收入和财富及自尊的基础都应被平等地分配，除非对一些或所有社会的基本善的一种不平等分配有利于最不利者
平均主义社会	各种机会应均等可得，王侯将相宁有种乎	收入和财富均等分配，不患寡患不均	等贵贱、均贫富

资料来源：张岱年：《中国伦理思想研究》，中国人民大学出版社2011年版，第104—112页；Scott, J., *The Moral Economy of the Peasant*, New Haven: Yale University Press, 1976；何蓉：《中国历史上的"均"与社会正义观》，《社会学研究》2014年第5期；Lane, R. E., "Market Justice, Political Justice", *American Political Science Review*, Vol. 80, 1986, pp. 383–402；罗尔斯、秦晖：《传统十论——本土社会的制度、文化及其变革》，复旦大学出版社2013年版，第375—404页。

在《制度如何思考》（*How Institutions Think*）这本书中，道格拉斯设想了一个虚拟的情形。五个探险家去了一个山洞，但发生了一件预想不到的事情，山洞被堵塞无法出去。虽然营救人员已在洞外展开了救援行动，但由于堵塞严重，一时半会儿难以打通山洞。在山洞内，这五个人所携带的食物难以挨到得救的时候，从而面临着一个困境：要么全部被饿死，要么牺牲其中的一个人，在食物耗尽之时当作其余人的腹中餐，保其余四人得以生还。在五个人不知道以何种方式来决定时，他们通过掷骰子的形式挑出了其中的一个不幸者，并且将其杀死吃掉了。当存活者被指控是杀人犯并被告上法庭时，法官们对如何判决这四人的行为产生了激烈争论，有主张无罪的，也有放弃表决权的。

就这个案例而言，法官的不同观点反映的是其所认同的不同制度规范，也就是说不同的制度规范决定了人们如何思考。反过来，制度的思考方式是投射在其所规制的个体头脑之中的。沿着涂尔干共享价值的思路，但又与涂尔干有所不同。道格拉斯认为，共享观念和思维不仅在传统社会中存在，现代社会也依然如此，并且约束着身处其中的个体行为方式和思维模式。但是一个制度及其所设定的一套规范和理念是如何能够被人们所认同并践行，这首先涉及制度的合法性问题。道格拉斯认为，"一种制度的确立基本上是知识的、经济的和社会的过程。聚焦最基本的社会形式就会显露出合法性的来源，而这种合法性在个体利益的平衡中永远不会出现。要获得合法性，每一种制度都需要一种公式来建立它在理智上和属性方面的正确性。我们的任务一半是证明社会秩序建立中的这一认知过程，另一半是证明个体最基本的认知过程依赖于社会制度"（道格拉斯，2013：57）。一套稳定并为大家所遵从的制度规范不能建立在功利性或实用性基础之上，而是应该建立在为大家所能普遍接受的自然世界或超自然世界之中，用一种潜移默化的方式来约束和引导个体。实用性基础上的制度之所以不稳定是因为利益的变化总是要比制度的变化更快，当建立在功利性基础之上时，制度就很不稳定并难以为大家所接受和认同（周雪光，2009：82）。相反，一种观念或制度通过自然化或超自然化的过程，将大家争辩的问题合理化为无须争辩的事实或者构成对其他事物衡量的前提时，这种制度或观念便具有了合法性。

那么接下来的问题便是，制度是如何实现自然化的？对此道格拉斯认为，首先制度本身便蕴含着约束个体行为和观念的倾向，一旦将某种社会关系和社会角色放置到一个制度框架中便会受到其约束。但这只是制度所具有的一般功能，制度更为重要的功能在于对事物进行分类，通过分类和类比的方式将现实中的角色和社会关系进行自然或超自然化。这样一旦制度制定了分类标准，就会诱使个体去接受制度的分类，而且由于这样的分类广为大家接受，最终使制度获得了合法性基础。同时制度还具有塑造个体记忆和遗忘的功能，"任何制度都会开始控制它的成员的记忆，并使他们忘掉与它自身正义形象不和的经历，而它也会让他们想起一些事件"（道格拉斯，2013：144）。这与制度的自身保护倾向相关，为了巩固其合法性并抗拒变迁，凡有利之处则保留并内化到个体之中，而凡不利之处则尽量掩藏以使个体遗忘。这样制度便具有了思考的模式，即制度不仅塑造了人们的思维，而且通过其所制约的人的思维和行为方式来进行思考。

可以看到，在道格拉斯的观念中，制度具有很强的约束性，就像无形之网一样笼罩着身处其中的每个个体。那么这是否意味着个体将完全失去其自主性，而毫无安放之所？其实不然，个体虽然无法对事物进行分类，但是可以在制度的框架之中进行选择，这也就为主体留下了辗转腾挪之处。而一旦制度发生变革，人们虽然可以选择新的制度，但是随之而来的是，新的制度亦会步上其自身的轨道，产生虽不同于以往制度但同样能够约束主体的能力，从而让主体按照新的制度模式去思考和行为（刘琪，2007）。

确实，制度规范人的行动，一旦一种制度建立起来，就带有一种强制性，要求身处其中的个体遵守。如果违反制度规范就会受到制度正式或非正式的惩罚，从而制度就成为人们确定自身角色和行为方式的参照系。在某种意义上，制度规范是一系列"相互联系的规则和惯例的集合，通过它可以界定个人的适当行动、个人和情境之间的关系，它让个人思考：目前是什么情境？在这种情形下什么角色被确定为适当？这种角色的责任和义务是什么？"（March and Olsen，1989：160）同时，制度规范的建立也是身处其中的个体社会化的过程。通过社会化，制度规范被主体所内化，并逐渐接受新的制度安排。最终，制度规范通过其强制性和主体的不断适应内化，"嵌入"到特定的社会结构之中，"嵌入"到人们自身的行为结构之中，从而变成社会结构的一部分，也变成人们自身行为结构的一部分（李汉林等，2005）。

如果说在道格拉斯那里制度具有隐而不彰的强大约束能力，那么在一般意义上，一个社会的历史文化、法律制度、社会风俗、行为规范以及社会期待等都对个体的行为方式和价值观念有着外在的影响。由此我们可以认为，在关于收入公平的价值判断中，虽然每个个体都有着自身的预期和考量，但制度环境以及大众所普遍接受的共享规范在很大程度上约束着人们关于收入差距是否公平合理的认知。考察一个社会的收入差距是否以及为何会（或不会）引发民众强烈的不满和不公平感，就不得不强调这个社会的具体制度环境、文化观念以及不同群体的价值偏好。

在此分析基础上我们建立以下研究假设：

机会获取与分配结果是人们评判总体收入分配是否公平的主要参照点，但何种程度的不平等在主观上被人们认为不公平，受到个体或群体的价值偏好影响（假设2a）。

（二）相对比较过程中的人己利益分殊

人的社会存在性决定了个体总是嵌入在不同的社会关系之中，不同的社会关系影响着个体的角色定位和行为方式（Granovetter，1985）。正如布劳所言"人们可以根据社会中盛行的交往和交往者的角色关系将社会位置区分开来。说人们属于不同的群体或他们在地位上有差异，也就内含了这样的判断，即他们有自己所特有的角色关系和社会交往模式"（布劳，1991：5）。但恰恰是人们在各种关系中的社会地位决定了其有关权力或财富、教育或收入上的差异程度，这种不平等状态与社会地位的不同维度是直接相关的（布劳，1991：69）。换言之，在关于收入和财富的差异是否公平的价值判断上，人们难以脱离身处其中的社会关系、社会位置和社会结构。

此处对社会关系和社会结构的强调意在说明，人们关于收入差异是否公平的价值判断不仅取决于自身的收入高低和财富多寡，而且只有将其放置到具体的社会群体关系中，关注个体与群体、自身与他人的利益比较时才具有更广泛的社会意义。正因如此，马克思在谈论"雇佣劳动与资本"的时候，曾这样描述主体与他人的关系（马克思，1995：349）："一座房子不管怎样小，在周围的房屋都是这样小的时候，它是能满足社会对住房的一切要求的。但是，一旦在这座房子近旁耸立起一座宫殿，这座小房子就缩成茅舍模样了。这时，狭小的房子证明它的居住者不能讲究或者只能有很低的要求；并且不管小房子的规模怎样随着文明的进步而扩大起来，只要近旁的宫殿以同样的或更大的程度扩大起来，那座小房子的居住者就会在四壁之内越发觉得不舒适，越发不满意，越发感到受压抑。"所以马克思认为（1995：350），"我们在衡量需要和享受时是以社会为尺度，而不是以满足它们的物品为尺度的。因为我们的需要和享受具有社会性质，所以它们具有相对的性质"。也正是在这种意义上，"相对利益"不同于"绝对利益"。不公平感在很大程度上体现的是一种人己利益比较之后，对自身经济收益变化的感受。

早期福利经济学有关相对收入假说的研究认为，人们的福利水平会由于与周围群体的比较而发生正向或逆向的变化。一个关于福利水平由于比较而产生变化的形象例子是（威尔金森，2010：156），"坐在你的BMW740i里，在心里悄悄地觉得自己比那个因红灯停在你旁边的开着华丽的凯迪拉克的可怜的俗人要好……当你在新闻报道中得知你刚经人介绍认识的那个女人的儿子在亚利桑那州立大学学摄影专业,而你自己的女儿在哈佛大学学艺术史时的那份平静的快乐……不过另一天,在另一个红灯前,一辆宾利将停在你可怜的 BMW 旁,然后你可能被介绍认识一名儿子在哈佛学古典艺术的女人"。同样的道理,在有关收入分配是否公平的感受上,人们也会以己为中心而和周围的他人进行比较来作为判断的依据。那么由之而来的一个问题便是,在不同的结构环境中,人们用以比较的他者有何差别?

自然,人的社会关系因亲疏有别、远近不同形成了诸如内群体与外群体、所属群体与参照群体等不同的范畴,并且在不同的社会文化环境中,个体有关人己界限的价值观念也相去甚远。如费孝通先生将中国社会的人际关系比作是差序格局(费孝通,1985:22-23),"好像把一块石头丢在水面上所发生的一圈圈推出去的波纹";而认为西方社会是团体格局,"几根稻草束成一把,几把束成一扎,几扎束成一捆,几捆束成一挑"。梁漱溟先生则认为宗教是中西文化差异的分水岭,进而造成社会结构演化的不同。中国是伦理本位社会,以家族和家庭生活为重;西方是大团体社会,以家庭为轻(梁漱溟,2005:46)。也有研究提出,中国人际关系中的主体是包容式的个人主义(ensembled individualism),中国人的我(社会性的我)常包括了愿意将其视为自家人的他人;而美国人际关系中的主体则是自足式个人主义(self-contained individualism),身体性的我与社会性的我相重叠,不包括其他人(李美枝,1993)。凡此种种无不说明,在考察主体及其社会关系时需要重视隐藏于其后的社会结构环境，这种结构性因素部分决定人们在利益比较过程中参照群体的选择。

虽然上述研究强调了在不同的文化环境下人己界限的差异，但应该看到，当人们与他者进行利益的比较时，哪些群体相对于己身构成他者仍然是模糊不清的，而谁与谁进行比较（who compares with whom?）是参照比较研究的核心问题，甚至被称为"阿喀琉斯之踵"（Achilles heel）（Gartrell，2002：165）。这也意味着如果不进一步确认利益分殊中的人己界限，那么关于相对比较的分析将始终处于混沌状态。

毫无疑问，参照比较群体的选择并非是随意关联或任意比较，默顿在谈论《美国士兵》时，专门对参照群体进行了细致的论述。在人们如何选择同等地位的人作为参照点时，他提出了这般饶有兴趣的问题："在各种社会结构中，谁是这些人们努力攀比的'琼斯'呢？是他们的熟人？还是他们接触到的收入水平略高于他们的人？那些人们从未见过、仅仅听说过的琼斯又在何处？何以有些人与琼斯看齐，而又有些人却与卡波特或卡西迪看齐？为何还有些人根本不与任何人攀比？"（默顿，2008：345）对此问题，默顿提出了以下可谓原则性的答案："那些构成评价的参考背景的人所处的地位在一些主要方面同评价人本身所处的地位类似"，也就是说最低限度的相似点是参照群体的必要条件。但与之而来的问题便是，在一般意义上，任何人都可以构成参照的对象，那么"社会结构环境是如何促使某些地位相似性成为这种比较的基础，它又是怎样导致其他各种地位相似感被冷落一旁，变成'毫不相关'？"

默顿进一步追认了这样一种条件,"个人比较涉及到个人参考框架,往往具有特异性,无法成为处于同一地位的多数人的共同参考背景",由于特异性的存在,类似于形成某一群体的每一个体的随机误差,在不同类别的人群中变幻莫测,因而不会形成群体或社会范畴之间在态度上的显著性差异。在此基础上,默顿给出了一个关于参照群体的学理性概念,"参照群体是被某一社会范畴(群体)内部人共同持有的参考框架,这部分人多到完全可以定义该范畴的情景特征,再者,这些参考框架之所以成为共同框架,是因为他们被社会结构模式化了"(默顿,2008:350-351)。如此,我们便可以回到前述关于参照群体选择过程中人己界限的划分问题,即参照群体并不是泛化的他人,在不同的社会结构环境下,为多数人所共同选择的参照框架是被社会结构所规范的。正因如此,一般人关于收入比较的对象很难扩展到收入金字塔顶尖的人群,而往往将与某一参照点相关的所属群体或具有共同参考背景的其他群体作为参照。

罗茨曼(Runciman)在关注不平等如何转化为不满情绪时(when inequality is translatedinto grievance)提出了群体剥夺感(fraternalist deprivation)的概念(群体是相对于个人中心而言的)(Runciman,1966:10)。这一概念主要强调在等级体系中,阶层、社会地位和权力的分布并由此引起的从属群体在与其上级群体比较过程中产生的负面态度,比如蓝领工人对白领群体的感受。他将从属群体的不满称为相对剥夺感,强调这种感受的激发是从属群体为了在等级体系中获得地位和权力的提升所致。他将相对剥夺感的产生形式化为四个步骤:A在X(比如地位、权力等)方面被相对剥夺是因为：（1）A 未拥有 X；（2）别人、别的群体，也可能包括他本人在以往或预计将来会拥有 X；（3）A 想要拥有 X；（4）A 认为他拥有 X 是可行（feasible）的。① 罗茨曼关于相对剥夺感的分析为后继者有关相对比较的研究奠定了坚实的一环。这主要体现在其关注到了个体与群体以及内群体（ingroup）与外群体（outgroup）的差异，将群体相对剥夺感与以个人为中心的剥夺感（egoistic deprivation）区分开来。"他是否想要从其所属群体中脱离而去事实上包含着两层意义，第一层意义是个体对自身在所属群体中的地位不满；第二层意义则是在一个更为扩展的体系中相对于其他群体而言对自身所属群体的地位不满。"（Runciman，1966：31）这种区分非常重要，从社会认同理论来看，个体对其群体成员资格的投入和群体间界限的明晰使得相对剥夺感更多以群体剥夺的形式体现，从而将群体的属性与外在的结构变迁关联了起来，如工人群体较强的剥夺感缘于其整体社会地位的下降。

如果说斯托夫等人及默顿注意到了参照群体在利益相对比较过程中的重要性，那么罗茨曼则进一步对群体进行了细化，但是这种细化仍显得不足。我们知道，在日常的社会交往中，人们不仅嵌入到工作组织之中，而且还嵌入到一个密集的社会网之中，这个网包括朋友、亲人、同事以及其他所结识到的个体或群体。人们关于自己、他人以及群体的利益状况认知也无不是在相互接触和交往的过

---

① 后来的研究者认为罗茨曼关于"可行"的概念相对模糊不清，可能含示着三种意义，分别是未来的可能性、过去实际发生过或拥有资格（entitlement）（参见 Marylee，2002：14）。

程中逐渐形成的。也正是在这个意义上，进一步回答社会网的关系模式是如何塑造嵌入其中者的社会比较方式就显得十分重要。

加特雷尔（Gartrell）在《社会比较的嵌入性》一文中提出，回答"谁和谁比较？"的最好答案是"谁与谁交往"（who is in contact with whom）。紧接着他指出"虽然心理学家也注意到了人际交往对于人们比较选择的重要性，但囿于个体、个体的目标和动机以及实验的方法，个体被从社会关系中连根拔起……虽然心理学家开始强调社会环境的重要性，但心理学家毕竟不是社会学家，他们缺乏研究社会环境的工具"（Iain and Smith, 2002：164-165）。那么他所提出的研究方式就是将社会比较概念化为任何联结两人之间的关系类型（type of tie）。通过实证分析，加特雷尔得出，社会比较的基础是社会关系，当个体 i 与个体 j 的关系强度越大、互动频率越高、互动类型越广泛，那么 i 更易于与 j 进行比较；反之，j 也更易于与 i 进行比较。这一结果对社会比较研究的意义在于：第一，将社会比较看作是人们在社会网络中的关系，可以更为方便地进行测量；第二，社会比较可以被看作是社会互动的结果，且具有双向性；第三，人们在社会比较的过程中并不仅限于某一维度，而是有着多重比较目标和重复比较的特征（Iain and Smith, 2002：175-176）。

沿着上述研究的理路，关于参照比较中与"己"相对的"他者"的轮廓也逐渐清晰了起来。首先，人们用以参照的对象并不是泛化的他者（generalized others），而是由社会结构所模式化的对象组成，这些对象在某一参照点上共享着相似性。进一步，如果将个体放置到具体的社会网之中，那么这个巨大的网络所形成的社会关系、社会互动、社会地位等就构成了影响参照群体选择最为关键的结构模式。以个人为中心所形成关系网的不同节点上散布着个体可以用作比较的参照对象，这些对象因与主体关系的远近和互动的多乏而有所区别。如果在社会网中将环绕在个人周围的区域认作自我区域（self-region），那么这一区域的扩展程度就成为衡量不同结构环境下人己边界的标准。在西方自足式个人主义的文化观念下，自我区域的界限十分明晰，人己界限就是个人身体实体，除"己我"之外，其他与之交往的对象都具有普遍性，家人、朋友概莫能外；而在中国的文化观念中，诚如费孝通先生所言，一个人的自我区域具有很强的扩展度和包容性，家人、朋友、同事等随着交往关系的亲密度增加都可以被涵括到"己我"之中（李美枝，1993）。

不少实证研究结果亦证实了中国文化中人己关系的特殊模式。李美枝在有关公平判断的情景实验中发现，遇到利益受损状况时，中国的受试者明显偏袒与自己亲近的人；进一步发现，无论是在程序公正还是分配公正的情景下，中国受试者是非对错的公平感都会因目标对象与自己的亲疏远近而呈现出某种程度的差序性，偏袒程度因亲密度降低而递减。这些人际关系由近而远大致可分为家人（配偶、子女、父母）、朋友（好朋友）、同学……陌生人（李美枝，1993）。如果说上述研究结果表明中国人在面对利益受损情形时有着明显的内群体偏私（intergroup favoritism）特征，那么当把自我抽离出来作为中心主体进行收入差异是否公平的比较时，私己的特征仍然明显。在一项关于中国公众分配公平感的研究中，统计结果显示，民众对结果公平的主观认知主要来源于与周围小圈子成员的比较，如亲戚、同学、同事和邻居，而不会扩展到陌生的他人，如本县市或全国的其他人（孟天广，2012）。这两个看似相悖的结果在内在机理上其实是一致的，即私心作祟。① 一方面，在中国人的关系网络中，出于私心，与自己关系最亲密者都被纳入到自我区域之中；而同样是出于私心，在涉及自身实质利益时，"自我中心剥夺感"也会由于与周围个体或群体的关系亲密而在比较中越发彰显。换言之，在利益比较的人己关系边界中，中国人的参照群体更多局限于与己关系更为亲密、互动更为频繁者。石头激起涟漪的波峰越高，则波峰所及之处者不仅会被纳作"自己人"也同样会被当作"比较对象"。

在上述研究基础上，我们建立以下研究假设：

无论是对机会获取还是分配结果的比较，以己为中心，处于相对劣势地位者，收入不公平感更强烈（假设2b）。

◇◇ 四 未来收入预期

在阐述个体与他人、所属群体与参照群体的利益关系时，斯

---

① 费孝通先生在论及差序格局时，便指出中国乡下人最大的毛病是私，"私的问题是群己、人我的界限怎样划分的问题"（费孝通，1985：20-21）。其实何止乡下人，又何止当年。这一绵延几千年的中国文化观念是内生而成的，从而有研究者指出（Triandis et al., 1988），与个人主义盛行的"社会内团体间关系虽不亲密，但整个社会却表现和谐"相比，集体主义文化下的"社会内团体间关系虽然亲密和谐，但整个社会却显得淡漠不和谐"。

托夫等人提出了"相对剥夺感"的概念，并被后来的研究者所不断发展。但其基本意涵指的是，要理解个体关于自身利益是否公平合理的主观感受，便需理解个体所处其中的群体关系结构（默顿，2008）。当个体与参照群体比较后，发现自身的预期实现程度较低或者付出与回报和他人相比实现较少时，就会产生一种被剥夺的负面心理感受（李汉林、渠敬东，2005：70－71）。有时这种感受并不来自于直接的群体接触，而是带有想象的差异。比如一个农民根本未接触过任何电影明星，但通过其他信息他会产生一种在收入比较上很不公平的感受。相对剥夺感的产生强调两个递进的层次。

第一个层次是参照群体的设定，此处参照群体的设定是受到结构约束的，亦即何种群体构成人们用以参照比较的对象看似随意，实际上是被群体关系结构所设定的，"参考框架之所以成为共同框架是因为它们被社会结构模式化了"（默顿，2008）。这也就意味着是社会结构环境决定了人们将社会地位的某些相似性作为共同比较的基础而非其他方面。在参照群体确定之后，进入第二个层次，个体或群体一旦觉得自身利益在比较之中受损或处于劣势地位便会产生被剥夺的感受。可以看到，这一理论的一个突出特点在于并没有设定人们在比较之中的容忍度阈值，即相互间的利益相比达到何种程度的差距会产生被剥夺感很难言明。言外之意是只要在比较中觉得不一致就会产生相对剥夺感。

与上述相对剥夺感的产生机制不同，赫希曼注意到了人们在相互比较中"容忍度"的变化，并从这一细微差别出发，提出了一项饶有兴趣的社会现象——"隧道效应"。而隧道效应得以产生和发挥作用的主要条件是人们对未来境遇改善的良好预期，在此基础上不仅不会产生相对剥夺感，而且可能会对收入差距表现出较高的容忍度。

（一）隧道效应

赫希曼在对一些后发展国家民众有关收入差距的主观感受分析中，注意到了人们相对剥夺感产生的反向效应和容忍度变化，提出人们在相互比较的过程中有可能非但不会产生被相对剥夺的负面情绪，反而会对利益差距持有正面的积极情绪甚至满足感。研究者做了一个情境设定：当人们驱车行驶在高速公路上，高速路突然发生了大面积堵车。人们在堵塞的路上心情低落、焦虑万分。突然，当你发现邻道的车开始缓慢地移动，那么这时候虽然你所在的车道仍然拥堵如初，但你觉得情况应该马上就会好转起来。随之先前低落的心情和不满的情绪也开始变得缓和起来，甚至高兴起来。如果将堵车视为收入或财富的获取过程，赫希曼将这种人们在经济收入和社会地位比较过程中产生的容忍度和对未来充满良好预期的满足感称为"隧道效应"（tunnel effect）（Hirschman and Rothschild, 1973：544 - 566）。可是隧道效应十分不稳定，还是上述场景，虽然邻道的车已经畅行无阻了，但是你所在的车道还是堵得严严实实，纹丝不动。这时不仅先前满怀希望的情绪消散殆尽，而且比最初大家都堵在路上时的心情更为糟糕，深觉受到了不公的待遇，甚至开始骂骂咧咧或往邻道上挤。那么后述的感受才能被称作相对剥夺感，这也就意味着人们产生相对剥夺感的中间有着一个延迟效应，当然这种效应并不必然发生。

可以看出，虽然都是强调与他群体的利益比较，但"隧道效应"与"相对剥夺感"的生成机制明显不同。隧道效应的存在首先设定了一个外在的结构环境，即在大家境遇都不好时，部分人的境遇改善并不一定会马上招来别人的不满甚至嫉妒，而是有可能从积极的态度出发，对自身境遇的改善亦持有一种良好的预期。这也解释了为何在部分国家或地区，虽然人们的收入差距较大，但收入较低者仍然持有较高的容忍度并对自身的经济生活改善满怀希望。但是，隧道效应的存在还与一个社会的政治、历史和文化等因素密切相关。在一个所有机会和利益获得都由先赋因素决定，社会阶层固化、社会成员异质性较强、政府能力较弱的社会，利益的获得往往被一部分群体所占有，从而很难形成隧道效应。

当然，隧道效应对于一个国家应对经济发展过程中难以避免的收入差距和财富分化具有积极意义，但由于这种以容忍度为基础的主观感受是以未来预期为条件，从而当前期民众被提升的预期不能实现或预期目标与现实间的落差较大时，隧道效应并不会悄然消退，被激发出来的反弹效应可能会更强烈，进而会产生比一般意义上的不满或不公平感更为严重的社会后果。这也是托克维尔所指出的，革命一般不会发生在一个从坏向更坏发展的社会中，而经常发生于一些国家往好的方向发展之时。① 也正是在这个意义上，相对剥夺感在某种程度上可以被看作是隧道效应的反转后果，在隧道效应中人们的容忍度和预期越高，如果不能合理实现，所产生的相对剥夺感也会更强烈。

总而言之，人们对收入不平等的容忍度是一项很难准确认定的心理感受，也即何时产生、何时消退均非个体恒定属性的社会组合，更多地受到外部社会经济环境和社会关系结构变化的影响。但是正如赫希曼所强调的，未来的良好预期（或称之为希望因子）对人们有关收入差距的容忍度具有积极效应，从而我们提出以下研究假设：

人们对未来收入增长的预期越高，收入不公平感更低（假设3a）。

（二）路径效应

人们对未来的收入预期不仅源于与周围群体的社会互动，而且

---

① 托克维尔的这种认识是其在对法国革命观察的基础上得出的，也就是说，长期的压迫和悲惨的境地会使得被压迫者逐渐失去反抗的意识，可是一旦境遇稍微好转之时，人们可能被长期积累的压迫感所驱使，即使压迫已经大大减轻，仍会觉得难以忍受。不仅法国如此，而且诸如俄国布尔什维克革命、中国的辛亥革命等都有着这种迹象（参见托克维尔，2012；赵鼎新，2006：81）。事实上，在托克维尔的基础上，戴维斯所提出的"J曲线"理论所强调的正是为何与最为困顿时期相比，经济环境发生好转时反而发生革命的可能性却会提升。他认为这主要是因为在经济社会环境改善的时候，与前相比，人们对需求满足的主观期望也会随之提升，但问题在于一般从困境向好转变的时候，经济的增速会较快，也能较好地满足人们的初始需求，但恰恰是，没有一个国家或社会的经济能以高速的状态持续发展，而一旦被激发出来并保持同样或更高速度增长的民众需求不能被满足时，则难免会产生落差，这种落差越大，由于人们心理上患得患失的恐惧反而会更容易引发革命情绪（参见 Davies, 1962: 5 - 19；冯仕政，2012：76）。

也受到自身社会经历的影响。通过对未来预期与历史境遇的交互分析（此处分析使用CSS2006调查数据，见表4.5），可以清晰地展现出那些对未来预期持有积极态度的受访者更多是与以往相比收入状况改观者，这一比例达到了77.26%；同样，认为未来收入不会发生变化以及认为收入会降低的受访者更多也是与以往相比收入未变（47.59%）和收入下降者（44.21%）。对此，可以认为，除了在社会互动中由于他人境遇改善所产生的"隧道效应"对主体有关未来收入的预期具有影响作用外，主体自身的社会经历也在很大程度上影响着其关于未来收入状况的主观判断。这种社会经历与未来预期间的一致性（consistency）程度决定了人们如何看待收入分配状况。换言之，人们在一定程度上体会到自身收入的增长才更有可能对未来的收入做出积极预判，而这一点是赫希曼在关于隧道效应的论述中未曾注意到的。

表4.5　　　　　　　　　关于未来预期与历史境遇的交互分析

		五年后预期		
		预期增长	预期不变	预期下降
与五年前相比	收入提升	1267（77.26%）	266（16.22%）	107（6.52%）
	收入未变	280（38.62%）	345（47.59%）	100（13.79%）
	收入下降	155（29.41%）	139（26.38%）	233（44.21%）

与人们在相互比较中由于他人境遇的改善而感同身受并得到的

暂时满足感相比，主体同时会根据自身的历史经验做出未来预期的判断。在这个意义上，我们可以对"公路堵车情境"进行基于主体经历的另外一种描写：

有一天当你驱车行驶在一条单行道上，前面发生了堵车，这时可能会出现如下几种情形。

第一种情形：如果这条道一直很通畅，很少碰见堵车，那么你可能会认为前面堵车的状况过不了多久就会解决，并预期车子马上又可以轻快地奔跑起来，从而不会产生难以忍受的感觉。但是等了几分钟前面还是走走停停，那么你可能会变得不安起来，甚至开始狂按喇叭或者骂骂咧咧。

第二种情形：如果这条道平时路况就一般，时不时会发生堵车，那么你可能认为这次堵车跟往常没有多大区别，预期只要随着前面车流缓慢移动就行，从而对当时的堵车虽有怨言但仍还在可忍受的范围内。但是这天却与以往有所不同，在车里耗了大半个小时，前面的车还是没有移动的迹象，那么你可能一改往日的感受，开始变得狂躁和愤怒起来。

第三种情形：如果这条道是当地出了名的堵，但却是每天上班回家的必经之路，那么你可能已对堵车习以为常。虽很不满，但也毫无办法，只希望当天不比以往更堵就行。但是这天的堵车却出乎意料，一个小时过去了，前面的车还是纹丝不动，那么你可能会变得怒不可遏，往日压抑已久的不满会突然爆发出来。

我们可以将上述情境与人们对收入差距的主观感受进行类比。个体对当下收入分配状况的满意程度既取决于与以往相比的收入增长程度也受到未来预期的影响。假设个体原本无法较好地预期未来收入状况的变化，但是与以往相比，自身的经济地位有了很大提升（或未提升）。如果外部结构环境没有发生剧烈的变动，那么个体会根据经验，判断在不久的将来自己的经济地位仍会提升（或不会提升）。这样在不考虑周围群体收入变化的情形下，主体对收入差距的感受会由于自身经济收入将会持续改善的预期而暂时容忍收入差距（或从自身经济地位不会改观的预期中产生不满）。我们可以将这种根据以往经历对未来收入预期做出判断及由之对收入差距所持有的心理感受称为"路径效应"。这样路径效应由于历史状况的差异会产生对未来持有积极预期和消极预期两种可能，进而对收入差距表现出不同的容忍程度（见表4.6）。① 对此我们建立如下假设：

同时考虑历史境遇与未来预期，历史境遇改善且对未来收入预期充足者的收入不公平感更低（假设3b）。

表4.6　　　　　　　　　路径效应与收入差距容忍度

历史经验 →	未来预期 →	路径效应 →	对收入差距的容忍度
收入提升	提升	积极效应	容忍度高
	无变化		
	下降	消极效应	容忍度低

---

① 此处需要辨析的是认为未来收入不会发生变化的情形。这种情况较为复杂，如果历史境遇得到改善而认为未来收入状况不发生变化，这可以被归为积极预期；相反，历史境遇未得到改善同样认为未来收入状况保持不变，这种情形理应被视作消极预期；第三种情形是历史境遇没有发生变化，同样认为未来收入亦不会变化者，这种情形在很大程度上亦可被视为一种消极预期。

续表

历史经验 →	未来预期 →	路径效应 →	对收入差距的容忍度
收入未变	提升	积极效应	容忍度高
	无变化	消极效应	容忍度低
	下降		
收入下降	提升	积极效应	容忍度高
	无变化	消极效应	容忍度低
	下降		

◇◇ 五 市场转型与结构环境变迁

改革开放以来，最重要的机制变革之一可以说是从计划经济向市场经济的体制转变。在很短的历史时期内，中国通过改革开放引入市场机制，实现了经济的高速增长，极大地提升了民众的物质生活水平。但在此阶段，由于全社会都致力于"做大蛋糕"，在一定程度上忽视了收入分配的公正性，进而导致收入差距不断拉大。当然，没有哪个社会在经济发展的过程中不面临各种问题与挑战，正如同中国的市场化进程。改革以来，市场经济在积累起前所未有巨大财富的同时，也蓄积了空前巨大的张力（沈原，2008：15 - 23；王绍光，2008；顾昕，2015）。一方面市场转型本身改变了传统的收入分配方式，另一方面中国的市场化作为一项渐进式的制度变革也构成了人们理解收入不平等的结构环境。关于市场化引致的收入分配结果，从两条路径出发，可概括为市场转型对社会分层结构的影响和市场规则扩张对人们有关收入分配价值观念的重塑。第一个方面的实质是社会不平等，第二个方面则体现为收入分配制度合法性基础的改变。

就市场化引致社会结构环境的变迁，倪志伟提出的"市场转型理论"（Market Transition Theory）具有开拓性意义并引发了学界的长期争论。倪氏从卡尔·波兰尼关于经济形态的划分出发，将社会主义国家的市场化改革看作是从"再分配经济"向"市场经济"的转型过程。① 认为在市场过渡时期，直接生产者的市场能力将取代再分配权力而成为市场化过程中的主要获益机制，从而使得再分配权力的政治资本贬值，直接生产者的人力资本升值（Nee，1989：663－681）。倪作为"始作俑者"，其观点成为后来研究争论的焦点和"靶子"并形成了所谓的"市场转型争论"（MTD，Market Transition Debate）。

许多学者提出市场经济并不是一个独立的运行过程，它在发展的过程中受到已有社会制度的制约，从而有其特定的形式和意义，试图以市场经济作为唯一逻辑解释中国社会变迁，显然有失偏颇。与倪志伟相左的观点主要有政治市场理论、政府厂商理论、国家规制理论以及政治与市场共变模型等（边燕杰等，2002：535－573；周雪光，1999：26－43）。持有相反观点的研究认为，从市场引导出发的研究首先是对有些经济部门的划分模糊不清。随着市场化进程的深入，国有、集体企业等原"再分配"部门已然程度不一地跻身于市场经济领域中。这样将改革过程中的国有、集体企业当作"再分配经济部门"还是"市场经济部门"已经越来越难以判断

---

① 波兰尼提出了经济的三种主要形态，即"互惠经济""再分配经济"和"家庭经济"（参见波兰尼，2007）。

（刘精明，2006：110－124）。更重要的是，其先验地认定市场化改革的必然性而未对如何发生做出明确论证，进而忽略了原因去阐述结果。正是在这个意义上，白威廉等认为如果将市场转型的逻辑路径看作是 A→B→C 的因果链，那么 A 包含形成市场结果的背景条件，B 包含市场结果，C 则包含权力及市场造成的收入结果。倪志伟的研究则主要是 B→C 部分，而未对 A→B 部分进行论证（边燕杰等编，2002：553）。

在我们看来，泽林尼和科斯泰罗对市场渗透的类型划分更具合理性。他们认为关于市场转型争论的三个主要问题，即市场与不平等、干部与市场、市场转型论是否为目的论的探讨在不考虑结构和条件的前提下，过于笼统和含混。在这一基础之上，他们区分了三种类型的市场渗透，即再分配经济中的市场；再分配占据统治地位的条件下，市场与再分配共存为特征的混合经济；资本主义导向的经济。在这种类型而非阶段的划分之下，他们认为改革之后到 20 世纪 80 年代中期中国社会不平等降低的主要原因是再分配经济的降低和市场的不断引入。在此状况之下，主要的获益者是农民和农民工人，而输家则是再分配者。80 年代中期到 90 年代中期形成的社会主义混合经济形成了一种不平等的二元体制，部分技术官僚将特权"商品化"，从而成为这种混合经济下的获益者，那些受教育程度较低的社会边缘群体则成为市场的输家（边燕杰等编，2002：580－582）。

故而，社会主义国家的市场转型并非如目的论者所言的那样，是从再分配经济向市场经济的转型，而是一种不断调整现存体制以适应变化的社会经济环境的过程（Stark，1992：17-54）。林毅夫等人的著作《中国的奇迹：发展战略与经济改革》将中国传统的经济体制看作是国家在资金稀缺条件下为实现资金密集型重工业优先发展战略，形成了扭曲产品和生产要素价格的宏观政策环境、高度集中的资源计划配置制度以及没有自主权的微观经营机制。中国经济改革的成功在于首先通过在微观经营机制方面的放权让利和改进激励机制不断提高经济效益，进而逐渐逼近资源配置制度和国家的宏观政策环境（林毅夫等，2012）。

正是这套"摸着石头过河"的改革逻辑以及逐步地从微观向宏观逼近的改革策略，避免了中国在不断市场化过程中出现较大震荡和激烈冲突，因而中国的市场化及其不断转型是在政府直接主导下实现的。市场化并非自发生成，中国市场化改革的方向和程度主要发起于国家。正如波兰尼所言，没有一条通往市场的市场之路，"正是在中央集权式的干涉主义不断膨胀的前提下，通向自由市场的道路才得以开拓并未曾关闭"（波兰尼，2007）。国家主导的市场化改革是一个以国家为主体的政治经济过程，其重要目标是通过市场经济模式改造原有的经济增长和发展结构，以提高国民生活水平，增强国家的综合竞争力而不是让市场自发地改变国家（刘精明，2006：110-124；杨瑞龙，2018）。

总体而言，随着市场化的不断推进，市场机制带来了人们利益取向和利益结构的重大改变。"市场关系在较大范围内、于很大程度上取代了国家再分配关系，虽然转型社会中国家权力仍然在资源和机会分配中具有重要影响，但市场机制发挥着越来越重要的作用"(李路路,2012)。在对人们有关收入分配的主观感受上,可能会表现为以下方面的结构性影响:第一,随着改革以来经济的快速增长,多数民众的物质生活水平与历史境遇相比发生了改善,影响着人们对当下收入差距的公平判断;第二,随着收入和资源从再分配向市场分配的转变,人们关于收入差距的价值偏好也同时发生改变;第三,在与参照群体的相对比较过程中,市场化改变了人们的参照系,对有关收入获得的机会和结果考量已不仅仅限于自身周围群体而可能不断扩展到更为广泛的他者群体;第四,虽然与改革前相比,人们的物质生活水平有了大幅提升,向上流动的机会也增加不少。但由于收入差距的不断拉大和社会结构阶层化趋势的加剧,人们对未来收入增长的预期亦将受到影响。

(一) 收入状况的历史变化

在快速的经济增长过程中,中国社会自改革以来发生了翻天覆地的变化。亿万民众脱离贫困、生活水平大幅提升、摩天大厦鳞次栉比、交通运输四通八达,私家汽车大众普及……所有的景象无不在说明中国社会已经变得越来越现代化和富足。即使对中国经济发展的统计在准确性方面存有疑问,毫无质疑的是中国取得了令世人震惊的经济成功(Whyte,2009:1)。随着改革红利的不断释放,市场改革的过程也是民众生活水平不断提升的过程。

根据相关调查数据的分析可以看出(见表4.7),伴随着经济增长,越来越多的城镇居民认为自身的经济收入和生活水平与以往相

比有了不同程度的提升。由于中国的市场化改革和经济发展在不同的地域呈现出较高的异质性,从而我们提出假设:

收入增长对收入不公平感的影响效应与地区市场—经济发展水平之间有着正相关关系(假设4a)。

表4.7　　城镇居民收入状况的历史变动(加权后的比例分布)

历史比较	CGSS2003	CGSS2005	CGSS2006	CSS2006	CSS2008	CSS2011
	与三年前相比,你的社会经济地位	与三年前相比,你的社会经济地位	与三年前相比,你本人的收入状况	与五年前相比,你本人的生活水平	与五年前相比,你本人的生活水平	与五年前相比,你本人的生活水平
提升%	28.22	33.96	38.36	55.32	62.28	68.32
没变化%	42.11	42.61	45.66	25.33	20.61	20.15
下降%	29.67	23.43	15.98	19.35	17.12	11.53

(二)收入分配价值偏好的转变

关于市场转型与收入分配价值偏好的关系在不少研究中被论及。这些研究有的关注东欧社会主义国家的激进式市场改革,有的关注中国的渐进式市场转型,但较为一致的结论是,随着市场化程度的不断深入和市场价值的扩散,与市场分配制度相适应的应得原则逐步被人们接受,获取经济收益的能力主义取向渐趋增强(孙明,2009:78-88)。市场正义(market justice)被认为是具有一套规范和信念内在相关的价值体系,规范的核心强调人们对非平均主义的偏好和对应得原则的接受,信念的核心是经济机会的可得性和收入分配的公正性（Lane，1986）。

有研究通过历时性的数据比较了捷克、匈牙利、俄罗斯、保加利亚、东德在市场化转型过程中民众收入公平观的变化与差异。以西德为参照对象，统计结果显示，在转型的早期阶段，由于不同国家的市场化程度和改革方式不同，市场化在塑造人们收入分配观念方面具有较为显著的差异。随着市场化程度的不断提高，中东欧国家的民众在分配价值观上越来越接近于西方国家，即有关收入分配的个体主义（individualism）倾向更为明显。而平均主义（egalitarianism）倾向逐渐式微，随之市场化决定人们收入公平观的重要性也逐渐下降（Verwiebe and Wegener，2006：123－149）。与之相近的研究在比较东欧市场转型国家与欧美发达资本主义国家的民众对市场正义的认知和信念后，发现遍存于西方国家的市场正义观在转型后的前社会主义国家中亦具有了公众的合法性基础；社会主义正义观向市场主义正义观的转变不仅发生在总体层面，也同样存在于个体层面（Kluegel，1999：251－283）。

一方面，市场经济制造的各种成功"神话"，在不断昭示着市场在财富分配过程中的机会开放。这种成功更强调人们的奋斗和拼搏，个人能力基础上的财富不公是易于接受的，而荫庇于父代之下的"官、富二代"则被社会所鄙夷。一项全国性的社会调查数据分析结果显示（李忠路，2018），绝大部分人将成就的获得归因于个人努力和机会的把握，只有少数人将个人成就归为先赋或宿命。确实，与计划经济相比，伴随着分配方式的转变，人们有关收入分配的价值观念亦发生了变化，与市场分配制度相适应的应得原则逐渐被接受。另一方面,市场主义下的收入分配观更多强调功利主义原则,即不平等不仅能够调动人们的积极性,进一步促进生产效率的提高,而且每个个体从自身收益最大化的前提出发有利于社会总体效益最大化。机会在形式上的开放性和可得性信念使得人们需要对自己的经济命运负责,并将经济收入与自身努力程度关联起来,从而认为不平等在总体层面是公平的。在这个意义上,市场化改革不仅改变了经济的运作方式,而且亦对人们关于收入分配的价值观产生了深刻影响。在此基础上我们建立开放性研究假设:

收入分配偏好对收入不公平感的影响效应与地区市场—经济发展水平之间有着相关关系(假设4b)。

表4.8　　　　　　受访者对个人成就归因的比例分布①

分项 \ 分类	完全不同意	比较不同意	无所谓	比较同意	完全同意
个人的成就大部分是靠努力争取的	0.66%	3.21%	2.87%	43.88%	49.37%
个人的成就大部分是靠把握机会	1.39%	7.09%	11.30%	61.30%	18.91%
人生富贵贫贱是命中注定的	36.54%	32.92%	12.08%	13.26%	5.19%

(三) 相对比较参照系的位移

人无时无刻不处于社会关系之中,也无往不在社会比较之中。正如库利在"镜中我"的论述中所指出的那样,"人们彼此都是一

---

① 数据来源于中国人民大学社会学系所组织实施的"中国综合状况社会调查"(CGSS2010)。

面镜子映照着对方"（库利，1989：118）。在关于收入状况的比较中，主体自身构成了他人比较的镜子。同样，他人的收入状况也成为主体对自身状况认知与感受的镜子。与他者的比较是收入不公平感形成的重要来源，但只有在确定的参照系与参照点下以及人己界限清晰划分的基础上，研究者视角中参照比较的意义才能与被观察者的经验相一致。[①] 上文我们在理论梳理的基础上，将机会和结果作为人们考量收入是否公平的主要参照点。同样也论述了在中国的文化环境下人己界限的划分，但并未详述参照系的变动在人们相对比较中的基础性作用。

与具体的参照点不同，参照系是人们据以进行相互比较的基本结构框架和坐标，参照系的转换在结构层面扩展了人们相互比较的对象和目标。有研究指出，在传统单位社会，人们相对剥夺感的产生可能是由于单位制度的不公，而在市场社会环境下，相对剥夺感的产生更多是由于市场要素占有的不公（魏钦恭等，2014；韩钰、仇立平，2015；陈云松、范晓光，2016）。另有关于民众主观地位认同的研究，通过历时性的调查数据发现，随着市场化的不断深入，人们的主观社会地位出现了整体下移现象（高勇，2013），而导致这种结果的主要影响机制便是由于人们在相互比较过程中参照

---

① 默顿在关于群体的概念和隶属群体与非隶属群体的划分中，指出，"当主观的认同模糊不清时，被观察到的社会互动的形式也就失去了它清晰的特点，因而就会出现那种熟悉的情形，即社会学观察者所探测到的'群体构成'常常并不必然被所涉及的那些人经验为'群体构成'"（参见默顿，2008：397）。也正是在这种意义上，研究者常常想当然地认为某些群体构成了主体的参照对象，但在特定结构环境中，未清晰划分人己界限的前提下谈论参照对象，往往会导致客观界定与主观认同不一致的情形，这样也导致分析结果的偏差甚至错误。

系的重大变化，使得地位归属的基础从单位等社会共同体转换为市场机遇占有，从而社会成员在不断扩展的参照情境下选择比较对象和看待自身在社会中所处的地位（高勇，2013）。在一个无边无形的市场环境下，人们在进行社会地位归属的主观比较时，往往是"山外有山、人外有人"，很少有个体能够心满自得地认为自己所处的地位远比他人较高。相反，总是会觉得在己之上有着社会地位更高的个体或群体，从而大部分民众会做出自感社会地位较低的判断。

参照系的位移也使得人们在相互比较的过程中对同样的参照点赋予不同的含义。如果说人们相互间对成就高低的比较是一个普遍的现象，那么在市场转型的结构环境下，由于参照系的变动而产生的人们关于成就衡量的差异更是显露无遗。在改革前的再分配社会中，成就与政治身份、单位类型等属性紧密关联。而在市场社会下，成就的评判标准逐渐趋于货币化。将财富的积累和多寡视为成功与否的评判标准无疑是荒谬的，但事实却是金钱似乎构成了衡量成就极其重要的标尺。"在很大程度上，金钱超越了它的支付费用及增加权力的功能，本身被当做一种价值而神圣化了。"（默顿，2008：229）当人们的行动目标逐渐集中到财富之上时，由于可比较的对象更为单一和明确，从而进一步强化了对财富的追求以显示成就的高低。当齐美尔在论述资本主义社会与个人矛盾之时，便指出人们发明了货币以利于社会经济发展和社会分工，但货币一旦获得了客观性的特质之后，人的主观性便被其所忽视。作为毫无感情的交换媒介，任何人都可以使用货币，同样，货币经济的发展进一步增强了社会朝着理性主义和非个人化的方向发展。作为货币创造者的人的价值除了用高度抽象的货币加以衡量之外，似乎难以用其他方式刻画（齐美尔，2007）。在这里，由于金钱的客观性和作为所有对象可兑换的媒介，其不问持有者的身份地位，也不问获得方式的来源。只要有足够的金钱，就如同"阿拉丁神灯"一样，其便可满足持有者的各种愿望。也正是在这种意义上，虽然我们常言"三百六十行，行行出状元"，但如果"状元"没有获得与其地位相称的财富，"状元"的含金量便大打折扣。手握权柄者没有与之相称的财富便不能被称为成功。学富五车者没有与之相称的财富亦不能被称为成功。因为我们已经迈入了一个"一切待价而沽"的时代（桑德尔，2012：XVIII、XX、XXIV）。

在更为宏观的意义上，市场化在某些方面，于很大程度上造成了整个社会系统的沟通媒介发生了结构性变化。尼古拉斯·卢曼（Niklas Luhmann）在关于社会系统的分析中指出，每一个社会系统都有着自己独特的沟通媒介（communication media），并围绕着这些媒介来选择自身的系统目标，进一步确定自身的价值取向标准和行为规范，使得系统的专业化程度不断提高，功能发挥更好。[①] 在其理论分析中，组成更广泛意义上社会的各项子系统由于各自沟通媒介的分殊，以此不同的社会系统得以区别。具体而言，

[①] 在卢曼的理论中，沟通得以可能和持续的基础是沟通媒介，媒介被区分为传播型媒介（disseminating media）和一般化符号型媒介（symbolically generalized media），沟通的重要性在社会系统理论中居于核心地位，社会系统论不去分析人（人已以系统环境的身份出现），而是分析作为系统基本组成单位的沟通（参见肖文明，2008）。

在政治系统中，系统的沟通媒介是权力（power/law）（在这层意义上，法律是权力的一种外在表现形式），人们在确定的职权范围内进行信息的沟通和交流；在经济系统中，系统的沟通媒介是货币（property/money）（货币的形式有着多种表现，诸如房产、信贷、金融、利润等），人们在商品生产和流通过程中都围绕货币进行；在科学系统中，系统的沟通媒介是真理（truth），人们围绕真理进行知识的生产和传播；在家庭系统中，系统的沟通媒介是爱情（love），也就是说人们围绕爱情不断巩固家庭和关系（Luhmann, 1995：161－162；李汉林，1987：16）。但是，一旦市场机制和货币成为各个系统沟通的媒介形式，那么不同系统之间的界限就趋于模糊，不仅会造成人们在价值观念上的失范，而且系统自身也会走向异化。

事实上，默顿在社会结构与失范的论述中，已经点出了社会结构变迁影响人们行为方式和价值观念的要旨。任何社会在特定的历史时期内都有着"受文化限定的，是全体成员或广泛分布于社会各界的成员所持有的合法目标"（默顿，2008：225）。在关于收入分配的相互比较过程中，当市场价值和规则所设定的文化目标与以往社会相比出现分离甚至断裂时，市场价值的引导性和渲染性就已经完全打破了传统社会中人们对于财富目标追求的禁锢，并沿着一条逻辑顺畅的路径逐渐将人们的目标取向锁定于财富之上。这就使得一方面，对于财富的追求迎合了人们的本能冲动；另一方面，财富的可视、可比较和可转换进一步固化了其作为所有目标的核心地位。由此可以认为：

市场—经济发展水平越高，参照对象扩展更广，相对比较对收入不公平感的影响效应更凸显（假设4c）。

（四）收入增长预期的改变

一些后发展国家的历史经验表明，在经济高速发展的初期阶段，收入差距会快速拉大，但低收入者可能对此持相当宽容的态度，因为他们预期在不久的将来，自己也能从经济发展中获益，这被称为"隧道效应"或"不公平感延后效应"（Hirschman and Rothschild, 1973）。这种对收入差距的容忍度和乐观情绪在改革不久的中国同样存在。

一项1987年实施的关于中国城镇居民社会态度的问卷调查中，研究者询问受访者："有人认为走社会主义道路就是要共同富裕；有人则认为要使人人富裕，必须允许一部分人首先富起来，您认为应该是？"在所有受访者中（2308个样本），有近四分之三的人认为应该让一部分人先富起来（65.16%的人认为应该让一部分人先富起来，但收入差距不要太大；另有9.76%的人认为应拉大收入差距，让一部分人先当上万元户）。① 这表明，多数民众认为合理的收入差距不仅有利于提高人们的积极性，让一部分人先富起来；而且

---

① 该项问卷调查是由时在中国社会科学院社会学所的李汉林研究员主持实施的。调查采取多阶段分层整群抽样的方式，根据区域特征及城市规模，在全国范围内抽取了30个城市，然后在每个城市随机抽取区、街道办事处和居委会，然后根据居委会管辖的居民小区成员的花名册确定一个随机数，再按照简单随机抽样的方式抽取个体受访者。调查共发放问卷3000份，回收有效问卷2348份，回收率为78.3%。

由于认为部分人先富是实现共同富裕的合理方式，即使会拉开收入差距，也是可以容忍的。

将未来收入预期作为影响人们对收入差距容忍的重要因素，根据相关调查数据，近年来，认为未来收入和生活水平将会提升的民众有着逐年增加的态势（见表4.9）。这也在一定程度上说明，随着经济的不断增长和多数民众生活水平的提升，即使当下的收入差距较大，但不少民众对未来收入增长有着良好的预期。从而我们建立假设：

收入预期对收入不公平感的影响效应与市场—经济发展水平之间有着正向相关关系（假设4d）。

表4.9　城镇居民对未来收入增长预期的历史变动（加权后的比例分布）

未来预期	CGSS2006	CSS2006	CSS2008	CSS2011
	3年后，本人的收入状况将会？	5年后，您的生活水平将会？	5年后，您的生活水平将会？	5年后，您的生活水平将会？
提升%	42.53	50.82	52.40	62.67
没变化%	37.89	19.45	19.99	14.81
下降%	5.72	11.40	11.34	9.30
不好说%	13.86	18.32	16.27	13.22

上文，我们用较多篇幅提出了一个对社会取向的收入不公平感进行分析的逻辑框架，强调了三个方面的影响机制。第一，与历史境遇相比，人们收入状况的改善程度会影响其对当下收入分配的公平感受。第二，在收入分配的当下评判过程中，机会获取

和结果分配共同构成了人们考量收入差距是否公平的主要参照点。但对于何种程度的不平等才构成人们主观认知上的不公平受到特定群体关于收入分配价值偏好的影响；同时，与他者的比较也是收入不公平感生成的重要来源。第三，除了历史境遇比较和当下状况评判，民众对未来收入增长的预期是影响收入差距容忍度高低的重要因素。

上述三项机制——历史比较、现状评判和未来预期共同构成了本章分析收入不公平感社会取向的主要路径，但与此同时还需要强调结构环境的影响作用。改革以来的市场化转型和经济发展成为我们理解收入差距与收入不公平感的主要结构因素。一方面，中国的市场化转型极大地提升了民众的物质生活水平，增加了普通民众向上流动的机会；但另一方面，由于全社会都致力于经济发展和做大"蛋糕"，在一定程度上使得收入差距不断拉大。在这个意义上，中国的渐进式市场改革如同一把"双刃剑"，既是中国经济社会快速发展的主要助力，也在一定意义上使得社会充满了张力。其中民众社会取向的收入不公平感不仅是结构紧张的某种体现，而且也切实地反映出了人们对收入分配状况的合理性程度认知。在理论探讨的基础上，围绕收入不公平感的三项影响机制，研究进一步提出了市场转型和经济发展对人们收入增长变化、价值偏好转变、相对比较参照系位移和收入增长预期改变所具有的外生影响作用。也意味着结构环境的变迁不仅影响着收入分配结构，而且也在深层次影响着人们的收入状况及有关收入分配的微观感受。对此，接下来将通过统计数据对研究所提出的假设进行检验，进一步讨论城镇民众社会取向的收入不公平感生成变化以及不同群体在其上的差异。

◇◇ 六 变量测量与模型设定

理论概念的有效测量是定量分析从假设到证实的关键环节。测量就好比用尺子度量物体，如果尺子本身有问题，那么用其所测度的物体必定不能有效和可信地反映现实状况。简单的例子便是，如果一幅地图的比例尺有问题，那么用此地图来定位便可能出现南辕北辙的后果。

概而言之，测量普遍地存在于我们日常生活中。人们测量体重身高、测量温度、测量时间、测量距离，凡此等等。可以说在一个日益精细化的社会，精准的测量成为各种社会活动和社会秩序得以可能的重要基础。但在社会学研究中被测量的对象往往不是触手可摸的实体，各种抽象概念的存在使得测量存在着很大难度，稍有不慎便可能出现"风马牛不相及"的情况。也正是在这个意义上，测量被称为社会行为研究的"阿喀琉斯之踵"。即使如此，我们并不能因噎废食而放弃测量的优点（佩达泽、施梅尔金，2013），"使用测量的一个巨大优势在于我们可以应用数学这个强大的工具来研究对象，一个数字集和一个对象集的各方面的同构，对数字集的运算就可以让我们形成有关现象的规则性或规律的简明且精确的命题，如果没有测量所带来的优势，我们就无法达到这样的程度"。也就是说，通过用数字的形式将抽象概念与社会事实之间的关系加以表现，以此来反映对象之间的关系，进而对复杂的社会现象进行描述与概括，以发现涵盖于其后的社会机制和共性特征。

（一）个体层次变量的测量

为了有效地对研究概念进行操作化，需要先对概念加以界定，只有如此才能避免测量出现模棱两可或混淆不清的局面。在第三章的理论分析中，我们已经对部分概念进行了较为概括的界定，此处将进一步细化以进行测量。

1. 对收入变化的测量

任何社会个体并非"片段性"地存在于当下，社会主体的历史存在性决定了个体的生活经历势必会影响到其当下及今后的价值观念与行为方式。有关"生命历程"的研究表明，诸如结构变迁、制度安排等重大社会事件会影响具有相似生活经历的同期群体的生活际遇、价值观念乃至生命历程；个体生命亦嵌入于其所经历的历史时间和特定地域，并为这一历史时空所塑造（埃尔德，2002；郭于华、常爱书，2005；刘亚秋，2017）。也就是说，即使抛去结构环境变迁的影响，不同主体的生命轨迹及其发展历程同样对自身有着形塑作用。

以往有研究认为，人们主要通过三种方式衡量自身的收入状况，即只关注自身收入的绝对变化，并不过多关注他人的收入状况；或者只考虑与他人收入横向比较的相对变化，而对自身收入的绝对数量并不关心；或者同时关注自身与他人的收入状况（Leibenstein，1962）。无论如何，自身收入水平的变化构成了个体横向比较和纵向比较的基础。前文的数据结果表明，随着经济的快速发展，越来越多的民众认为自身生活水平和经济地位得到了提升，那么，这种绝对水平的变化及其程度无可避免会后延到人们对当下收入分配状况的公平感受。也正是在这个意义上，本书认为，与历史境遇相比，收入水平提升的民众不公平感更低。

对收入的历时性变化可以有多种测量方式，如代际间的收入变化或代内的收入黏性（雷欣、陈继勇，2012；王海港，2005；吕光明、李莹，2017；张延吉等，2019），在文章的分析中，将使用一项较为概括的题器进行测量。调查数据中，有一项问题询问受访者"与五年前相比，本人的生活水平是否发生了变化"，答案分为"上升很多""略有上升""没变化""略有下降"和"下降很多"。虽然此项题器难以将生活水平的历时性变动以绝对数量的形式表现出来，但这种主观判断仍然能够较为贴切地反映出客观状况。

2. 对机会与结果的测量

如果不加限制，机会等同于任何结果发生的可能性。《辞源》中将机会解析为时机和际遇，其一指恰当的时间，如"机不可失，失不再来"；其二指事物的关键要害，如存亡之机会（《辞源》，1639）。吴忠民认为机会是社会成员在谋求生存和发展过程中为了拓展可能性空间和余地而拥有或使用的某种资源（吴忠民，2001）。

第四章 兼评总体：宏观分配公平感

此处关于经济收入的机会是与作为结果的经济收入相对而言的，主要指人们的某种地位和资格。这种地位和资格的可得性与开放性保证了人们获得收入和财富的基础平等。① 换言之，机会可得是人们的一种权利，但这种权利主要强调的是获得地位和财富等非基本权利的机会，而诸如自由、生命和财产保护等基本权利则是无须竞争和获取的（王海明，1998；虞新胜，2015）。影响机会平等的因素有很多方面，如自然天赋、家庭、教育和职业等，大致可分为自然因素和社会因素两类。其中作为与生俱来的自然天赋在每个人身上是不平等分布的，从而造成人们在获取财富和竞争职位等方面的机会不平等，但这种基于自然偶然性因素的机会获得是否属于道德应得则争论不一。

按照罗尔斯的观点，在自然天赋等偶然性因素上的占优并非道德应得，因为自然资质也是属于社会共有的。一部分人的占优将会

---

① 对机会公平平等的自由主义原则构成了罗尔斯正义理论的重要部分，他不仅将地位向所有人开放当作获得某种结果的基础，而且认为地位的开放是人们得以履行社会义务以及自我实现的重要途径，甚至被视作是人类的基本善。"如果某些地位不按照一种对所有人都公平的基础开放，那么被排除在外的人们觉得自己受到了不公正待遇的感觉就是对的，即使他们从那些被允许占据这些职位的人的较大努力中获利。他们的抱怨有道理不仅是因为他们得不到职位的某些外在的赏例如财富和特权，而且是因为他们被禁止体验因热情机敏地履行某些社会义务而产生的自我实现。"从而他反对拥有形式上机会均等的自由市场和拥有公平机会均等的自由市场，更加强调社会基本结构在机会平等中的重要意义，"基本结构是一个公开的规范程序，确定一种引导人们合力产生较大利益，并在此过程中分派给每一合理要求以应得一份的活动方案……最终的分配是通过尊重某些权利达到的，而这些权利又是由人们根据合法期望约定去做的事情决定的"。也就是说，罗尔斯考虑的机会平等是希望通过社会基本结构和规范体系来保证人们在地位获得上的最基本权利是自由和不受限制的，在此基础之上所产生的结果才有可能保证公平和为大家所接受（参见罗尔斯，1988：85-86）。

导致另一部分人相对受损，从而应该在差异性原则的基础上向弱者倾斜；诺奇克则认为人们对随机降临的自然资质拥有权利，对因自然因素所导致的机会不平等进行干预侵犯了人的基本权利，这才是不公平的。我们此处回避对影响机会的自然因素探讨，因为一方面在理论上较难确立合理的地位，另一方面诸如能力高低、天赋差异等因素很难通过变量和数据进行测量与操作，从而只对影响机会获得的社会因素进行测量。

如果说人们在社会中对收入和财富的获取过程是对非基本权利的竞争，那么诸如教育程度、职业地位等影响机会的社会因素本身就是非基本权利。也正是在这个意义上，作为非基本权利的机会是稀缺资源，具有排他的特性。在现实中由于其不均匀的分布使得对机会的不平等占有在很大程度上决定了收入结果的差异。如作为一种重要的人力资本投资，教育在很大程度上影响着人们的收入水平。同样，职业地位的变动作为衡量机会流动的重要依据，对个体的收入获得亦具有重要的结构约束作用。相较于机会，作为结果的收入就显得清晰很多，并且也没有太多歧义。在此基础上，根据调查问卷中所设置的相关题器对机会和结果分别加以测量。

在问卷中，有三项题器可用于对机会状况的衡量，分别是工作与就业机会、每个人的发展机会和高考制度。调查要求受访者对上述三个方面的机会状况进行主观评判，即在社会生活中这些机会的分布是否公平，答案分为"很不公平""不大公平""比较公平""公平"和"不确定"。这三项题器既可作为受访者对自身机会状况的主观衡量又可作为以机会为参照点的相对比较。对结果的测量使用如下三项题器:"与单位内其他同事相比,您的收入属于哪个层次?"(答案分为"高""中上""中""中下""下");"本人的社会经济地位在本地大体属于何种层次?"(答案分为"上""中上""中""中下""下");以及"社会上常将人划分为富人和穷人,您认为自己属于哪种类型?"(分为"富人""穷人"和"说不清")。这是一个对收入状况从单位比较到本地比较,再到一般社会他人比较的扩展过程。

对变量进行标准化转化之后,探索性因子分析的结果显示,工作与就业机会、每个人的发展机会以及高考制度三个变量在因子2上高度负载,而收入状况的单位内比较、本地比较和社会比较两个变量在因子1上高度负载。变量依其所含示的不同意义自然地归聚为两个因子(见图4.1),且两个因子之间没有过多的交叉和相关性。两个潜在因子可解释这些变量58%的方差,简洁清晰展现出两个独立的因子成分(见表4.10)。从而依据上述变量分别生成"收入结果的横向比较因子"和"收入机会的横向比较因子"。

表4.10　　　　对结果和机会状况的探索性因子分析

变量	结果因子	机会因子
工作与就业机会	0.1024	0.7876
每个人的发展机会	0.0545	0.8323
高考制度	−0.0389	0.5738
与单位内同事的收入比较	0.7359	0.0982
与本地人的收入比较	0.8212	0.0256
与社会上他人的收入比较	0.7597	0.0614
解释方差比例%	30.13	27.60
特征值	1.98	1.48

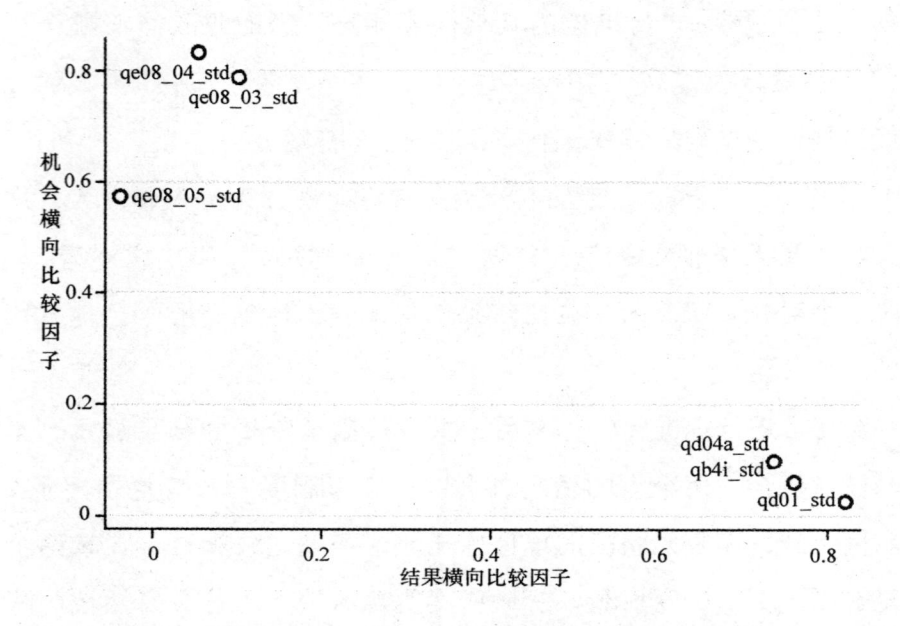

图 4.1　主成分法提取公因子后的机会因子和结果因子负载图

3. 对价值偏好的测量

在所有生物之中，人类是唯一能够主动制造环境，也是唯一可以通过文化来建构环境的物种（Douglas，2011：189）。在《文化偏见》（cultural bias）一文中，道格拉斯认为个体所持有的信念和价值都是他们对所处社会环境的反应，普遍存在的信念和价值有助于个体在处理与其相关的社会环境时将其行为正当化。在批评人类学家处理文化多样性和文化比较时由于缺少一个统一的分析框架而常感力不从心，道格拉斯提出了为后人所熟知的格—群文化理论（grid-group cultural theory）（Douglas，2011：183 – 254）。

根据这一理论，个体所应对的社会环境具有两项最基本的特征：一方面，社会环境在很大程度上具有外在约束性，这主要来源于社会的等级结构以及与此相关的制度规范。这些约束越严格和深入，个体行为的自主性就越小。另一方面，个体在不同程度上都是社会实体的一部分，个体与这些社会实体的关系越紧密，他们的行为就越多地受到群体规范影响。这样格—群理论的两个维度一个代表个体化（individuation），一个代表社会合作（social incorporation）。"格"是个体在互动中需要屈从的一系列规制，格越弱，个体受到的约束越少；格越强，则表明个体处于高度控制的社会环境下，社会地位和社会互动都被制度化的等级体系所设定。"群"是个体在社会合作过程中的群体界限，群越弱，个体受到群体规范的影响越小，越强，个体越易被其所属群体的成员身份所限定。在此基础上，道格拉斯提出了四种类型的宇宙观（cosmology），用其表征社会环境的四种极端情形（见图4.2）。道格拉斯认为通过格和群这两个具有社会性的维度可以抓住社会个体的本质，进而用一个统一的框架和分类图式来处理文化的多样性。

但是这一有关社会环境的分类图式受到两个方面的诘问，第一，格和群两个维度的设定是连续的还是二分的（continuous or dichotomous）；第二，在四个象限之外是否还存在着其他类型？对此，道格拉斯和其他研究者对这一文化分类图式进行了多次修正。第一种修正将格和群看作是由低到高、由弱到强的二分体系，由此交互产生四种文化类型。第二种修正将格和群看作是从0到无穷的连续，四种类型分别代表社会环境的极端情形。第三种修正由汤普森完成，他将零点放置到了分类图式的中央，在道格拉斯文化类型的基

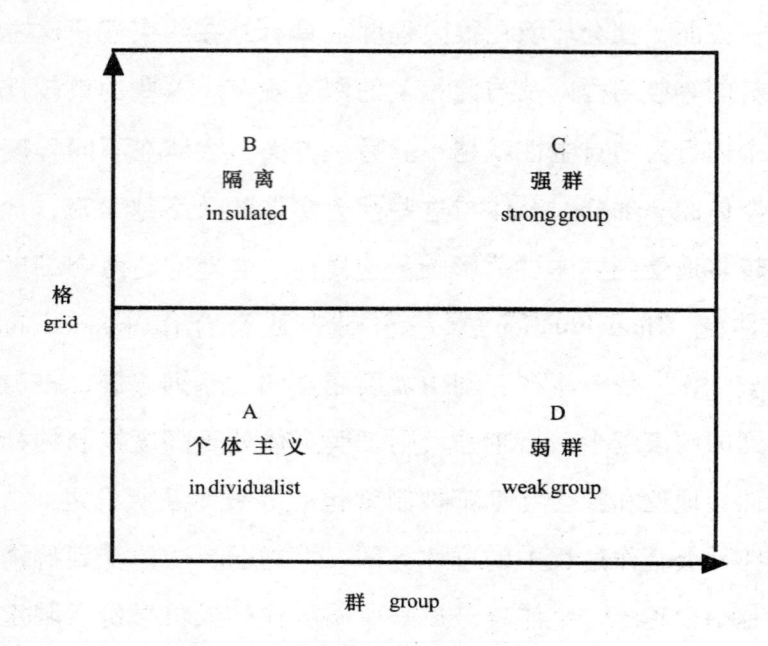

情境与感知：转型期的收入分配与民众公平感

```
            ↑
格 grid     |
            |    B              C
            |    隔离           强群
            |    insulated      strong group
            |─────────────────────────────
            |    A              D
            |    个体主义       弱群
            |    individualist  weak group
            |
            └─────────────────────────────→
                      群 group
```

图 4.2　社会环境的四种类型

础上生成了第五种文化类型（见图 4.3 至图 4.6）。可以看出，格—群图式在道格拉斯及其后继者那里有着不同的变形，并被不断地调整和修订。但就其本质而言，四种文化类型被逐渐定型化，由 A 到 D 分别是个体主义（individualism、individualist、market）、原子化的宿命主义（atomized subordination、insulated、isolates）、等级主义（ascribed hierarchy、hierarchies、hierarchist）和团体主义（factionalism、sects、enclavist）。

类型 A 具有弱群体合作、弱等级控制的特征，群体边界是暂时的，个体相对而言较少受到外在的约束和控制，如同在市场上一样可以自由地与他人交易。这种模式强调在一个竞争的环境中来获取

高格	B 原子化的服从 atomized subordination	C 先赋层级 ascribed hierarchy
低格	A 个体主义 individualism	D 群体主义 factionalism

图4.3 维度二分的文化类型图示

不断增长的格 ↑

孤立　　　　　等级
isolate　　　　hierachies

市场　　　　　派别
markets　　　　sects

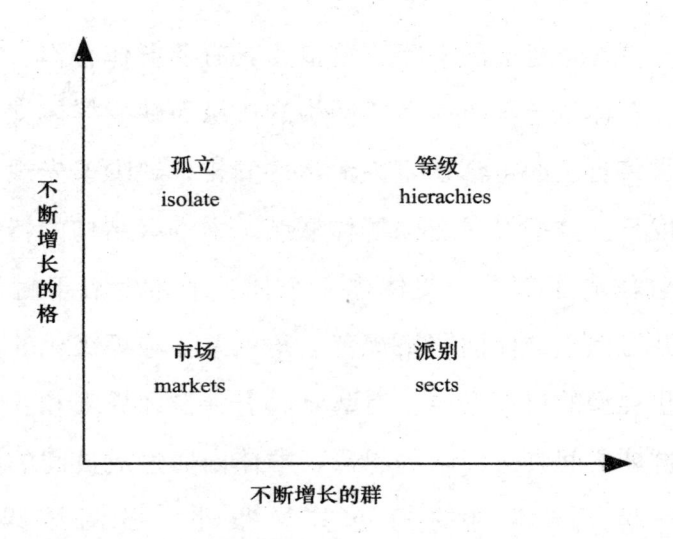

→ 不断增长的群

图4.4 维度连续的文化类型图示

```
                    格+
                     ↑
                     |
        宿命论        |      等级制度
        fatalism     |      hierarchy
                     |
                  ┌──────┐
   群-  ←─────────│ 自治 │─────────→  群+
                  │autonomy│
                  └──────┘
                     |
        个体主义      |      平等主义
     individualism   |    egalitarianism
                     |
                     ↓
                    格-
```

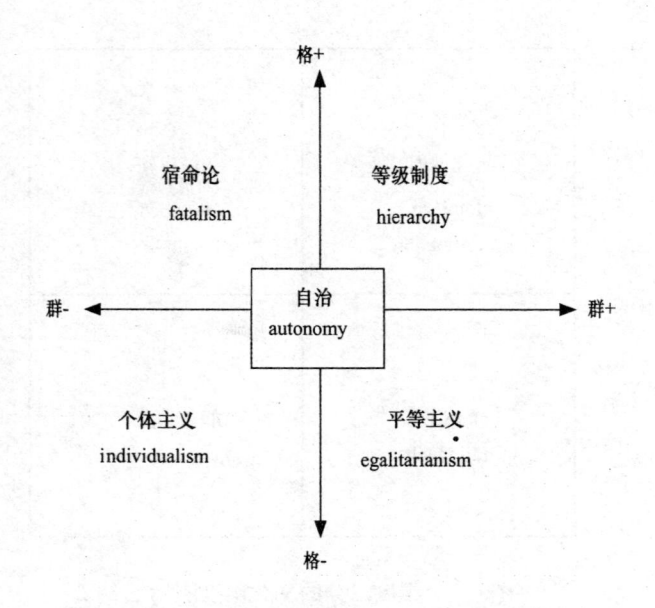

图 4.5　零点居中的文化类型图示

个体收益，更看重机会的平等。类型 B 具有弱群体合作、强等级控制的特征。个体位于等级体系或网络的边缘而缺少群体支持，孤立的个体常常将自己的生活认定为命运的安排，缺少事先规划，只是按照惯性度日。类型 C 具有强群体联结、强等级结构的特征。这种文化强调整体先于部分、集体先于个体，个体生活于封闭的群体中，受制并习惯于群体的严格规范。角色差异和等级化的社会关系是这种文化类型的典型形式。类型 D 具有强群体界限和弱等级规范的特征。群体之间具有清晰的界限，群体内通过成员间的紧密关系联结在一起，群体内的角色差异很小，强调结果的平等（Mamadouh，1999）。

后来者认为，格—群文化图式作为一种静态的分类不能有效应

第四章　兼评总体：宏观分配公平感

	弱群	强群
高格	宿命论 fatalism	先赋论 ascriptivism
低格	经济自由主义 economic liberalism	平等主义 egalitarianism

图 4.6　关于公平的价值偏好

资料来源：M. Douglas, *Risk and Blame*: *Essays in Cultural Theory*, London: Routledge, 1992, p. 178；M. Douglas, *Essays in the Sociology of Perception*, London: Routledge & Kegan Paul, 1982, p. 4.

对文化的变动。同样，仅以四种极端类型代替多元的文化也并不能贴切地反映文化的差异程度。确实，社会事实的复杂性非任何理论抽象所能完全涵盖。在理想类型的意义上，格—群文化理论更多地被认定为一种具有启发性的文化分类参照体系（鲍磊，2008）。威格勒（Wegener）等人在关于收入公平感的研究中，根据道格拉斯的文化分类图示将人们有关收入分配的价值偏好划分为四种类型（见图 4.6），分别是经济自由主义、宿命论、先赋论和平等主义。统计研究结果显示，持有不同价值偏好的群体收入公平感具有显著差异（Wegener and Liebig, 1995；Verwiebe & Wegener, 2006）。

与上述研究相仿，文章借鉴道格拉斯的文化图式，将人们有关收入分配的价值偏好进行分类。在调查问卷中，有一项题器询问受访者"目前社会上有一部分人先富起来了,你认为他们致富的原因主要有哪些"。我们根据受访者对他人致富的归因取向,将其有关收入分配的价值偏好分为四类,即能力主义、平均主义、先赋主义和宿命主义(见表4.11)。

表4.11　　　　　　收入分配的价值偏好分类及测量题器

价值偏好	操作变量(他人先富的归因)
能力主义	自身的致富能力强
	自身的努力拼搏
	教育程度高
平均主义	政府对富人征税过少
	让一部分人先富起来的政策导向
	一些人贪污腐败、侵吞国有/集体资产
先赋主义	家庭背景好
宿命主义	运气好或者风水好

此处仍需进一步解释为何用能力主义替换个体主义、平均主义替换集体主义的做法。首先在理论概念上,个体—集体主义的二分看似清晰实则含混。以个体—集体主义取向解释文化及价值偏好差异的做法非常普遍,个体主义强调人的自主、竞争及成就,集体主义更注重人际和谐和群体团结。从而在有关分配正义的研究中,学者们一般认为集体主义取向者比个体主义取向者更认同均等分配,而个体主义者则更认同分配的差异有别(杨国枢等编,2008:847)。但后来的研究表明,在对集体主义进一步细化的基础上,根据"集体—个体"和"个人—他人"的交互分类,可将集体主义取向扩展为纵向集体主义(vertical collectivism)和横向集体主义

(horizontal collectivism) 两类，而这两类集体主义取向在有关收入分配的偏好上完全不同。纵向集体主义者愿意为了集体的利益而放弃个体利益，而横向集体主义则更重视群体的关系和谐。由此在面对分配改革时，国有企业内的员工表现出两种不同的偏好。持有纵向集体主义的个体为了集体利益和企业效益支持分配改革进而反对平均主义；持有横向集体主义的个体虽然也反对平均主义，但为了组织内的关系和谐更反对根据个人工作业绩分配酬劳的差别化原则（Chen et al.，1997：44 - 70）。其次在对个体主义和集体主义的概念测量上，不同的研究各自为营，不甚明了。不同的研究对于个体主义与集体主义包含哪些内容有很大的差别，如国家、制度、家庭、配偶、工作组织都有涉及；测量题器从一项到多项不一而别，甚至很多是在没有理论概括的基础上通过事后的因子分析来生成和解释（post hoc interpretation）；而所解释的对象也是层次多元，如人们的行为、价值取向以及社会规范等（Schwartz，1990；Chen et al.，1997）。

为了避免概念的不清导致解释的偏差以及考虑到调查数据中所含有的题器，我们采取缩小概念范围的做法。能力主义强调收入分配应该按照个体的能力大小和贡献高低进行差别分配，体现的是收入分配的比例原则（equity）；相反，平均主义者更重视收入结果的无差别分配，体现的是收入分配的平等原则（equality）（Deutsch，1975）。

根据测量题器，我们对能力主义因子和平均主义因子进行了验证性分析（见表4.12），可以看出，所使用变量较好地归聚到了一起，无论是量表的信度系数还是各项题器的信度系数都较为理想，可以用作对相关概念的测量。

表4.12　　　　能力主义和平均主义潜变量的验证性因子分析

	因子负载估值 (λ_i)	残方差 (θ_{ii})	题器信度系数 $\dfrac{\lambda_i^2}{\lambda_i^2+\theta_{ii}}$
能力主义因子，量表信度系数 = 0.753			
致富能力强	0.667	0.555	0.716
努力拼搏	0.703	0.506	0.789
教育程度高	0.759	0.425	0.721
平均主义因子，量表信度系数 = 0.802			
对富人征税过少	0.804	0.354	0.646
让一部分人先富的政策导向	0.752	0.434	0.566
一些人贪污腐败、侵吞国有/集体资产	0.717	0.486	0.514

4. 对未来收入预期的测量

未来预期是对未实现之状态的主观判断，既包含对欲求之物可能发生的积极预期也包含对非欲求之物可能发生的消极预判。以往研究强调，未来期望（预期）虽然是无法被直接观察到的主观心理状态，但却是人们行为的重要微观基础，在很多时候成为主体行为得以发生的内在原因。"因为即使是内省也能让我们认识到其真实存在性，尽管我们周围个体的行动和运转方式都是不透明的，但是，把他人理解成通过心理状态导致行动的客体，这样就能够预测别人的行动。"（赫斯特罗姆，2010：42-43）在这个意义上，经济学中大量关于理性预期、消费预期等主题的研究才得以可行和具有现实意义。当然，预期除了影响人们的行为方式，自然也会对主观感受和价值取向产生积极或消极的效应。一项关于城镇居民主观幸福感的研究中，作者通过调查数据发现民众对收入状况等因素的未来预期显著地影响着其幸福感程度，那些预期未来收入会提升的个体主观幸福感更强（李磊、刘斌，2012；刘成奎、刘彻，2018）。

赫希曼在关于收入差距的分析中，一再论及希望因子（hope factor）对人们容忍度的影响。他引述梅尔文（Melvin）等人关于波多黎各社会阶级和社会变迁的研究结果：20世纪中叶的波多黎各在经济社会发展的很多方面都不尽如人意，普通民众也都意识到普遍存在的收入不平等状况，但他们却对未来发展充满希望，在主观上暂时忽略了时下的收入差距，这也在很大程度上使得整个社会保持了稳定（Hirschman and Rothschild，1973）。这些现象在一定意义上解释了人们对未来的美好希望能够消减由于收入差距所带来的不公平感，并成为收入较低阶层容忍度形成的重要心理基础。

事实上，在中国的改革发展进程中亦有相似的倾向。有研究通过统计调查数据表明，改革以来中国的收入不平等状况呈现一种U形的趋势。其中以20世纪90年代中期为分界，由于经济体制转轨和公有制企业改制等剧烈的社会变革，使得收入不平等变得强烈起来（陈光金，2010）。但是同期另外一项针对中国城镇居民社会态度的问卷调查结果显示，约有80%的民众对未来持有积极的预期；在对贫富差距是否公平的主观判断上，只有2%的民众认为收入差距是不公平的。① 这些结果在很大程度上解释了经济快速发展的初

---

① 该项调查是由中国社会科学院李汉林研究员于1996年组织实施的。样本量为4000，范围涉及全国20个城市，每个城市抽取200名受访者，依此推论中国城镇居民的行为方式和社会态度。

期阶段，即使收入差距开始拉大，但是人们对未来生活改善的期望仍然较为强烈，且能够容忍收入差距的拉大。

我们研究中所强调的未来预期主要指民众对未来收入状况改善程度的期望。在问卷中有一项题器询问受访者"你感觉在5年后生活水平将会如何变化"，答案分为"上升很多""略有上升""没变化""略有下降"和"下降很多"。虽然生活水平并非完全指经济收入，但在一般的理解范畴和实际生活中，人们的收入水平在很大程度上决定着其生活水平，从而可将这项题器用作对收入预期的测量。

（二）结构层次变量的测量

前文在理论分析的基础上，将市场转型界定为影响人们收入不公平感变化的主要结构因素。对市场化的测量在以往研究中已经做了许多尝试，大致而言，主要将中国的市场化看作是一个具有区域差异的渐进过程，即中国的市场改革无论是在制度设计还是结果表现上并非整齐划一。①

---

① 不少研究者质疑以西方自由化市场为标杆的经济转轨论，强调一个国家的具体政治和社会环境对于形塑经济体制的意义，正如史正富所强调的"没有任何理论或经验的事实表明，中国的市场经济是一个过渡的，最终让位于所谓欧美的经典市场经济的制度"。（参见史正富，2014）为了更好地辨析经济转型与经济转轨这两个概念之间的关系，有研究者认为经济转型（economic transformation）和经济转轨（economic transition）之间既有联系也有差异，就差异而言，后者表明经济的发展处于一种向某种既定的理想状态转变的过程，如从计划经济体制向市场经济体制的转轨，并认为市场经济是计划经济所要转向的最终也是最理想状态；前者则强调经济转变的过程，并没有一个预先设定的参照系，更没有预设一个最终状态（参见邹至庄，2005）。

在有关收入不平等的研究中,较早对区域差异给予关注并进行实证测量的是谢宇和韩怡梅对中国城镇居民收入状况的分析(边燕杰等编,2002:460-508)。他们强调,以往关于中国经济改革的研究大多通过区域性的资料来反映整体的面貌,在一定意义上犯了简化论的错误。因为中国的经济发展程度具有明显的区域差异格局,不仅自然资源、人力资源等因素决定了不同地域的经济活动,而且中国的经济改革是分地区施行的,从而地区差异性应被纳入到对中国民众收入不平等的研究之中。对此,谢宇和韩怡梅使用工业总产值的变化来测量地区的经济增长和市场化发展程度。可以说,这项研究的很多有益尝试成为社会学领域众多有关收入不平等研究的基础,但其仍然有许多改进的余地。第一,经济发展和市场化程度虽然高度相关,但就实质而言,其具有不同的意涵。前者主要表现为以资源投入、技术进步为特征的工业化进程,本质上可看作是现代化的转型;而后者主要是由国家主导的制度变迁,且除了带来经济的增长(并不必然),同时伴随着市场价值和规范的渗透,本质上可以看作是市场化转型(郝大海、李路路,2006;梁玉成,2007;波兰尼,2007;桑德尔,2012)。第二,将工业总产值作为经济增长的测量指标又作为衡量区域市场化差异的依据有同义反复之嫌。因为在中国,市场化改革在很大程度上是经济增长的促生手段,而经济增长是市场化改革的众多结果中较为显现的特征之一,两者既相关又具有差异,在理论和测量上需要更为清晰的界定(Szelenyi and Kostello,1996)。

关于中国市场化水平的测量,由樊纲等人所构建的市场化指数被多人使用。这项指数依据多项繁杂的指标进行构建，包括了市场改革的主要方面，如政府与市场关系、非国有经济发展、产品市场发育、要素市场发育、市场中介组织发育、法律制度环境等。但对于我们的研究而言，由于该指数只报告了省级层次的市场化水平从而难以贴近分析的需要。同样是在区域差异与收入不平等的研究中，郝大海和李路路采用其他经济成分的职工人数占全体职工人数的比例来界定不同区域的市场化水平，并发现如此测量的市场化水平与樊纲等人所构建的市场化指数具有高度的相关性，相关系数达到了0.86（郝大海、李路路，2006）。贺光烨、吴晓刚的研究则发现私营部门雇佣比能够较好地测量地区的市场化水平（贺光烨、吴晓刚，2015）。与上述采用单一指标的测量不同，梁玉成通过因子分析将私有经济职工人数比、国有工业占工业总产值比例以及城市失业率等几项指标作为市场化因子的衡量指标。可以看出，这些研究放弃了使用庞杂的指标来衡量市场化程度的做法，转而通过较为简化的形式力图从某些主要维度来刻画市场化水平的区域差异。无论是使用单一指标还是几项指标所生成的因子，其中私有经济职工人数或私营部门雇佣比是为研究者所共同使用的主要指标。这种做法的优点在于可以依据某些全国性的统计资料将衡量市场化水平的数据与调查数据配套使用，在不失去主要信息的前提下保证了研究的可行性。

与"市场化"在理论界定和测量方面的分歧相比，经济发展水平的概念要清晰很多，这也使得测量起来较为简便。无论是全国性的统计数据还是地方政府的年度统计公报都会对辖区内的地区生产总值和人均生产总值进行报告。即使人们对政府唯 GDP 的经济发展模式多有诟病，在忽略价值争论和生成要素的前提下，仅从结果而言，这项指标仍可以较好地展现地区的经济发展状况。

CSS2006 调查数据包含 29 个省（直辖市、自治区），101 个地级市（区）。但应该注意到的是，在市场化程度和经济发展水平上，各省（自治区）下属的不同区域往往也具有较强的差异性。为了更加准确地反映区域差异，我们以市级城市为单位。用以测量地区市场化程度和经济发展水平的客观数据来自于《中国区域经济统计年鉴（2007）》，该年鉴报告了 2006 年地级城市的相关经济指标，调查数据与年鉴数据之间在地级市层次较为契合。测量所选取的指标包括人均地区生产总值、各类型单位就业人数、规模以上企业中港澳台和外商投资企业工业产值比重、第三产业就业人数比，其中北京、上海、天津和重庆四个直辖市采用的是全市数据。① 在此基础上，我们用人均地区生产总值测量经济发展水平；通过因子分析用非国有集体企业就业人数比、规模以上港澳台和外商投资企业工业产值比重、第三产业就业人数比生成市场化因子。②

表 4.13 列出了两个指标排名前十的城市和省份。可见，就经济发展程度而言，上海、广州和杭州位居前列；而在市场化程度上仍

---

① 在计算经济发展水平和市场化程度时，有些指标在某些地区由于未被统计出现了缺失。西安市、延安市和毕节地区缺失了规模以上企业中港澳台和外商投资企业工业产值比，德宏傣族自治州、临沧地区、昭通地区、阿坝和广元市缺失了非国有集体企业就业人数比，临沧和昭通地区缺失了第三产业就业人数比。

② 非国有集体企业就业人数比、规模以上企业中港澳台和外商投资企业工业产值比、第三产业就业人数比在市场化因子上的载荷系数分别是 0.76、0.81、0.83，特征值为 1.93，解释了所有变量 64% 的方差。

然是上海排名第一，依次是北京和广州。经济发展程度和市场化水平的相关分析结果显示，二者之间高度相关（相关系数为 0.84）。而我们所生成的市场化指数与樊纲等人以省级为单位的市场化指数之间亦具有较高的相关性，相关系数为 0.57。

表 4.13　经济发展程度和市场化程度排名前十的城市和省份①

地级市层次				省级层次			
人均地区生产总值		市场化指数		人均地区生产总值		市场化指数（樊纲指数）	
城市名称	数值（元）	城市名称	数值	省份名称	数值（元）	省份名称	数值
上海市	75990	上海市	1.93	上海	57695	浙江	10.80
广州市	63100	北京市	1.71	北京	50467	上海	10.79
杭州市	51878	广州市	1.62	天津	41163	广东	10.55
宁波市	51460	大连市	1.39	浙江	31874	北京	9.96
北京市	50467	天津市	0.81	江苏	28814	江苏	9.80
佛山市	50232	金华市	0.81	广东	28814	天津	9.18
大连市	42579	杭州市	0.61	辽宁	21788	福建	9.17
包头市	41334	江门市	0.51	福建	21471	辽宁	8.18
天津市	41163	宁波市	0.50	内蒙古	20053	重庆	8.09
绍兴市	38540	武汉市	0.27	河北	16962	安徽	7.29

表 4.14　不同层级经济发展水平与市场化指数间的相关矩阵

	城市市场化指数	城市经济发展水平	省级市场化程度	省级经济发展水平
城市市场化指数	1.000			
城市经济发展水平	0.835***	1.000		
省级市场化程度	0.571***	0.554***	1.000	
省级经济发展水平	0.715***	0.738***	0.792***	1.000

注：*** 表示 $p < 0.001$。

---

① 表中排名为调查所涉城市和省份，并非全国所有城市和省份间的比较，其中城市的市场化排名依据的是我们所构建的市场化因子，省级层次的排名依据的是樊纲等人所构建的市场化指数。

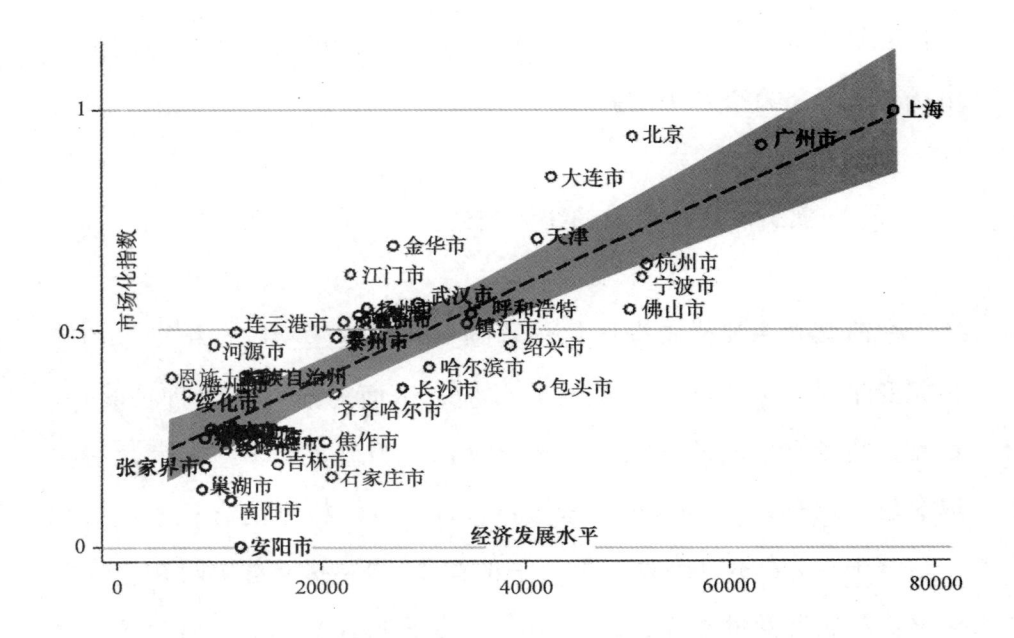

图 4.7 市场化水平与经济发展程度的关系散点图

可以看出，由于不同地域的自然禀赋、制度环境等多方面因素的差异，使得广袤的中国在市场化水平上呈现出显著的区域差异特性。同时，由于中国的市场化与经济发展水平呈现出较高的一致性，从而经济发展状况的差异亦在很大程度上体现出了市场化水平的高低。在统计上，市场化水平与经济发展水平具有较高的相关性，为此，在下文的分析中，将其合而为一，生成市场—经济因子。[①] 这样

---

① 非国有集体企业就业人数比、规模以上企业中港澳台和外商投资企业工业产值比、第三产业就业人数比、人均 GDP 在市场—经济因子上的载荷系数分别是 0.71、0.82、0.84、0.92，特征值为 2.75，解释了所有变量 69% 的方差。由于自动生成的因子数值具有负值，较难解释，从而我们对因子得分进行了转化，即减去最小值再除以最大值和最小值之差，新生成的指数在 0—1 之间，数值越高表明市场—经济发展水平越高。

不仅能够避免二者的交互效应影响，而且也能同时体现出不同地区市场化和经济发展水平的差异。

（三）模型设定和变量的统计描述

在前文对主要概念操作化的基础上，我们建立统计模型以检验相关变量对收入不公平感的影响效应，进而对研究假设进行验证。首先，将社会取向的收入不公平感操作化为公平和不公平的二分虚拟变量，选择二元 logit 模型来进行统计估计。模型的方程表达式如下，其中，p_i 表示自感收入不公平的概率，$1-p_i$ 为自感收入公平的概率。X 是自变量矩阵，α 是截距，β 是回归系数向量，衡量了自变量对因变量的净效应。

$$\log(\frac{p_i}{1-p_i}) = a + \beta X$$

为了对结构效应进行估计，在上述基础上，我们建立多层分析模型（HLM）。[①] 其中 Y_{ij} 表示 j 市 i 个体的不公平感[②]，β_{0j} 代表截距，

[①] 此处需要指出的是，stata 统计软件提供了多层非线性模型的计算程序，如对二分因变量的计算可使用 xtmelogit 命令程序，但我们在进行模型估算的过程中发现，这一命令尚有缺陷。表现为在对二层（非线性）随机截距和随机斜率模型估算的过程中当交互项过多时难以迭代和输出统计结果。为了应对这种问题和对数据进行分析，只能退而求其次，将因变量进行线性转换，进而使用多层线性模型。

[②] 调查数据中，人们的收入不公平感被划分为从很不公平到很公平四个层级，为了将序次变量（ordinal variable）转换为标准正态变量（standard normal variable），我们构建了一个 stata 程序（o2n）用于变量的正态标准化转换。这种转换是基于以下思想：如果将受访者在某项题器上的回答比例假设为正态分布基础上的概率分布，那么（转下页）

ε_{ij} 是个体层次的随机变量，$\mu_{0j} - \mu_{12j}$ 是未被观察到或无法观察到的城市层次的随机变量。在模型设定的基础上，研究所使用的主要变量如表 4.15 所示。

第一层（个体层次）：

$$Y_{ij} = \beta_{0j} + \beta_{1j}Sex_{ij} + \beta_{2j}Age_{ij} + \beta_{3j}Age_{ij}^2 + \beta_{4j}Schooling_{ij} +$$
$$\beta_{5j}Income_{ij} + \beta_{6j}His-comparasion_{ij} + \beta_{7j}Liberalism_{ij} +$$
$$\beta_{8j}Egalitarianism_{ij} + \beta_{9j}Ascriptivism_{ij} + \beta_{10j}Fatalism_{ij} +$$
$$\beta_{11j}Opportunity_{ij} + \beta_{12j}Outcome_{ij} + \beta_{13j}Expacatiom_{ij} + \varepsilon_{ij}$$

第二层（城市层次）：

$$\beta_{0j} = \gamma_{00} + \gamma_{01}Mar-Eco_j + \mu_{0j}$$
$$\beta_{1j} = \gamma_{10}$$

（接上页）根据正态分布公式，$normal(z) = p = \int_{-\infty}^{z} \frac{1}{\sqrt{2\Pi}} e^{-x^2/2} dx$，求其逆函数便可得知每项属性回答比例在正态分布上的标准值。然后我们假设以 $0.1/N$（N 表示样本量）作为无限小的数，求得的标准值表示正态分布的低端阈限值；以 $(N-0.1)/N$ 作为无限大的接近于 1 的数，求得的标准值表示正态分布的高端阈限值，那么就可以构成一个具有阈限区间的正态分布。在此基础上将序次变量的类别假定为是变量在正态分布基础上的某种分类，那么阈限之间的区间所代表的意义便可以看作是正态值与累计标准正态分布概率之间的比值，这一比值进一步可看作是区间"面积"在正态曲线上的映射，从而具有了标准正态变量的意义。如我们以很不公平（调查数据中赋值为1）与较不公平（调查数据中赋值为2）所代表的阈限区间为例，首先将其转换为标准值 z1 和 z2，那么 z1 和 z2 在正态曲线上的分值及 z1 和 z2 累计标准正态分布的概率可分别用公式表示为：$f(x) = \frac{1}{\sqrt{2\pi}} e^{-x^2/2}$，$p(x) = \int_{-\infty}^{z} \frac{1}{\sqrt{2\pi}} e^{-x^2/2} dx$，这样，z1 和 z2 之间的阈限区间所代表的标准正态意义可表示为 $[f(z_1) - f(z_2)]/[p(z_2) - p(z_1)]$。这一做法在借鉴 Kolenikov 和 Angeles 关于多序类相关（polychoric）的基础上由中国社会科学院社会学所夏传玲研究员编写了专门的计算程序（参见 Kolenikov, 2004；张彦等，2015）。

$$\beta_{2j} = \gamma_{20}$$
$$\beta_{3j} = \gamma_{30}$$
$$\beta_{4j} = \gamma_{40}$$
$$\beta_{5j} = \gamma_{50}$$
$$\beta_{6j} = \gamma_{60} + \gamma_{61} Mar-Eco_j + \mu_{6j}$$
$$\beta_{7j} = \gamma_{70} + \gamma_{71} Mar-Eco_j + \mu_{7j}$$
$$\beta_{8j} = \gamma_{80} + \gamma_{81} Mar-Eco_j + \mu_{8j}$$
$$\beta_{9j} = \gamma_{90} + \gamma_{91} Mar-Eco_j + \mu_{9j}$$
$$\beta_{10j} = \gamma_{100} + \gamma_{101} Mar-Eco_j + \mu_{10j}$$
$$\beta_{11j} = \gamma_{110} + \gamma_{111} Mar-Eco_j + \mu_{11j}$$
$$\beta_{12j} = \gamma_{120} + \gamma_{121} Mar-Eco_j + \mu_{12j}$$
$$\beta_{13j} = \gamma_{130} + \gamma_{131} Mar-Eco_j + \mu_{13j}$$

表4.15　　研究变量的描述性统计

变量	样本量	均值	标准差	最小值	最大值
收入不公平感（转换后）	3389	−0.10	0.84	−2.38	1.34
年龄	3573	43.48	13.08	18	69
年龄平方	3573	2061.89	1172.18	324	4716
受教育年限①	3570	10.00	3.92	1	17
工作收入的对数	1867	6.78	0.88	3.40	10.31
市场—经济因子	2977	0.42	0.26	0	1
结果比较因子	3535	9.62e−09	1	−0.82	3.41
机会比较因子	3573	2.91e−09	1	−1.93	1.49
能力主义因子	3573	1.32e−08	1	−1.68	1.20
平均主义因子	3573	−9.23e−09	1	−0.98	1.91

① 对于受教育年限的计算，我们根据 mincer 的做法，从受教育程度推算出受教育年限。受教育程度少于三年计算为1，三年以上但未完成小学教育为4，完成小学教育为6，完成初中教育为9，完成高中教育为12，完成中专教育为13，完成大专教育为15，完成大学和研究生教育为17（参见 Mincer, 1974: 48）。

续表

变量	样本量	均值	标准差	最小值	最大值
收入不公平感（二分）	3145	分类变量：0=公平，1=不公平			
性别	3389	分类变量：0=男性，1=女性			
历史比较	3374	定序变量：0=收入未提升，1=收入提升			
先赋主义	3389	分类变量：0=非先赋主义，1=先赋主义			
宿命主义	3389	分类变量：0=非宿命主义，1=宿命主义			
未来预期	2749	定序变量：0=收入不会增加，1=收入会增加			

七 结果与讨论

表4.16是以社会取向的收入不公平感为因变量的logistic回归统计结果。模型1-1为基准模型，包含的自变量为性别、年龄、年龄平方、受教育程度和工作收入，这些变量也是对相关假设机制进行检验的控制变量。结果显示，在控制相关个体属性特征的基础上，工作收入（取对数）对因变量具有显著影响效应，收入水平越高，自感不公平的概率越低；但在引入有关变量后，影响效应不再显著。这一结果部分支持了地位结构论的观点。地位结构论强调，个体都是理性的，人们具有维护自身利益所得正当性的价值偏好。那些处于优势地位的群体更倾向于认为收入差距是公平的，进而希望维持现有的收入分配结构以使得自身的优势地位得以维系和利益最大化（Robinson and Bell，1978；Kelley and Evans，1993；田芊、刘欣，2019）。回到前文的统计发现——经济地位高低并非不公平感强弱的充分条件，那么此处经济地位的"部分显著效应"该如何解释？

表4.16　　收入不公平感的logistic回归模型参数估计结果

	模型1-1 B/t	模型1-2 B/t	模型1-3 B/t	模型1-4 B/t	模型1-5 B/t	模型1-6 B/t
性别（以男性为参照）	-0.192† (-1.86)	-0.185† (-1.78)	-0.166 (-1.57)	-0.097 (-0.81)	-0.116 (-1.02)	-0.066 (-0.50)
年龄	0.075* (2.32)	0.059† (1.80)	0.068* (2.04)	0.063† (1.67)	0.067† (1.89)	0.048 (1.18)
年龄平方	-0.001** (-2.26)	-0.001† (-1.81)	-0.001* (-2.03)	-0.001 (-1.56)	-0.001† (-1.89)	-0.001 (-1.15)
教育程度	0.044** (2.77)	0.044** (2.72)	0.034* (2.08)	0.038* (2.06)	0.030† (1.69)	0.022 (1.06)
工作收入的对数	-0.203** (-3.04)	-0.160* (-2.36)	-0.180** (-2.65)	-0.018 (-0.22)	-0.122† (-1.66)	0.012 (0.13)
历史比较（以收入未增加为参照）		-0.407*** (-3.80)				-0.082 (-0.36)
能力主义			-0.260*** (-4.57)			-0.221** (-3.20)
平均主义			0.379*** (6.60)			0.289*** (4.12)
先赋主义			0.369*** (3.38)			0.306* (2.27)
宿命主义			-0.046 (-0.39)			0.058 (0.39)
机会横向比较				-0.818*** (-12.39)		-0.765*** (-10.51)
结果横向比较				-0.256*** (-4.27)		-0.158* (-2.29)
未来预期（以收入不会增加为参照）					-0.467*** (-3.91)	-0.031 (-0.14)
截距	0.040 (0.05)	0.361 (0.48)	-0.031 (-0.04)	-0.866 (-0.99)	0.082 (0.10)	-0.613 (-0.62)
样本量	1759	1751	1759	1540	1452	1293
Pseudo R^2	0.76%	1.36%	3.97%	11.39%	1.28%	12.99%

注：† 表示 $p<0.1$，* 表示 $p<0.05$，** 表示 $p<0.01$，*** 表示 $p<0.001$。

事实上，这种与前文事实发现部分看似相悖的结果在内在机制上并不矛盾。收入水平的边际影响只有在控制受访者属性特征（性别、年龄、教育程度）一样的条件下，才对不公平感的独立效应具有显著性。同时还可以看到，当引入相对比较机制的操作变量后，收入水平的显著性消失了，而这表明收入水平高低主要是通过中介因素（mediators）进而影响收入不公平感的（见图4.8）。从而，看似部分显著的影响效应恰恰意味着绝对收入自身对收入不公平感的强弱不具有决定性作用。

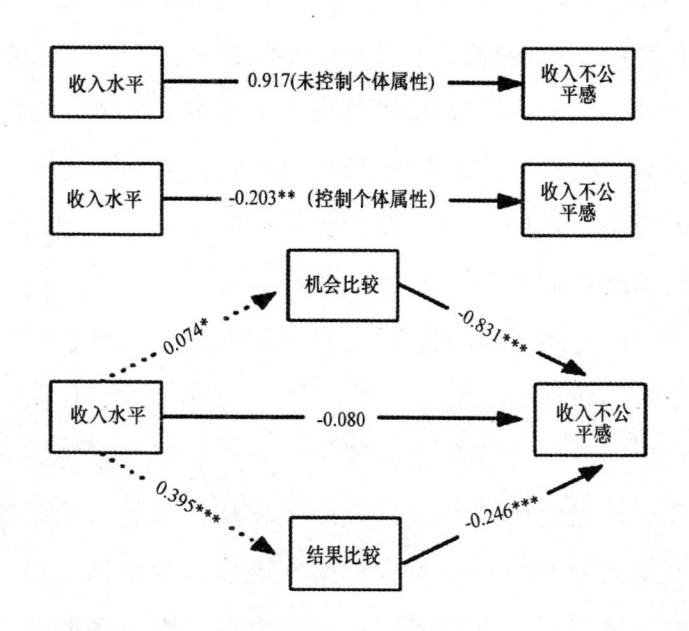

图4.8　收入水平与收入不公平感的关系效应①

---

① 对中介效应的分析在stata软件中可使用binary_ mediation命令进行统计。

年龄与收入不公平感之间呈"倒 U 形"的曲线关系，即从 18 岁开始，随着受访者年龄的增长，自感收入差距不公平的概率增加。到了一定岁数之后，不公平感又开始下降。相比于年轻人和老年人，中年人对收入差距持有更为强烈的不公平感。[1] 受教育程度的影响效应表明，在控制其他变量的基础上，受访者的受教育程度越高，自感收入差距不公平的概率越高，这一结果与以往相关研究的结论较为一致。如果将教育程度视为社会经济地位的重要维度，那么显然有悖于地位结构论的观点。该如何解释受教育程度对收入不公平感的正向效应？有研究提出，与自利性不同，接受教育所具有的社会化功能，使得较高受教育程度的群体由于知识的积累和见闻的增长对社会的收入不平等状况有更多了解。此外，在接受教育过程中所养成的批判意识使得他们在面对收入差距时更易于表现出难以容忍的态度。再加之中国教育所传达的集体主义理念，使得受教育程度越高的群体对收入公平以及对弱者关心的意识内化更为深入，从而对收入差距的批判意识也就更加强烈（怀默霆，2009；李骏、吴晓刚，2012）。

可以看出，这种对教育程度与收入不公平感间正向关系的逻辑解释落脚在了社会化机制上。教育程度较高者对收入差距持有负向的主观态度是因为他们对收入分配抱有更强烈的集体意识，以及对收入差距持有更强烈的批判意识。但如果缺少进一步的分析，这一关系有可能存在着虚假相关。为了验证不同教育程度群体的集体意

---

[1] 根据计算，年龄与收入不公平感之间关系的转折点为 48 岁左右，这一转折的年龄区间在 95% 的置信度下为 [42.25，54.74]。

识和批判意识是否具有显著差异,此处通过调查问卷中的相关题器进行检验。调查数据中有以下两项题器可资使用,其一询问受访者"努力为社会做出较大贡献"是否符合自身的价值认知;其二询问受访者是否同意"许多人都去抢购的东西,大多都是值得购买的"观点。我们认为倾向于为社会做出贡献的个体应具有更为强烈的集体意识,而不从众者的批判意识应更为强烈。也就是说,如果不同教育程度群体在这两项态度上有着明显区别,那么转而可以支持上述有关教育社会化机制的论点。方差分析的多重比较结果显示(见表4.17),受教育程度越高的群体的集体意识和批判意识确实更为强烈,这也在一定程度上佐证了上述从社会化视角论证教育程度与收入不公平感间关系的论点。

表4.17　不同受教育程度群体有关集体意识和批判意识的多重比较结果

	教育程度与为社会做贡献				教育程度与从众		
	很不符合	不大符合	比较符合		很不同意	不大同意	比较同意
不大符合	0.291 (0.966)			不大同意	−0.764** (0.002)		
比较符合	1.173 (0.192)	0.882** (0.001)		比较同意	−1.901*** (0.000)	−1.137*** (0.000)	
很符合	1.848* (0.010)	1.557*** (0.000)	0.675*** (0.000)	很同意	−2.519*** (0.000)	−1.755*** (0.000)	−0.618*** (0.000)
	$F=17.77$, $sig.=0.000$				$F=34.87$, $sig.=0.000$		

注:*表示$p<0.05$,**表示$p<0.01$,***表示$p<0.001$;()表示中为显著度;教育程度为受访者受教育年限。

（一）对历史比较假设的检验

模型1-2是对历史比较假设的检验，结果显示，在控制变量的基础上，认为收入水平与以往相比提升的受访者，自感收入分配不公平的概率显著降低。但在模型1-6的统计中，引入其他机制变量后，收入状况的历史比较不再具有显著影响效应，从而假设1得到了部分验证。事实上，收入分配的影响结果不仅表现为收入水平的变化，而且也在一定程度上显化为不同收入阶层经济地位的变动（胡棋智、王朝明，2009；Roth et al.，2017）。为了进一步探讨民众收入地位的相对变动，接下来，将对受访者收入地位的代内流动黏性程度（intra-generation elasticity）进行分析。这不仅能反映出收入状况的历史变动，也可在一定程度上反映出收入不平等的代内流动情况。

表4.18是不同年龄群体初始工作收入地位与当下工作收入地位的转换矩阵，通过这一矩阵可以较为直观地看到不同群体在代内的收入变动状况（向上流动、向下流动或地位不变）。在此基础上，可以计算出不同年龄群体收入地位的移动（见表4.19、表4.20）。需要强调的是，对于初始地位处于顶层的民众而言，不存在向上流动，而对于初始地位处于底层的民众来说，不存在向下流动。

表4.18　不同年龄群体初始收入地位与当下收入地位的转换矩阵①

		当下收入（全样本）						当下收入（18—35岁）				
		1	2	3	4	5		1	2	3	4	5
初始收入	1	0.41	0.26	0.12	0.14	0.07	初始收入	1	0.44	0.17	0.20	0.09	0.09
	2	0.24	0.24	0.19	0.18	0.16		2	0.34	0.21	0.24	0.16	0.06
	3	0.15	0.23	0.18	0.22	0.21		3	0.23	0.26	0.29	0.09	0.12
	4	0.11	0.28	0.20	0.21	0.19		4	0.06	0.21	0.37	0.19	0.16
	5	0.03	0.14	0.22	0.28	0.32		5	0.01	0.04	0.19	0.26	0.50
		当下收入（36—45岁）						当下收入（46—60岁）				
		1	2	3	4	5		1	2	3	4	5
初始收入	1	0.45	0.16	0.14	0.16	0.11	初始收入	1	0.45	0.19	0.14	0.13	0.09
	2	0.28	0.19	0.24	0.18	0.10		2	0.26	0.28	0.15	0.20	0.11
	3	0.17	0.17	0.18	0.20	0.28		3	0.28	0.22	0.15	0.17	0.19
	4	0.18	0.19	0.24	0.19	0.21		4	0.16	0.20	0.20	0.22	0.21
	5	0.09	0.20	0.27	0.19	0.24		5	0.06	0.15	0.19	0.32	0.28

注：由1到5表示收入地位层级由低到高；分析数据只考虑有工作的受访者。

表4.19　基于五分位转换矩阵计算的收入地位间移动

		各年龄段流动分析		
	初始五分位	18—35岁	36—45岁	46—60岁
向上流动	所有	1.39	1.76	1.58
	顶层	—	—	—
	第四层	0.16	0.21	0.21
	第三层	0.21	0.48	0.36
	第二层	0.46	0.52	0.46
	底层	0.56	0.55	0.55
	初始五分位	18—35岁	36—45岁	46—60岁
不流动	所有	1.63	1.25	1.38
	顶层	0.50	0.24	0.28
	第四层	0.19	0.19	0.22
	第三层	0.29	0.18	0.15
	第二层	0.21	0.19	0.28
	底层	0.44	0.45	0.45

① 收入地位的划分依据受访者收入水平的高低等分为五个层级。

续表

	各年龄段流动分析			
	初始五分位	18—35岁	36—45岁	46—60岁
向下流动	所有	1.97	1.99	2.04
	顶层	0.50	0.76	0.72
	第四层	0.64	0.61	0.56
	第三层	0.49	0.34	0.50
	第二层	0.34	0.28	0.26
	底层	—	—	—

表4.20　各年龄群体流动性水平与收入地位动态演化状况

		18—35岁	36—45岁	46—60岁
流动性水平	总惯性	1.63	1.25	1.38
	顶层惯性	0.50	0.24	0.28
	第四层惯性	0.19	0.19	0.22
	第三层惯性	0.29	0.18	0.15
	第二层惯性	0.21	0.19	0.28
	底层惯性	0.44	0.45	0.45
收入地位演变	总体向上向下流动比	0.71	0.88	0.77
	顶层在向下流动中占比	0.25	0.23	0.35
	第四层向上/向下流动比率	0.25	0.34	0.38
	第三层向上/向下流动比率	0.43	1.41	0.72
	第二层向上/向下流动比率	1.35	1.86	1.77
	底层在向上流动中占比	0.40	0.31	0.35

通过统计可以看到如下特征：第一，流动水平以36—45岁群体最高，惯性率为0.25（1.25/5），而18—35岁群体的流动水平最低，惯性率为0.33，这可能一方面与不同年龄群体的工作年限长短有关，另一方面则可能反映出了不同年龄群体改变收入地位的能力差异。第二，从各层流动性水平来看，底层的流动性最低，各年龄群体的平均惯性为0.45，这主要是因为他们只能向上流动；中间层

级的流动性最高，主要是因为这部分群体可同时在向上或向下两个方向发生流动。第三，就所有民众而言，向上/向下流动比率在各个年龄群体中的均值为0.79，且波动性较小，样本数据所反映的状况在一定程度上表明，居民的收入流动性在总体上不利于多数人经济地位提升。第四，就我们常言的中等收入阶层而言，第三层级向上流动的比率因年龄差异呈现出较大的波动性，总体上不利于其地位的巩固，也在一定程度上说明我们当下的收入中间阶层仍然处于较大的变动之中。第五，处于中下层级（第二层级）的群体是收入地位变动最为活跃的群体，他们向上/向下的平均流动比率达到了1.66，也就是说这一层级中多数群体可以实现经济地位的提升；同时，最底层群体向上流动的平均占比为0.35，表明不少底层民众在经济发展的过程中亦实现了经济地位的上移。这些下层群体收入地位的提升对缓解不同层级由于收入差距而产生的结构性紧张具有重要意义。

（二）对价值偏好假设的检验

模型1-3是对价值偏好假设的检验，结果显示，在四种类型的价值偏好中，有三项具有统计上的显著性。就能力主义取向而言，将他人致富归因为自身能力和努力的受访者对收入差距表现出更为容忍的态度；在平均主义价值观上，认为部分人先富是由于政府制度或部分人的不法行为所致的受访者表现出更强烈的不公平感；而那些将他人先富归因为先赋因素的受访者同样表现出较为强烈的不公平感。这一结果较好地证实了假设 2a，即人们关于收入分配的价值偏好影响着其对收入分配是否公平的主观判断。

同时也应该看到，人们的收入分配偏好呈现出混合形态，即能力主义、平均主义和先赋主义共同构成了民众对收入差距形成的归因认知。事实上，这一结果与以往相关研究的结论较为一致。孙明在《市场转型与民众的分配公平观》一文中发现，在市场转型的背景下，中国民众关于收入分配的价值观形成了能力主义和平均主义并存的局面。与社会地位较高者相比，平均主义的分配观在底层群体中占据着主导地位。这种对收入分配的不同价值偏好共同构成了当下收入分配制度的合法性基础，能力主义取向者更强调市场制度下的应得原则，而社会弱势者则具有明显的平均主义倾向（孙明，2009）。

通过上述分析结果，还应该看到，人们关于收入分配的价值取向以主体获取收入的目的为导向，并无时不受到外在分配结构的影响。我们知道，在市场化初期，"让一部分人先富起来"的制度导向确实极大地调动了人们生产的积极性进而提升了经济效率，推动了经济快速发展；同时，通过个人能力和努力可以发财致富的愿景也迎合了由于长期被平均主义所禁锢而希冀改善生活水平的民众期望，从而大部分民众在一定程度上舍弃了集体主义（平均主义）的价值导向转而支持能力原则下的差别化分配。但随着收入差距越拉越大，当社会所倡导的文化目标无法通过制度化的手段（凭借个人能力）适时实现，普通民众关于能力致富的价值取向无疑也会在一定程度上有所削弱。如果以时间的纵向维度来衡量市场化改革，与 20 世纪 90 年代初期大部分人强调"应该拉大收入差距"的价值取向相比，随着市场化进程的不断推进，人们逐渐转向较为"中立"的混合态度（见表4.21）。

表4.21　　　　市场化进程下的民众收入分配观比较①

市场化进程	1990 年	1995 年	2001 年	2007 年
分配取向（均值）	7.870	5.042	6.263	5.773
样本数	995	1467	909	1679
1990 年				
1995 年	t = 23.24 ***			
2001 年	t = 12.75 ***	t = -8.49 ***		
2007 年	t = 16.94 ***	t = -6.60 ***	t = 2.74 **	

注：** 表示 $p<0.01$，*** 表示 $p<0.001$。

这些数据结果表明，能力主义与平均主义作为众多收入取向的两极，随着外在收入分配结构的变化和个体收入目标的实现状况而不断调适，呈现出"钟摆式"的变化。② 如果将收入分配的能力主义视为差异化原则，收入分配的平均主义视为同一性原则，那么当同一性被制度不断强化和社会被不断强调时，人们便会产生趋向于认同平均主义原则的分配观；而当同一性被过分强调进而过犹不及时，

---

① 市场化进程下的民众收入分配观比较适用世界价值观调查数据（WVS）进行分析（数据来源：http://www.worldvaluessurvey.org/wvs.jsp）。在该数据中，有一项题器询问受访者"收入应该尽可能均等还是应该加大收入差距以鼓励个人努力工作"。该题器是从 1 到 10 的连续变量，受访者赋值越高，意味着越倾向于差异化分配；相反，赋值越低，表明越倾向于均等化分配。

② 事实上，网络上经常可以看到的"重返毛时代"的言论，这在很大程度上显现出不少人对差异化原则下收入差距的不满和在无力改变收入现状的情境下对平均主义的回想。

又会促生同一性的反面——差异性分配观的显现和不断彰显。同样,当人们普遍接受能力取向下的差异性原则,并被过多地强调和张扬时,如果收入分配结果与人们有关能力取向的分配观不一致,那么转而又会产生趋向于同一性的分配观念(易小明,2015:4-21)。

人们关于收入分配的价值取向是多种观念的合集,随着收入分配结构的变化而呈现此消彼长的态势。事实上,这四种极端的关于收入分配的价值取向类型——能力主义、平均主义、先赋主义和宿命主义在人们身上并非单独存在,而往往是多种取向的交叉并存(在所使用的调查数据中,受访者在关于他人先富的归因方面同时持有四种价值取向者占14.8%;同时持有其中三种取向者占19.6%;同时持有其中两种取向者占34.5%;而只持其中一种取向者仅占27%)。从克拉科恩关于价值的定义出发"价值是一个人或一个群体,内含或外显的,对什么值得做的、最好去做的一种构想",这种构想影响了个体或群体的行动方式、途径及目标的选择(杨国枢编,2013:286)。在这个意义上,人们收入分配取向的变动反映出特定个体或群体对获取收入目标的行动方式和途径的合理性认知,从而在特定的历史时期为大众所普遍接受和遵从的收入分配取向才表现出一定的稳定性。也正因如此,个体或群体的收入分配偏好会因目标取向和外在分配结构的变动而发生变化。

(三) 对相对比较假设的检验

模型1-4是对相对比较假设的检验,统计结果表明,机会横向比较因子每增加一个单位，自感收入差距不公平的概率下降81.8%；结果横向比较因子每增加一个单位，自感收入差距不公平的概率下降25.6%。无论是在机会上还是在结果上，与他人相比占优者的收入不公平感更低，假设2b得到了证实。事实上，此处还有一项隐而未显的现象需要我们进一步分析，即人们在相对比较的过程中有着多重的对象可供选择。那么在人己界限划分的基础上，与哪些对象的比较对人们的收入不公平感更具影响还有待证明。在此，由于调查问卷中题器的限制，只对人们有关收入结果的参照比较进行分析。依循人己关系由近及远，将参照对象分为单位内同事、本地他人和社会上他人。夏普利值分解结果显示，与以往研究强调"自我中心剥夺感"发挥作用的结论不同（民众对结果公平的主观认知主要来源于与周围小圈子成员的比较，而不会扩展到陌生的他人，如本县市或全国的其他人），在相对比较的过程中，随着参照对象的扩展，自感收入地位较低者的收入不公平感更加强烈，影响作用呈现由近到远逐渐增强的态势（孟天广，2012；魏钦恭等，2014）（见表4.22）。对此，有两种可能的解释：第一，同样的参照比较，因收入不公平感的目标对象不同所形成的影响作用各异（以往研究更多是关于个体收入所得是否公平的分析）。第二，在更为根本的层面，可能发生着参照系的变动，进而使得民众的参照对象逐渐扩展并在与社会他人比较的过程中相对比较意识更凸显，进而收入不公平感更强烈。

表4.22　相对比较因素对收入不公平感影响力大小的夏普利值分解

因素	夏普利值（Shapley value）	百分比
与单位内同事的收入比较	0.05%	4.25%
与本地他人的生活水平比较	0.49%	40.76%
与社会上他人的收入比较	0.66%	54.99%
合计（对不公平感解释的方差比例）	1.20%	100.00%

（四）对未来预期假设的检验

模型1-5是对未来预期假设的验证，在控制变量的基础上，相对于预期不足者，认为未来收入水平会提升的受访者自感收入差距不公平的概率下降46.7%，但在全模型中，引入其他变量后，这一效应不再显著，但作用方向仍然为负。这一结果部分证实了假设3a，即对未来收入增长的积极预期构成了人们对收入差距容忍的重要影响因素。如果进一步将收入不公平感细分为"很不公平""较不公平""较公平"和"很公平"四类，将受访者的收入预期细分为"预期增长""预期不变"和"预期下降"，预测不同心理预期者的收入公平感差异。统计结果显示（见图4.9），在同样的工作收入和人均家庭收入水平下，对未来收入增长的预期越高，自感收入不公平的概率越低。同时可以看到，高收入群体持有积极心理预期的比重明显偏高。

回到赫希曼关于"隧道效应"的假定上，在控制外部相关因素的前提下，由于他人状况的改善而带来的积极心理预期实际上是建立在社会互动基础之上的。确实，与周围群体的社会互动对主体的

第四章 兼评总体：宏观分配公平感

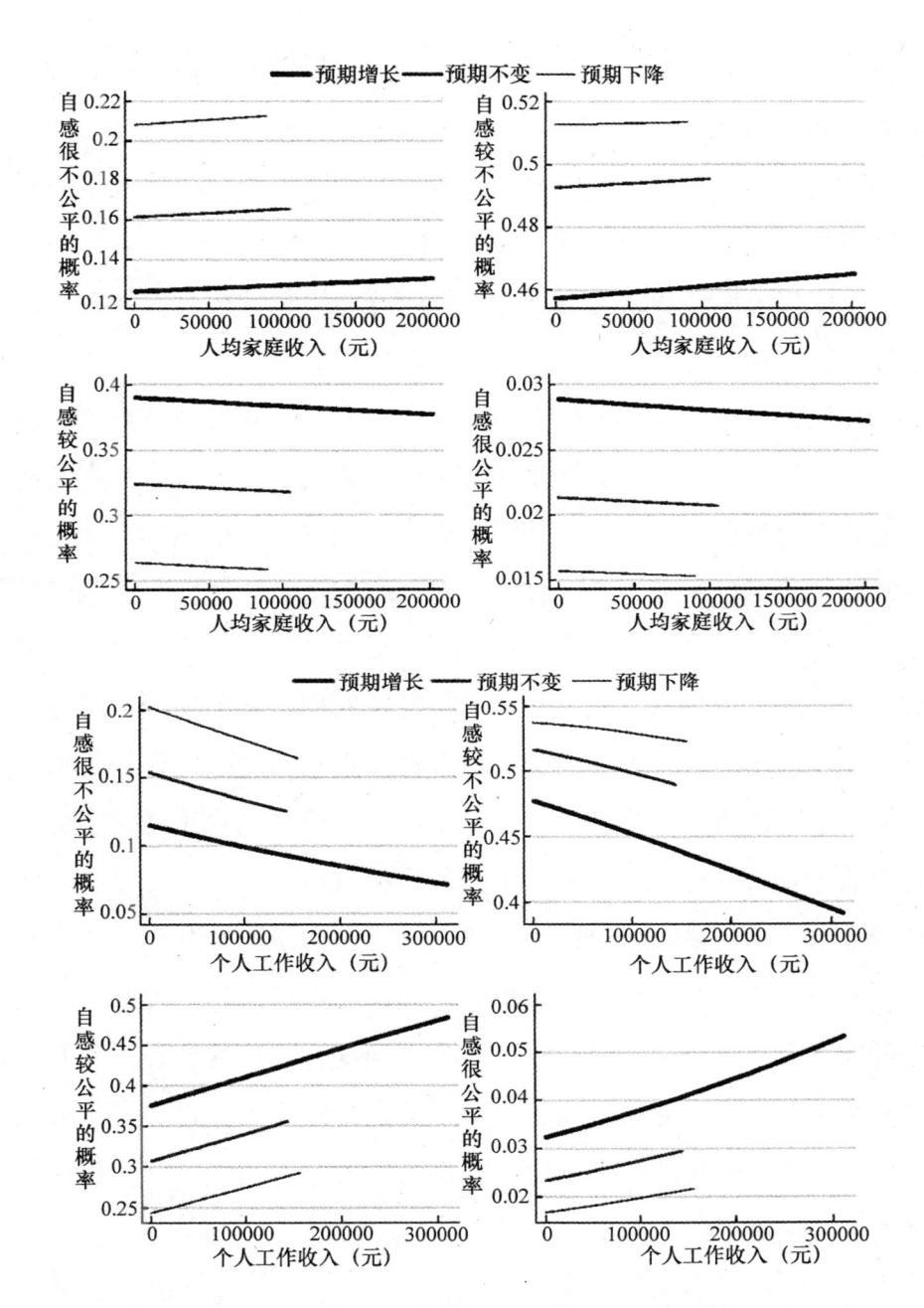

图4.9 不同收入预期下收入不公平感的预测结果

主观感受和行为方式有着重要影响作用。赫斯特罗姆等人在关于青年群体就业行为的研究中发现（Hedström, 2005: 119 - 131），社区同龄人中的失业率对于个体失业者摆脱失业状态的可能性有相当大的影响力。首先，社会互动效应使得社区中失业青年的比例越高，个体摆脱失业状态的可能性越低，行动主体间的关系越近，由于社会互动而产生的彼此间影响效应就越强。而社会互动效应得以发挥作用的主要机制是同龄人的失业状态不仅影响着个体摆脱失业的期望和信念，亦构成了就业机会结构的变化。与上述研究在某些方面具有相似性，隧道效应论断的成立首先强调参照比较的他人在经济地位上与己一致。其次，由于外部结构环境的变化，他人经济地位的改善传递出同样身份或地位者境遇亦会改善的积极信号。最后，人们出于自身境遇将会改善的积极预期而带来的初始满足感会强于或者消减由于他人先于自己经济地位提升而产生的嫉妒感或相对剥夺感。根据这一假定，人们关于收入差距的主观感受，会受到周围群体收入境遇改善以及所带来的示范效应影响，但在没有群体互动数据进一步验证的前提下，我们很难将由于未来预期良好而对收入差距持更为容忍态度的结果完全归结为隧道效应。而从统计结果可以看出，无论是历史比较还是未来预期，在单独统计时都具有显著效应，但当放置在一起时，二者的影响作用均不再显著，表明二者之间具有较强的交互效应。根据前文的理论假设，这一结果可能由于"路径效应"所致。

为了检验路径效应的影响作用，根据受访者自身的历史境遇比较和未来收入增长预期，可以构建一个类型化的分析框架（见

表4.23）。此处，以当下为基点，不同个体的历史境遇和未实现之预期构成了自身的参照框架。这并不难理解，当我们将经济收益的纵向变化作为参照点，那么任何个体便有了一个可比较的共同基础；而在自身如何成为参照群体上，就更为显而易见：譬如下岗失业群体将单位制时期"大包大揽"的福利待遇作为参照（李强，2004）；返城青年则将"文革"时期"上山下乡"的经历作为参照（周雪光、侯立仁，2003：372－407）；在更为广泛的意义上，改革开放40多年来，全体中国民众将过去作为时下的参照。正如余华在小说《兄弟》的后记里所写的那样"一个西方人活四百年才能经历这样两个天壤之别的时代，一个中国人只需要四十年就经历了"。在中国经济快速增长、社会翻天覆地变化的时期里，历史境遇自然成为每个个体乃至每个群体在考量自身经济收益变化上的参照。

表4.23　　　　　　　　路径效应分析框架

		个体经济收益的历史比较维度		
		提升	没变化	降低
个体经济收益的未来预期维度	提升	历史比较—提升 未来预期—提升 （类型1）	历史比较—没变化 未来预期—提升 （类型2）	历史比较—降低 未来预期—提升 （类型3）
	没变化	历史比较—提升 未来预期—没变化 （类型4）	历史比较—没变化 未来预期—没变化 （类型5）	历史比较—降低 未来预期—没变化 （类型6）
	降低	历史比较—提升 未来预期—降低 （类型7）	历史比较—没变化 未来预期—降低 （类型8）	历史比较—降低 未来预期—降低 （类型9）

而人们对未来的预期是建立在历史境遇和现状之上的，那些对现状更为满意的群体对未来的预期和信心也更为充足（张彦等，2015）。在这个意义上，路径效应强调的是人们有关预期—实现的对比关系。如果将这一关系放置到更为宏观的社会变迁背景中，在很大程度上体现的便是格尔有关相对剥夺感的论断，即一定时期的民众总是通过价值期望与社会满足期望的价值能力之间的比较来衡量自身利益的得失。如果社会的价值能力不能满足价值期望的变化，则会产生相对剥夺感乃至不公平感（Gurr, 1970）。

对个体经济收益的路径效应与不公平感之间的关系分析，根据分类框架及每个维度的属性特征，可以组合生成包含九种类型的二维图式。这些类型分别对应着不同群体对经济收益的历史境遇比较和未来预期。其中类型1、类型5和类型9可以看作是历史境遇比较和未来预期相一致的情形。其他六种类型，由于历史境遇比较和未来预期之间具有不一致的特性，我们可以在理论上预判：不一致性之间的落差越大，不公平感越强。进而在这几种类型的收入不公平感上，应该有如下关系：类型9＞类型3≈类型7＞类型6≈类型8＞类型5＞类型2≈类型4＞类型1。从统计结果来看（见表4.24），在未来预期相同的情形下，认为历史境遇改善的群体不公平感更低；而在控制历史境遇的情形下，未来预期越充足不公平感越低。

值得关注的是，在所有类型中：类型1所占比例最高，也即认为自身经济收益得到了改善同时对未来预期良好的民众占到所有受

表 4.24 路径效应下的不公平感分组比较结果

	类型 1	类型 2	类型 3	类型 4	类型 5	类型 6	类型 7	类型 8	类型 9
公平(%)	34.84	26.92	21.01	34.41	39.62	30.35	23.92	20.42	18.32
不公平(%)	65.16	73.08	78.99	65.59	60.38	69.65	76.08	79.58	81.68
占总数比例(%)	50.12	15.55	5.80	4.41	5.45	1.58	5.16	4.39	7.51
类型 1									
类型 2	Z = −3.83***								
类型 3	Z = −4.26***	Z = −1.67†							
类型 4	Z = 1.58	Z = 3.63***	Z = 4.34***						
类型 5	Z = 2.49*	Z = 4.59***	Z = 5.10***	Z = 0.51					
类型 6	Z = −0.66	Z = 0.72	Z = 1.63	Z = −1.40	Z = −1.78†				
类型 7	Z = −3.99***	Z = −1.56	Z = 0.04	Z = −4.17***	Z = −4.89***	Z = −1.58			
类型 8	Z = −4.48***	Z = −2.24*	Z = −0.66	Z = −4.62***	Z = −5.30***	Z = −2.05*	Z = −0.68		
类型 9	Z = −5.84***	Z = −2.86**	Z = −0.85	Z = −5.42***	Z = −6.29***	Z = −2.27*	Z = −0.87	Z = −0.09	

注：† 表示 p ≤ 0.10；* 表示 p ≤ 0.05；** 表示 p ≤ 0.01；*** 表示 p ≤ 0.001。

访者的一半以上（50.12%）。这在很大程度上意味着，虽然客观上人们的收入差距较大，但这种差距是在生活水平不断改善的基础上发生的，从而大部分群体对未来经济收益的持续改善仍然抱有较高期望。从组间比较结果来看，这部分群体的收入不公平感明显低于历史境遇改善有限和对未来预期没有信心的群体。在所有类型中，类型9，即历史境遇没有改善、对未来亦没有太高期望的群体收入不公平感最为强烈。这部分群体在一定意义上可以看作是在纵向比较过程中的"双重相对剥夺群体"（double relative-deprivation）。进一步的分析结果显示，这部分群体无论是在工作收入还是人均家庭收入上都处于较低的层级。

通过上述分析，可以看到，个体经济收益的路径效应对其收入不公平感具有较为明显的影响。在纵向的历史比较过程中，自感经济收益状况改善的群体，不公平感更低。正如有研究所发现的那样，人们虽"患不均，更患不公"，但"患不公，亦患不增"。虽然在客观上社会的收入差距仍然较大，但对于每个个体而言，只要经济收入能够维持一定程度的增长，那么便会部分消减由于在相对比较过程中产生的相对剥夺感及由之而生的不公平感。类似的发现在关于集体行为的研究中也同样存在（易承志、刘彩云，2017；宋明华等，2018）。蔡禾等人的研究表明，当农民工群体在与其历史状况纵向比较后，自感境遇恶化或者发生了社会地位的向下流动，便会产生相对剥夺和不公平感并对其集体抗争行为的发生具有显著影响（蔡禾等，2009）。

此外，在对未来预期上，经济收益状况是否会改善虽然是对未实现之状态的某种期望,是对事物发生(或不发生)的预期和欲求,但其却构成了人们行为方式和态度取向的微观基础。路径效应的影响结果表明,人们对未来的预期并非空泛产生,而是在对历史境遇和当下状况评判的基础上生发的,二者互为条件、相互勾连。微观层面,个体预期的因果效能会引导人们的态度和价值判断;在更宏观的意义上,如果一个群体在总体上对经济收益状况改善的预期不足,不仅会对收入分配的公正性产生质疑和愤懑,而且当历史境遇未改善和未来预期低迷的影响效应相互叠加,"双重相对剥夺"共同发挥影响作用时,这部分群体就很可能成为社会矛盾和社会风险发生的"高危群体"。①

(五)不同假设机制的影响效应比较

模型1-6是将所有变量纳入一起进行分析的全模型(full model)。为了查看不同机制各自的影响权重,通过影响效应分解,统计结果显示,在多项机制中,相对比较机制的影响力更为突出,占所有变量解释效应的七成以上(见表4.25)。接下来,在个体层次因素的基础上,将进一步分析结构效应对人们收入不公平感的影响作用。

---

① 在调查中有一项题器询问受访者"在相关群体之间,哪两类群体之间最容易出现矛盾和冲突",类型9和类型8的受访者中认为穷人与富人之间最容易出现矛盾的比例明显高于其他类型的受访者(按照类型顺序,回答比例分别为24.62%、26.47%、22.57%、24.64%、27.83%、26.00%、25.71%、29.32%和30.40%)。

表 4.25　　　　　不同机制影响效应的夏普利值分解结果

因素	夏普利值（Shapley value）	百分比
组 1 变量	0.29%	3.24%
组 2 变量	0.40%	3.08%
组 3 变量	2.80%	21.60%
组 4 变量	9.13%	70.43%
组 5 变量	0.34%	2.65%
合计（对不公平感解释的方差比例）	12.96%	100.00%

注：组 1 为控制变量，包括性别、年龄、年龄平方、受教育年限、工作收入对数；

组 2 为收入状况的历史比较变量；

组 3 为价值偏好变量，包括能力主义、平均主义、先赋主义、宿命主义；

组 4 为相对比较变量，包括机会比较因子、结果比较因子；

组 5 为未来预期变量。

（六）对结构效应假设的检验

为了对结构效应假设进行检验，我们分两步进行。首先查看零模型（null model），即只有由截距项体现的总体收入不公平感在不同区域之间的随机变动。结果显示，个体层次的标准差（τ_0^2）为 0.176，区域层次的标准差（σ_0^2）为 0.821，层间关联度系数 $\rho = \dfrac{\tau_0^2}{\tau_0^2 + \sigma_0^2} = 0.177$。也就是说，个体层次收入不公平感的差异大约有 17.7% 是由区域差异造成的，区域层次的特征在很大程度上影响着个体的收入不公平感，这也是我们需要进一步分析结构效应的统计依据。

接下来，将市场—经济发展程度以连续变量的形式引入到统计之中，通过建立多层模型查看结构效应的影响作用。结果显示（见表4.26），结构效应主要表现在对民众收入分配取向的影响上。一方面，持有平均主义和宿命主义观念的群体收入不公平感更强烈；另一方面，这种效应因地区市场—经济发展水平的提高而显著减弱。虽然结构效应并未完全抵消二者对因变量的影响作用，但抑制作用十分明显。

表4.26　**市场—经济水平区域差异下的多层线性回归模型（HLM）统计结果**

	参数	S. E.
个体层次		
性别（以男性为参照）	−0.031	0.046
年龄	0.019	0.014
年龄平方	−0.000	0.000
受教育程度	0.008	0.008
工作收入的对数	−0.042	0.035
历史比较（以收入未提升为参照）	−0.185	0.102†
能力主义	−0.135	0.052**
平均主义	0.173	0.052**
先赋主义	0.155	0.095
宿命主义	0.206	0.099*
机会横向比较	−0.348	0.051***
结果横向比较	−0.056	0.048
未来预期（以收入未增加为参照）	0.001	0.098
个人和区域层次交互效应		
市场—经济发展水平	0.284	0.203
市场—经济水平 * 历史比较	0.227	0.210
市场—经济水平 * 能力主义	0.165	0.105
市场—经济水平 * 平均主义	−0.182	0.103†
市场—经济水平 * 先赋主义	−0.093	0.188

续表

	参数	S. E.
个人和区域层次交互效应		
市场—经济水平 * 宿命主义	-0.496	0.207 *
市场—经济水平 * 机会横向比较	0.069	0.105
市场—经济水平 * 结果横向比较	0.041	0.098
市场—经济水平 * 未来预期	-0.002	0.201
常数	-0.406	0.362
对数似然率	-1232.071	
自由度	25	
AIC	2514.142	
BIC	2639.445	
样本数	1110	

注：† 表示 $p<0.1$，* 表示 $p<0.05$，** 表示 $p<0.01$，*** 表示 $p<0.001$。

对于此种结果，我们认为在多种特性中，竞争性及依据能力大小获得相应收入报酬是市场机制的内在特性之一，从而市场—经济发展水平越高的地区，民众的能力主义取向和对收入分配的差异化倾向会更加强烈，那么其他取向转而趋弱符合市场逻辑和一贯认知。需要进一步辨析的是，为何将他人先富归因为命运和机会的宿命主义者对收入分配表现出更为强烈的不公平感？

以往相关研究认为，他人因机遇或运气好而改变经济地位不仅不会使参照者产生不公平感，而且会期望这种好运有朝一日也能在自己身上发生，进而会对产生的差距表现出积极容忍的态度，产生的"隧道效应"甚至会带来暂时的满足感（赫希曼，2010）。那么，此处的结果则正好与之相反。我们认为，这种竞争性的现象应该是一个问题的两个面向。回到"宿命主义"的特征属性上，在道格拉斯的定义中，宿命论者一般位于等级体系（格）或网络（群）的边缘而缺少群体支持，孤立的个体常常将自己的生活认定为命运的安排，缺少目标和计划安排，只是按照生活的惯性度日。在这个意义上，宿命主义者往往持有消极乃至悲观的情绪和态度特征，既缺乏创新，又不认为遵从制度化的手段能够实现所求目标，从而在某些方面具有默顿在失范理论中所提出的逃避主义特征，"采用符合制度的渠道又不能带来多少成功时，这种适应方式最有可能发生"（默顿，2008：249）。这里所谓的适应并不是对制度化手段的适应，反而是由于不再认同社会的制度规范而逐渐"疏远"的一种行为方式（渠敬东，1999：47）。但宿命论者并不完全排斥为社会所倡导的文化目标，只不过当所追求的文化目标与制度化手段之间产生紧张和冲突时，转而借希望于命运或机遇，这样，对收入分配表现出更为强烈的不公平感便不再难理解。

总体上，上述统计结果对前文所提关于结构效应的多项假设未能证实。如果将区域间的市场—经济水平看作市场转型所引致的横向差异，那么仍有必要从纵向维度进一步分析市场化进程中相关因素对收入不公平感影响效应的变动趋势。对此，我们建立如下统计模型：

$$\log(\frac{p_i}{1-p_i}) = \alpha + \beta'X + \delta'S$$

其中 $S = tX$，t 是表示调查年份的虚拟变量，δ 是一个参数向量，表示相关影响因素 X 与时间 t 之间的交互效应。事实上，δ 表示的是时间变化对自变量影响效应的差异，如果其具有统计上的显著性,则说明自变量对收入不公平感的影响因历时变化而有所差别。①

此处用以进行历史比较分析的数据来自CSS2013调查,有所遗憾的是,在此数据中多项与前文理论假设相关的题器没有涉及,故而选择性地对部分变量的影响效应进行历时分析。其中相对比较因子的测量题器和验证性因子分析结果见表4.27,囿于数据变量,我们通过一项因子较为涵括地表示受访者对自身机会和结果状况的相互比较。

表4.27　　　　　　　　　相对比较因子的验证性分析

题器＼年份	因子负载估值（λ_i）	残方差（θ_{ii}）	题器信度系数 $\dfrac{\lambda_i^2}{\lambda_i^2+\theta_{ii}}$	因子负载估值（λ_i）	残方差（θ_{ii}）	题器信度系数 $\dfrac{\lambda_i^2}{\lambda_i^2+\theta_{ii}}$
	2006			2013		
工作与就业机会比较	0.814	0.338	0.662	0.804	0.353	0.647
地区、行业间待遇比较	0.720	0.482	0.518	0.794	0.370	0.630
与本地人社会经济地位比较	0.439	0.808	0.193	0.369	0.864	0.136
	量表信度系数=0.705,特征值=1.372 解释方差比例=45.74%			量表信度系数=0.709,特征值=1.413 解释方差比例=47.11%		

统计结果显示,在2006年,相关影响因素中,主要是相对比较因子在发挥影响作用。与他者相比,自感在社会经济地位、工

---

① 这种分析并不严格要求历时性的数据为追踪调查,从而有研究者将这种分析模式称为汇合分析(pooled analysis)(参见谢宇,2010:286)。

作机会、地区（行业）待遇方面处于劣势的群体收入不公平感更加强烈，每增加一个单位，收入不公平感增强一倍。同时，未来预期（在90%的置信度下）亦具有负向影响作用，相对于预期不足者，自感收入会提升的群体不公平感降低78.5%。在2013年，除了控制变量，相对比较因子和对未来收入增长的预期均表现出显著的正向效应。值得关注的是2006—2013年间，相对比较因子影响效应的变动趋势，参数值从2.719增加到4.263，影响效应提升了57%，参数差异在统计上非常显著。这一结果在一定程度上支持了前文关于市场化程度越高，相对比较意识更加强烈的假设。对这一现象的解释，如有些研究者所认为的（李路路，2012；高勇，2013），随着市场化的不断推进，一方面，利益关系的市场化取向越来越强；但另一方面，看似平等的市场交易背后隐含的是市场机制内生的对抗性。从而由于不同群体在资源、机会等方面的不平等占有使得人们在市场交易过程中（与传统再分配体制相比）利益关系发生了改变，在更深层次上，人们相互比较的参照系已经发生了改变，相互比较过程中的相对剥夺感更加强烈。与以往单位时期人们在共同体内部进行相互比较不同，利益关系和资源、机会分配的市场化使得人们相互比较的参照对象逐渐扩展，在较广的范围内、于很大程度上已经突破了所属的组织边界和群体边界。这就使得多数民众不仅对自身的经济地位归属缺乏认同，甚至出现由于敏感与利益得失而在不断的市场化进程中地位认同普遍下移的现象。

表 4.28　　2006 年和 2013 年拟合模型参数的估计结果

	2006 年		2013 年		2013 年相对于 2006 年	
	参数	S.E.	参数	S.E.	参数	S.E.
性别（以男性为参照）	-0.937	0.119	-0.914	-0.105	-0.975	0.167
年龄	1.059	0.041	1.134	0.038 ***	1.071	0.055
年龄平方	-0.999	0.000	-0.999	0.000 ***	-0.999	0.001
教育程度	1.034	0.021 †	1.049	0.016 **	1.015	0.026
工作收入的对数	1.002	0.083	-0.799	0.059 **	-0.798	0.088 *
历史比较（以收入未增加为参照）	-0.971	0.138	-0.843	-0.121	-0.868	0.176
相对比较因子	2.719	0.207 ***	4.623	0.347 ***	1.700	0.182 ***
未来预期（以收入不会增加为参照）	-0.785	0.113 †	-0.746	0.111 *	-0.950	0.196
年份	—				2.146	2.678
截距	-0.575	0.519	1.235	1.064	-0.575	0.519
样本量	1369		2236		3605	
Pseudo R^2	13.58%		25.50%		21.07%	

注：† 表示 $p<0.1$，* 表示 $p<0.05$，** 表示 $p<0.01$，*** 表示 $p<0.001$。

同时还需要强调，未来预期机制的影响作用及年度间变化。就各自年份而言，人们的未来预期越充足，收入不公平感更低，但 2006 年和 2013 年各年参数的差异并不具有统计显著性。回到前文关于"隧道效应"的假定上，"隧道效应"的存在对一个社会不可避免的收入差距及社会政治稳定具有积极作用，只要该效应没有结束，那么无论先富者还是后富者都会对自己的未来境遇抱有较高预期，从而对收入差距持有更加容忍的态度。但上述统计结果显示，未来收入预期对收入不公平感的抑制效应并没有显著增强，这在一定程度上警示我们，如果隧道效应的"安全阀"作用逐渐减弱，而

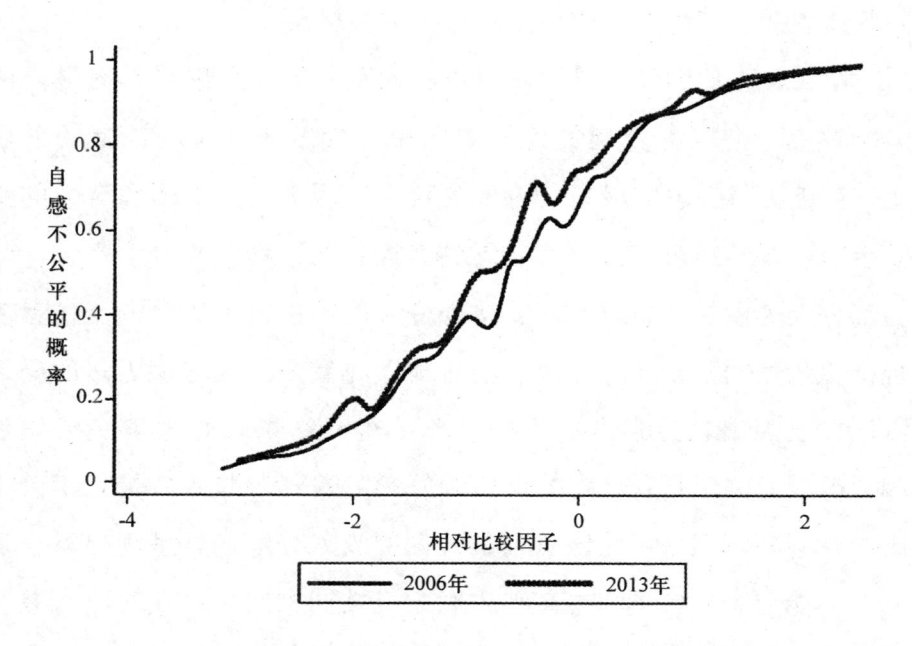

第四章 兼评总体：宏观分配公平感 **239**

图4.10 相对比较因子与收入不公平感关系的历时比较

过大的收入差距仍未适时改变，人们对收入分配的不公平感受会变得更加强烈。

通过上述分析，本章的主要结果可归纳如下：

第一，认为收入水平与以往相比提升的受访者，自感收入分配不公平的概率显著降低。但在引入相关机制变量后，收入状况的历史比较不再具有显著影响效应，假设1得到了部分验证。除此之外，还对受访者收入地位的代内流动黏性程度进行了分析。样本数据所反映的状况在一定程度上表明，居民的收入流动性在总体上不利于多数人经济地位提升；但不少底层民众在经济发展的过程中实现了经济地位的上移。这些底层群体收入地位的提升对缓解不同层级由于收入差距而产生的结构性紧张具有重要意义。

第二，人们的收入分配偏好对收入差距的公平感受具有显著的影响效应。在四种类型的价值取向中，有三项具有统计上的显著性。就能力主义取向而言，将他人致富归因为自身能力和努力的受访者对收入差距表现出更为容忍的态度；在平均主义价值观上，认为部分人先富是由于政府制度或部分人的不法行为所致的受访者表现出更强烈的不公平感；而那些将他人先富归因为先赋因素的受访者同样表现出较为强烈的不公平感。这一结果较好地证实了假设2a，即人们关于收入分配的价值偏好影响着其对收入分配是否公平的主观判断。同时还应该看到，人们的收入分配偏好呈现出混合形态，即能力主义、平均主义和先赋主义共同构成了民众对收入差距形成的归因认知。

第三，相对比较机制显著地影响着人们的收入公平感受，无论是与他人在机会还是在收入结果方面的比较，相对高位，自感占优者的收入不公平感更低，假设2b得到了验证。另外值得注意的是，与以往研究认为在有关收入结果的分配中"自我中心剥夺"机制发挥主要作用的结论不同，数据结果显示，随着参照对象的扩展，相对比较对收入不公平感的影响作用呈现由近及远逐渐增强的态势。

第四，作为影响收入差距容忍度的重要因素——收入预期对人们的收入不公平感具有部分影响作用。在控制相关变量的基础上，预期越充足者不公平感越低，部分验证了"隧道效应"假设。但不仅如此，本书在理论辨析的基础上提出了"路径效应"假设，强调人们对未来收入状况的预期在外部结构环境未发生变化的情形下，既可能根据周围他人收入状况变化所传递的信息做出判断,也会根据自身的历史经验来做判断。路径效应由于个体以往收入状况的改善程度差异会产生对未来持有积极预期和消极预期两种可能,进而对收入差距表现出不同的容忍程度。结果显示,当历史境遇未改善和未来预期低迷的影响效应相互叠加,"双重相对剥夺"共同发挥影响作用时,收入不公平感会更加强烈。

第五,在对个体层次假设机制检验的基础上,研究同时对市场转型这一重要的结构效应进行了分析。但结果表明,地区市场—经济发展水平的影响作用不甚明了,结构效应主要表现在对民众收入分配取向的影响上。一方面,持有平均主义和宿命主义观念的群体收入不公平感更强烈;另一方面,这种效应因地区市场—经济发展水平的提高而显著减弱。虽然结构效应并未完全抵消二者对因变量的影响作用,但抑制作用十分明显。在考察区域市场—经济水平横向差异的基础上,研究还从历时性角度对相关因素影响效应的变动趋势进行了探讨。结果显示,2006—2013年,相对比较因子影响效应呈现增强态势,参数差异在统计上非常显著。这一结果在一定程度上支持了前文关于市场化程度越高,相对比较意识更加强烈的假设。

第 五 章

职业分殊：收入差距容忍度

"经济高速发展的初期阶段，各个阶层、行业和地区之间的收入差距会快速拉大，但整个社会可能会对此持相当宽容的态度。……不过这种容忍度就像贷款，总会有到期还款的那天。"

——赫希曼，《经济发展过程中
收入不平等容忍度的变化》

◇◇ 一 收入差距何以公平？

没有一个社会的收入能够均等分配，就如同不存在一个匀质的社会一样。撇开道德争辩，并非任何程度的不平等都具有负面影响，奖勤罚懒、合理的不平等亦有助于提高生产效率和创新（联合国大会，2005）。当然，一旦收入差距扩大到一定程度，过大的不平等则会有碍经济增长和社会稳定（Persson & Tabellini，1994；王浦劬、季程远，2019）。对于收入不平等导致的其他社会问题，相关研究发现，过大的收入差距不仅会降低一个社会的人际信任水平、增加焦虑感，而且诸如公众的身体健康、犯罪率，甚至青少年怀孕率也直接受到收入分配状况的影响（威尔金森，2010）。

改革开放以来，随着经济的快速增长和民众物质生活水平的不断提升，在绝对意义上，中国已经从低收入阶段迈向了中等收入阶段；但与此同时，我国的收入差距却呈不断扩大的态势。如果一个国家居民收入的基尼系数超过了0.4便被认为超出了不平等的警戒线，有着较大的社会风险[1]，人们普遍存在的疑问是为什么我们国家能够维持经济社会的稳定发展？

事实上，对于当下的收入差距到底有多高以及何种程度的不平等不可接受或者超出了警戒线，有着较多的争论。以0.4划界的经验法则，更似一种约定俗成的做法[2]。可以设想，即使两个社会的收入差距相同，即有着同样的基尼系数，但对于这两个社会是否有同样的由收入差距引发社会问题的概率则难以确认。因为社会远比单一的不平等测量指标所包含的意义要复杂很多。正如皮克提在《21世纪的资本论》中所指出的那样，诸如基尼系数等衡量不平等

---

[1] 笔者在梳理文献的过程中，发现多数研究提到某一规范性标准，即认为一个国家居民收入的基尼系数在0.3—0.4之间是合理的，0.4—0.5则被认为超出了警戒线，超过0.5就很危险，但并未有研究明确提及出处。我们对这一区间划分的标准进行了查证，遗憾的是，并未找到提出这一经验法则的准确文献。

[2] 对此有研究者认为，作为测度实际收入分配状况与完全平均状态偏离程度的基尼系数，以0.4作为警戒值具有合理性。从完全的统计意义出发，当基尼系数达到0.4意味着全社会的福利损失将达到40%，收入最高20%群体和最低20%群体的收入比也将达到一个较为悬殊的状态，因而需要引起高度重视（参见洪兴建，2007）。另有研究依据全国居民收入分配数据测算的我国收入不平等的警戒值是0.45（参见徐映梅、张学新，2011）。

的综合指标，乍看之下简单明了，但却由于过于简化和综合而掩盖了不同收入层级之间的信息，以及不同收入来源发挥影响作用的政治经济机制，甚至不如简单的收入分布表能给我们提供更多的信息（Piketty，2014）。也有研究者提出，基于客观收入状况的基尼系数用于对不平等趋势的观测以及不同国家间收入差距的比较是一项有力的工具，但其存在着两项主要缺陷：一方面，可能被抨击收入过度不平等的"左翼"研究者以及力图证明收入差距并不严重的"右翼"人士作为操控工具；另一方面，基尼系数等客观的不平等测量方式无论多么精细，并不包含何种程度的收入差距才是合理的规范性判断（Wu Xiaogang，2009）。从而有研究者提出，应该通过对民众收入分配的主观感受分析来代替基于客观基尼系数的观测（李实，2011）。

那么，抛开基于客观收入数据的不平等指标[①]，我们的研究问题是，何种程度的收入差距是公平合理并能为民众可接受的？

对于普通民众而言，他们并不会过多关心客观基尼系数的高低。这不仅与其日常生活相去甚远，更为重要的是人们评估收入分配是否公平之时很少以学者测算或国家公布的不平等指标作为参照。"但并不能因此低估每个人对其所处时代的财富和收入水平的

[①] 现有多数关于客观收入的数据依赖于社会调查方式获得。有过社会调查经历的研究者都知道，在当下中国社会，入户面访不仅拒访率高，而且真正意义上的"富人区"和"贵人区"连社区大门都很难迈进。从而这部分真正的高收入群体在一般的社会调查中都是系统性缺失的。对于普通受访者，收入和家庭财富作为隐私一般都讳莫如深，在调查数据中往往也是准确性低、缺失值多的题项。至于一些灰色收入甚至黑色收入更不可能获得，从而调查数据很难准确反映客观收入状况（参见边燕杰等编，2002：39-40）。

直观认识，即使他们缺乏理论框架和数据分析……每个被裹挟进这个社会的个体都对自己的收入和财富关心至极。"（Piketty，2014：2）从而对上述问题的回答，一方面，在于民众在主观上如何看待收入分配结果；另一方面，收入差距的合理性与不同民众对收入分配的容忍度相关。正是在上述意义上，文章尝试从主观层面测度收入不平等程度以及民众可接受的收入差距，并进一步对收入差距的容忍度进行探讨。

◇◇ 二 收入不平等的主观测量

什么样的收入差距是公平合理的？面对这一问题，关于收入不平等研究的新视角强调将收入差距分解为两个部分：一部分是由个人能力、受教育程度等自身责任因素差异造成的，由此形成的收入差距应该是公平的；另一部分则是由非个人可控的制度和体制等因素造成的，由此形成的收入差距则是不公平的（Devooght，2008：280－295；陈永伟、陈双双，2015）。这种做法有其合理性，但基于个体"责任因素"差异之上的收入差距是否公平仍需进一步探讨。如在罗尔斯的公平观中，"资源的最初分配就总是受到自然和社会偶然性因素的强烈影响。比方说，现存的收入和财富分配方式就是自然的资质（自然禀赋）的先前分配积累的结果。这些自然禀赋或得到发展，或不能实现，它们的运用受到社会环境以及诸如好运或厄运这类偶然因素的有利或不利的影响"（罗尔斯，1988：72－73）。

在这个意义上，不仅受教育程度高低，而且个人能力和天赋高低等自然因素都具有偶然性。① 在偶然性（社会偶然性和自然偶然性）基础之上形成的收入差距看似合理，但在罗尔斯那里并不具有道德自足性。因为在根本上，是由于社会的基本结构决定了什么样的偶然性因素才会被社会所看重，每个人的特殊性并不能成为其道德应得的前提。也就是说，如果不能消除偶然性因素在收入分配中所起的作用，无论是从道德上还是社会结果上都很难保证一个社会的收入公平状态。由此，基于客观收入的不平等指标测量和因素分解虽能够在一定程度上反映出群体或社会整体的收入不平等状况，但民众所感知和冀求的分配状况并不一定与研究者的视角吻合。

为了更加贴切地反映民众对财富分配的感受和取向，诺顿（Norton）和阿雷利（Ariely）通过网上调查数据对美国民众关于财富分配的理想状态、感知到的财富差距（estimated wealth inequality）与可接受的财富差距（ideal wealth inequality）进行了分析（Norton and Ariely, 2011: 9 – 12）。他们首先在一个罗尔斯关于"无知之幕"的假想情境中对受访者进行询问，"设想在一个国家中，将社会群体划分为人数相等的五个层级，每个人可能被随机地分配到某

---

① 对于这种观点，诺奇克认为罗尔斯在追求实质平等的过程中所反对的自然任意因素不仅剥夺了部分人的权利，而且抹杀了人的价值和尊严，否定了人的自主性、责任和选择能力。他提出，"（罗尔斯）根本没有提到人们如何选择去发展他们自己的天资……对于一种希望支持自主存在物拥有尊严和自尊的理论，特别是对于一种极其依赖人的选择的理论，贬低人的自主和人对其行为的首要责任是一条危险的路线"（参见诺奇克，2008: 256）。应该承认，在《正义论》中，罗尔斯并没有对那些拥有自然天赋优势的个体或群体所能取得的财富和社会地位与其自身努力之间建立逻辑上的合理关联。

一个层级之中，那么你认为财富在各个群体中的理想分配状态应该是怎样的？"对此，研究者提供了有关财富分配状况的三种社会形态（当然，被访者并不知道其所代表的具体社会），分别是"平均主义社会""瑞典式社会"（按照多寡，各个层级分别占有的财富份额是36%、21%、18%、15%、11%）和"美国式社会"（五个层级各自占有的财富份额是84%、11%、4%、0.2%、0.1%）。结果显示，受访者最为中意的社会类型是瑞典式的，也就是说，美国民众既不认可完全平均的分配方式，也反对过大的财富差距。在此基础上，他们进一步让受访者对美国社会各个层级的实际财富份额进行估算并对理想的财富份额给出评判。数据表明，受访者完全低估了实际的财富差距（估算的各个层级的财富份额由高到低分别为58.5%、20.2%、12.0%、6.4%和2.9%），更有意思的是，受访者理想的财富份额远低于他们所感知到的财富分配状况（由高到低分别为31.9%、22.0%、21.5%、14.1%和10.5%）。而且这种对财富分配的态度倾向并不因受访者的经济地位、政治身份和性别等而有结构性的显著区别。

  与上述研究相仿，为了从主观层面测量民众对收入差距的感受和收入分配取向，国际社会调查项目（ISSP）率先采用了一种以职业为观测载体的测量方式。即给出一组职业，让受访者对每种职业类型的实际收入（actual income）和应得的公正收入（just income）进行估算。这种研究方式建立在一种假定之上，即相关职业的分类在一定程度上代表了社会群体收入在职业内的类同和职业间的分殊，由此，职业间的收入差距反映出了社会整体的收入差距（Wu，2009：1033-1052；李骏、吴晓刚，2012）。对于职业类型的划分，不同调查数据出入较大。① 无论职业类型如何划分，其内隐的标准是"代表性"的典型职业应被没有太多遗漏地挑选出来作为受访者的评估对象。在职业分类基础上，关于收入不平等的测量由两项相依的题器构成，第一项题器让受访者对不同职业的实际收入水平（月收入或年收入）进行估计，接着，让受访者对不同职业的应得收入水平进行估计。前者所体现出的职业间收入差距被看作是"感知到的收入差距"（perceived inequality），后者所体现出的收入差距被看作是"可接受（或能够容忍）的收入差距"（acceptable inequality）。

研究者们认为，这样的测量方法相较于以往单一题器的测量有着较为明显的优势：首先，以职业为载体的收入状况评判虽然是主观上的感知，可能由于信息约束，不能准确给出每种职业的收入状况，但对实际收入差距的误差被受访者自身所控制，从而不会造成系统性偏误；其次，将目标对象锁定在职业之上，避免了家庭规模、税收、福利等其他因素对实际收入估算的影响；最后，实得收入与应得收入之间的相互比照，可在一定程度上控制单一维度测量出现的偏差（李路路等，2012）。可以认为，这种测量方式是相较

---

① CGSS2005 调查数据中，将职业类型分为"农民""农民工""工厂工人""大学教授""政府省部级以上官员"和"大型企业董事长、总经理"等6类。而CGSS2006 的调查数据中，这一职业类型划分被扩展为12种。在ISSP2009（中国部分为CGSS2008）调查数据中，职业分类则主要包含"医生""大型全国性公司的总经理""销售助理""工厂非技术工人"和"中央政府部长"5类。无论职业类型如何区分，其内隐的标准是"代表性"群体应被没有太多遗漏地挑选出来作为受访者的评估对象。

于客观收入不平等研究的另一种尝试。此处我们运用这种方式，即通过民众所感知到的收入差距和可接受的收入差距对主观层面的收入不平等状态进行刻画。①

分析所使用的数据来自于中国人民大学与香港科技大学联合组织实施的"中国综合社会状况调查"项目（China General Social Survey，CGSS2005、CGSS2006、CGSS2008）②。在 CGSS2005 调查中，观测职业被划分为 6 类；CGSS2006 调查中，观测职业被扩展为 12 类；而在 CGSS2008 调查中，观测职业被简化为 5 类。虽然职业类型有着较大差异，但是按照这种方法的假设基础，只要自上而下的代表性职业类型被选择出来，就可以较好地代表职业间的收入差距。从而在不进行年度比较的前提下，尽管职业类型不同，依然可以在一定程度上刻画各自年份的受访者对社会总体收入差距的感知状况和收入分配取向。

从表 5.1 和图 5.1 的统计结果可以看出，民众可接受的收入差距显著低于其感知到的收入差距。这些结果表明，事物所是的方式并不一定决定其所应是的方式，"实然"的收入差距与"应然"的收入分配之间有着较为明显的距离（desirability gap）。更为重要的是，与中国传统强调的"不患寡而患不均"的价值观念不同，当下民众并不追求完全平均意义上的收入分配，而是倾向于更为合理的收入差距。

---

① 此处通过基尼系数来测量受访者对不同职业实得收入和应得收入估值的分化程度，计算方式与基于洛伦兹曲线的基尼系数一致。
② 具体的抽样、调查和数据信息参见中国综合社会调查网站：http://cgss.ruc.edu.cn/。

同时还可以看到，虽然不同调查数据的职业类型不同，但民众可接受的职业收入差距（95%置信度下的均值）有一个合意值区间（除CGSS2005 数据的第一种处理方式结果，大体在 0.35—0.40 之间）。

表 5.1　基于两种异端值处理方式的主观收入不平等测算结果①

年份	收入差距（gini）	异端值剔除后的测量结果				异端值转换后的测量结果			
		均值	标准差	95%置信区间		均值	标准差	95%置信区间	
				下限	下限			下限	下限
2005 年	可接受的	0.449	0.002	0.445	0.453	0.380	0.002	0.376	0.384
	感知到的	0.505	0.002	0.501	0.508	0.441	0.002	0.437	0.444
	差异检验	diff = −0.056*** (t = −39.752)				diff = −0.061*** (t = −53.036)			
2006 年	可接受的	0.383	0.002	0.379	0.388	0.358	0.002	0.355	0.362
	感知到的	0.438	0.002	0.433	0.442	0.415	0.002	0.412	0.418
	差异检验	diff = −0.054*** (t = −36.463)				diff = −0.057*** (t = −47.990)			
2008 年	可接受的	0.374	0.004	0.367	0.381	0.378	0.003	0.372	0.385
	感知到的	0.437	0.004	0.430	0.444	0.441	0.003	0.435	0.448
	差异检验	diff = −0.063*** (t = −23.662)				diff = −0.063*** (t = −22.157)			

注：***表示 $p \leqslant 0.001$。

在上述基础上，以 CGSS2006 调查数据为基础（使用 winsor 方式处理后的数据），进一步查看受访者对不同职业收入状况的评估。我们分别计算各项职业实得收入和应得收入的估值及离散度（基尼系数），结果显示，因职业类型不同，各项职业的实得收入和应得收入有着较大差异（见表 5.2）。在收入应如何分配上，高收入职业

① 由于受访者在对各项职业的感知收入和应得收入进行估值时有着异端值，而异端值的存在会影响测量结果，对此我们进行了两种方式的处理。一种方式对估值分布两端各 1% 的数值进行了剔除处理；另一种方式将两端 1% 的数值通过 winsor 方式进行了替换处理。

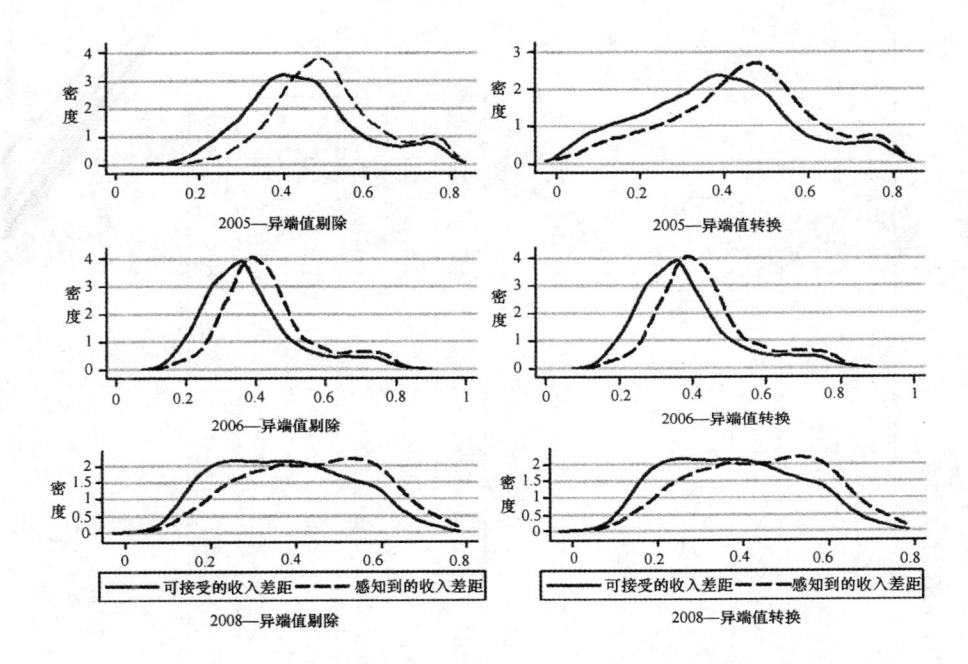

图 5.1　感知的收入差距与可接受收入差距的核密度曲线估计

（政府官员、大型企业经理、私营企业主）的收入估算结果较高，而低收入职业（农民、农民工和一般工厂工人）的收入估算结果仍然较低。需要强调的是，一方面，民众较为普遍地认为部分职业的收入过低（under-reward），部分职业的收入过高（over-reward），但这种认知是在承认收入水平应因职业不同而相差有别、一定程度的收入差距是合理的基础上形成的。另一方面，离散系数的结果显示，民众在对导致收入差距拉大的部分高收入职业应得多少的估算上呈现出较高的离散性。也就表明，对高收入职业群体收入是否过高的认知并未形成一致性共识，而是呈现出分配意识的分裂状态。

表 5.2　各类职业实得收入、应得收入的估值及离散程度

职业类型	D−A	应调整幅度	实得月收入（元）（A）					应得月收入（元）（D）				
			均值	标准差	95%置信区间		离散程度（gini）	均值	标准差	95%置信区间		离散程度（gini）
					下限	上限				下限	上限	
农民	310.81	59.88%	519.05	5.36	508.55	529.55	0.42	819.18	7.23	805.01	833.35	0.32
农民工	279.48	32.55%	858.61	5.92	847.00	870.22	0.24	1137.47	7.04	1123.66	1151.28	0.22
工厂一般工人	305.27	29.92%	1020.34	6.63	1007.35	1033.33	0.21	1321.24	8.00	1305.56	1336.91	0.21
行政办事人员	−75.88	−4.21%	1801.81	15.79	1770.85	1832.76	0.28	1711.28	11.44	1688.85	1733.71	0.25
中学教师	122.21	6.93%	1763.74	12.35	1739.52	1787.95	0.24	1863.50	11.30	1841.35	1885.64	0.22
工程师	98.77	2.99%	3299.51	31.53	3237.70	3361.31	0.31	3367.64	31.74	3305.42	3429.87	0.31
私营企业主	−644.13	−8.70%	7403.34	212.61	6986.52	7820.16	0.60	6881.81	188.01	6513.23	7250.40	0.59
个体户	52.88	1.35%	3930.20	74.68	3783.79	4076.61	0.47	3890.68	65.22	3762.82	4018.54	0.46
市长/县长	−2324.00	−30.95%	7508.93	195.61	7125.45	7892.41	0.53	5073.85	93.17	4891.20	5256.51	0.43
大学教授	−200.38	−3.70%	5417.01	86.42	5247.58	5586.43	0.36	5093.24	68.90	4958.17	5228.32	0.34
省部级官员	−2342.82	−27.93%	8388.23	204.74	7986.84	8789.61	0.52	5836.04	110.06	5620.28	6051.80	0.44
大型企业总经理	−3843.12	−10.94%	35122.55	1590.75	32003.92	38241.17	0.77	33785.21	1690.23	30471.66	37098.76	0.82

这些结果在总体上表明，随着人们利益取向的逐渐多元化，形成了既认可基于职业分殊之上收入获得应差别有分，又反对无视个体属性差异而平均分配的价值观念。

◇ 三 民众对收入差距的容忍度

何种程度的收入差距是公平合理并能为民众可接受的？对这一问题的回答事实上内含着另外一项问题，即人们对收入差距的容忍度受到哪些因素影响？

赫希曼（Hirschanman）和罗斯希尔德（Rothschild）在《经济发展过程中收入不平等容忍度的变化》一文中，对民众有关收入差距的容忍度进行了初步探讨（Hirschman and Rothschild，1973）。他们假定一个社会由 A 和 B 两类个体组成。个体 A 的福利效用除了被其自身的收入现状 $Y^A(t)$ 决定，同时还受到个体 B 收入现状（$Y^B(t)$）及其未来收入预期（$E^A(t)$）的影响，而 A 对未来收入的预期受到 B 收入现状的影响。这样，个体 A 的福利效用可表示为如下函数形式：

$$U^A(t) = V(Y^A(t), Y^B(t), E^A(t)) \tag{1}$$

那么，很自然，当 $V_1>0$，$V_3>0$ 时，A 的效用就会增长。而 B 的收入对 A 效用的影响则较为复杂。A 从两个方面评估 B 的收入：首先，B 的成功（或失败）令 A 感到满足（或不满足）；其次，依赖于 A 对 B 收入变化的设想。这样，B 对 A 效用的影响可表示为如下函数形式：

$$\frac{\partial U^A(t)}{\partial Y^B(t)} = V2 + V3 \frac{\partial E^A(t)}{\partial Y^B(t)} \qquad (2)$$

在这个等式中，V_2 是与 B 比较后对 A 产生的纯效应，$V3\partial E^A(t)/\partial Y^B(t)$ 则反映的是 B 收入变化对 A 未来收入预期的影响。对此，作者做了一个情境设定：当人们驱车行驶在高速公路上，高速路突然发生了大面积堵车。人们在堵塞的路上心情低落、焦虑万分。突然，当 A 发现邻道的车开始缓慢地移动，那么这时候虽然 A 所在的车道仍然堆积如初，但认为情况应该马上就会好转起来。随之先前低落的心情和不满的情绪也开始变得缓和起来，甚至高兴起来。如果将堵车视为收入或财富的获取过程，赫希曼将这种人们在经济收入和社会地位与他人比较过程中产生的容忍度和对未来充满良好预期的满足感称为"隧道效应"（tunnel effect）。

可是"隧道效应"十分不稳定，如果经济和社会发展成果都被 B 所享有，B 的收入不断增加，而 A 的收入却没有任何改观。那么最初由于认为 B 的收入增加，自身收入也能增加的良好预期就会降低，最终其福利效用会下降。这种随着时间和经济收益分享改变，A 效用变化的函数可表示为一种对数线性模式：

$$V(Y^A(t), Y^B(t), E^A(t)) = \alpha \log Y^A(t) + \beta \log Y^B(t) + \gamma \log E^A(t) \qquad (3)$$

还是上述场景，这种从容忍收入差距到反转的变化可描述为，虽然邻道的车已经畅行无阻了，但是 A 所在的车道还是堵得严严实实,纹丝不动。这时不仅先前满怀希望的情绪消散殆尽,而且比最初大家都堵在路上时的心情更为糟糕,深觉受到了不公的待遇,甚至开始骂骂咧咧或往邻道上挤。那么后述的感受则被看作相对剥夺感,这也就意味着人们产生相对剥夺感的中间有着一个延迟效应,当然这种效应并不必然发生。

可以看出,虽然都是强调与他群体的利益比较,但"隧道效应"与"相对剥夺感"的生成机制明显不同。隧道效应的存在认为部分人的境遇改善并不一定会招来别人的不满甚至嫉妒,而是有可能从积极的态度出发,对自身境遇亦会改善持有一种良好的预期。赫希曼认为,这便能够合理地解释为何在部分国家或地区,虽然人们的收入差距较大,但收入较低者仍然持有较高的容忍度,因为他们对自身的经济生活改善满怀希望。但是,隧道效应的存在还与一个社会的政治、历史和文化等因素密切相关。在一个所有机会和利益获得都由先赋因素决定、社会阶层固化、社会成员异质性较强、政府能力较弱的社会,利益的获得往往被一部分群体所占有,从而很难形成隧道效应。

在上述分析基础上,由于受到数据资料的限制,我们仅在公式(1)的基础上,使用CGSS2006数据对影响收入差距容忍度的因素进行操作化,以检验对受访者可接受收入差距的影响。[①]

[①] 在文章中我们没有明确界定收入差距的容忍度,而是将其操作化为民众对不同职业收入差距的接受程度。也就是说,既定个体可接受的收入差距越大,则在很大程度上意味着其对收入差距的容忍度越高。

（一）相对比较与人际交往

在赫希曼的理论中，与他者的利益比较是"隧道效应"得以生成的基础。"参照群体"是社会学中的一项重要概念，但关键在于当人们与参照群体进行利益比较时，哪些群体相对于己身构成参照并非随意选择，而谁与谁比较（who compares with whom?）却是参照比较研究的核心问题，甚至被称为"阿喀琉斯之踵"（Achilles heel）（Gartrell，2002）。默顿认为"参照群体是被某一社会范畴（群体）内部人共同持有的参考框架，这部分人多到完全可以定义该范畴的情境特征，再者，这些参考框架之所以成为共同框架，是因为他们被社会结构模式化了"（默顿，2008：345）。正因如此，一般人关于收入比较的参照对象很难扩展到收入金字塔的顶尖人群，而往往将某一参照点相关的所属群体或具有共同参考背景的他者群体作为参照。

加特雷尔（Gartrell）在《社会比较的嵌入性》一文中提出，回答"谁和谁比较？"的最好答案是"谁与谁交往"（who is in contact with whom）。他所提出的研究方式就是将社会比较概念化为任何联结两人之间的关系类型（type of tie）。通过实证分析，加特雷尔得出，社会比较的基础是社会关系，当个体 i 与个体 j 的关系强度越大、互动频率越高、互动类型越广泛，那么 i 更易于与 j 进行比较；反之，j 也更易于与 i 进行比较（Gartrell，2002）。

沿着上述研究理路，关于参照比较中与"己"相对的"他者"

的轮廓也逐渐清晰了起来。首先，人们用以参照比较的对象并不是泛化的他者（generalized others），而是由社会结构所模式化的对象组成，这些对象在某一参照点上共享着相似性。进一步，如果将个体放置到具体的社会网之中，那么这个巨大的网络所形成的社会关系、社会互动等就构成了影响参照群体选择最为关键的结构模式（李煜、朱妍，2017）。以个人为中心所形成关系网的不同节点上散布着个体可以用作比较的参照对象，这些对象因与主体关系的远近和互动的多乏而有所区别。如果在社会网中将环绕在个人周围的区域认作自我区域（self-region），那么这一区域的扩展程度就成为衡量不同结构环境下"人己"边界的标准。在西方自足式个人主义的文化观念下，自我区域的界限十分明晰，人己界限就是个人身体实体，除"己我"之外，其他与之交往的对象都具有普遍性，家人、朋友概莫能外；而在中国的文化观念中，一个人的自我区域具有很强的扩展度和包容性，家人、朋友、同事等随着交往关系的亲密度增加都可以被涵括到"己我"之中（李美枝，1993）。

　　根据上述论述，我们将主体关于经济收益的参照比较操作化为两个层面。一是主体社会交往的类型。在所使用的调查数据中，有如下一项题器可资使用"在今年春节期间，以各种方式与您家互相交往拜年的亲属、亲密朋友和其他人中有无从事下述工作的人？"，这些工作被划分为 20 种类型。在分析中，我们采取加总的方式以反映主体社会交往对象的多样性。二是为主体所感知的职业间收入差距。对不同职业的收入状况评估，本身即蕴含着不同职业间的相对比较。

（二）绝对收入与公平收入

赫希曼将主体当下的绝对收入作为影响其福利效用的主要因素之一。早期福利经济学有关收入相对假说的研究认为，人们主要通过三种方式衡量自身的收入状况：只关注自身收入的绝对变化，并不过多关注他人的收入状况；或者只考虑与他人收入横向比较的相对变化，而对自身收入的绝对数量并不关心；或者同时关注自身与他人的收入状况（Leibenstein，1962）。在这个意义上，绝对收入只构成了人们评估收入公平的部分基础。

亚当斯（Adams）则较为充分地将人们有关收入获得的公平敏感性（Equity Sensitivity）挖掘了出来。对于何种程度的收入所得是不公平的，亚当斯提出了一个界定性的概念和表述公式（Adams，1965：281）。无论何时，当人们感知到自身的产出/投入比率或他人的产出/投入比率存在不一致时，那么收入不公平就存在了。这种情形一般发生在两种条件下：（a）当个体与他人在一种直接的交换关系中进行比较；（b）或者当双方都与第三方进行交换并且将对方作为比较对象。由此不公平有两种形式，分别用公式表示为：

$$\frac{O_p}{I_p} < \frac{O_a}{I_a}（形式1），\frac{O_p}{I_p} > \frac{O_a}{I_a}（形式2）$$

其中 O 是个体产出的总和，I 是个体投入的总和，p 和 a 分别代表自己和他人。这样，人们的收入不公平不仅来自于相对获得过低（relatively underpaid），也来自于相对获得过多（relatively overpaid）。

与亚当斯力图提出一种具有普遍性的有关个人收入分配偏好的公平理论不同，胡泽曼（Huseman）等人认为人们有关公平的容忍度并非一成不变，而是存在一个敏感性的连续谱系。在既定环境下不同个体对收入公平状况的容忍度不同。更确切而言，个体对投入/产出比率的敏感性在不同个体间是有所区别的，正因如此，才解释了为何不同的个体面对同样的不平等状况时会有着不同的反应。在亚当斯研究的基础上，同样根据人们对产出/投入比率的敏感程度，胡泽曼的公平敏感度谱系包括三个阈限值，由低到高分别是乐善好施型（Benevolents）、公平敏感型（Equitysenstives）和追求获取型（Entitleds）。乐善好施类型指的是那些强调给予多于获取，随时能够与人合作和甘于贡献的人。这种利他型倾向使得在衡量产出与投入的关系时对回报的预期更少。公平敏感型类似于亚当斯理论模型中的个体，他们追求完全的平等，在衡量产出和投入的关系时，过多或过少都会令他们感到苦恼，而只有当他们的产出投入比与参照群体相一致时才会感到满意。追求获取型，顾名思义，是指代那些只重视索取的个体，只要产出/投入比例与他人相比较低就会觉得不公平（Huseman et al., 1987: 222 – 234）。

$$\frac{O_p}{I_p} < \frac{O_a}{I_a} \qquad \frac{O_p}{I_p} = \frac{O_a}{I_a} \qquad \frac{O_p}{I_p} > \frac{O_a}{I_a}$$

------乐善好施型------------公平敏感型------------追求获取型------▶

根据上述理论，在评估个体的收入状况时，不仅要关注其绝对收入水平，也同样需要分析其收入状态的公平程度。由此，我们将主体当下的收入状况操作化为工作收入水平和收入所得公平性认知两个维度。其中收入所得是否公平可用以下题器测量"考虑到您的能力和工作状况，您认为您目前的收入是否合理？"答案分为"合理"和"不合理"两种属性①。

（三）未来预期与发展信心

未来预期是对未实现之状态的主观判断，既包含对欲求状态可能发生的积极预期也包含对非欲求状态可能发生的消极预判。以往研究强调，未来期望（预期）虽然是无法被直接观察到的主观心理状态，但却是人们行为的重要微观基础，在很多时候成为主体行为得以发生的内在原因。"因为即使是内省也能让我们认识到其真实存在性，尽管我们周围个体的行动和运转方式都是不透明的，但是，把他人理解成通过心理状态导致行动的客体，这样就能够预测别人的行动。"（赫斯特罗姆，2010：42-43）在这个意义上，经济学中大量关于理性预期、消费预期等主题的研究才得以可行和具有现实意义。当然，预期除了影响人们的行为方式，自然也会对主观感受和价值取向产生积极或消极的效应。一项关

---

① 马磊和刘欣在关于中国城镇居民的分配公平感研究中，亦认为在中文语境中，"收入是否合理"与"收入是否公平"是可以互换的，能够在一定程度上反映出人们对自身收入所得的主观评判（参见马磊、刘欣，2010）。

于城镇居民主观幸福感的研究中，作者通过调查数据，发现民众对收入状况等因素的未来预期显著地影响着其幸福感程度，那些预期未来收入会提升的个体主观幸福感更强（李磊、刘斌，2012）。

赫希曼在关于收入差距的分析中，一再论及希望因子（hope factor）对人们容忍度的影响。他引述梅尔文（Melvin）等人关于波多黎各社会阶级和社会变迁的研究结果：20世纪中叶的波多黎各在经济社会发展的很多方面都不尽如人意，普通民众也都意识到普遍存在的收入不平等状况，但他们却对未来发展充满希望，在主观上暂时忽略了时下的收入差距，这也在很大程度上使得整个社会保持了稳定（Hirschman and Rothschild，1973：544－566）。这些现象在一定意义上解释了人们对未来的美好希望能够消减由于收入差距所带来的不公平感，并成为收入较低阶层容忍度形成的重要心理基础。

这样，根据调查数据，我们将民众的未来预期操作化为以下题项"在您看来，未来三年，您本人的收入状况、资产和社会经济地位将会发生什么样的变化？"答案分为"将会下降""差不多""将会上升"。验证性因子分析的结果显示（见表5.3），所使用变量较好地归聚到了一起，无论所构建量表的信度系数还是各项题器的信度系数都较为理想，可以用作对未来预期概念的测量。

表 5.3　　　　　　　　未来预期量表的验证性因子分析

题项	因子负载估值 (λ_i)	残方差 (θ_{ii})	题器信度系数 $\dfrac{\lambda_i^2}{\lambda_i^2 + \theta_{ii}}$
收入状况	0.890	0.208	0.792
资产	0.902	0.186	0.814
社会经济地位	0.855	0.268	0.732

量表信度系数 $\rho = 0.914$，特征值 $= 2.338$，解释方差比例 $= 77.93\%$

通过以上论述，我们认为影响民众可接受收入差距（F^A）的因素可用函数表示如下：

$$F^A = V(I^A, R^B, E^A) \tag{4}$$

其中，I^A 表示主体的收入状况；R^B 表示主体社会交往对象的类型和"广义"参照群体的收入状况；① E^A 表示主体对经济收入和社会地位变化的未来预期。进一步，该函数可用一般线性回归方程表示如下：

$$F^A = \alpha + \beta X_i + \varepsilon_i \tag{5}$$

---

① 此处所谓的"广义"参照群体具有两层含义。一方面，从米德关于"一般化他人"（the generalized other）的论述出发，个体有关自我的认识和态度虽非直接，但间接受到其所属群体的一般观点和态度的影响（参见米德，2003：167 - 169）。但默顿同时强调，"人们在塑造自己的行为、形成各种态度时，常常取向的不是自己人群，而是别的群体"（参见默顿，2008：392）。也就是说个体的所属群体构成了对自我评价有意义的参考框架。同样，非隶属群体亦可以成为有意义的参考框架，不同评估职业及其收入状况在此处就具有了显著他者（significant others）的参考意义。但另一方面，由于在分析过程中未将受访者自身的职业与评估职业完全分离开来，从而评估职业作为参照群体既包含他职业群体也可能包含着受访者的所属职业。

四 因素影响效应分析

统计结果显示（见表5.4），在控制相关属性特征的基础上，人们的收入状况对因变量具有显著影响效应：收入水平与可接受的收入差距呈"倒U形"曲线关系；相比自感收入不合理的群体，认为自身收入所得越合理，对职业间收入差距的容忍度越高。同时还可以看到，那些交往对象职业类型越多样、自感职业收入差距越大的群体，能够接受职业间收入差距的程度更高。这一结果似乎与相对

表5.4　　　可接受收入差距的OLS回归模型参数估计结果

	模型1（对异端值进行剔除处理）		模型2（对异端值进行转换处理）	
	B	t	B	t
性别（以男性为参照）	0.001	0.19	-0.001	-0.39
年龄	0.000	0.06	-0.000	-0.52
工作收入（元）	0.001***	3.45	0.001***	3.98
工作收入的平方	$-3.16e-09$**	-2.86	$-1.89e-09$*	-2.57
收入公平性认知（以不合理为参照）	0.007†	1.65	0.007†	1.80
社会交往对象类型	0.001†	1.75	0.001*	2.24
感受到的收入差距	0.773***	48.61	0.753***	65.22
未来预期	0.001	0.42	0.003†	1.76
截距	0.019	1.39	0.033**	3.02
样本量	1643		3579	
调整后的R^2	59.80%		55.58%	

注：† 表示 $p \leq 0.1$，* 表示 $p \leq 0.05$，** 表示 $p \leq 0.01$，*** 表示 $p \leq 0.001$。

剥夺理论的预设不同，反而在某种程度上验证了适应理论（adaptive theory）的假定，即感知到的不平等程度越高，人们会逐渐适应不平等程度的提升并调整其对收入差距的容忍度（转引自李骏、吴晓刚，2012）。需要进一步辨析的是，由于感受到的收入差距与可接受的收入差距是相依的两组题器，不排除由于受访者答题的惯性形成的系统性误差造成了二者间的高度相关。未来预期的影响效应由于分析数据的差异，表现出一些区别。在模型2中，受访者有关未来经济收益和社会地位提升的预期对因变量具有显著正向效应，预期程度越高，对收入差距的容忍度越高。

◇ 五 总结与讨论

中国在短期内从一个具有平均主义倾向的社会转向为一个收入分配很不均等的社会已成为毋庸争议的事实。那么民众能够接受何种程度的收入差距却是值得进一步深入探讨的问题。对此，文章依据受访者对设定职业实得收入和应得收入的主观估值测算了民众对收入差距的主观感受（感受到的收入差距和可接受的收入差距）。在此基础上进一步分析了影响收入差距容忍度的相关因素。

从主观收入差距及其所提供的信息来看，民众所能接受的收入差距远低于其所感知到的收入差距，这也在一定程度上解释了为何当下不少民众对收入分配不满。进一步的分析结果显示，民众并不接受完全均等的收入分配，而是趋向于一个合理的差距区间。分别计算各项职业实得收入和应得收入的估值及离散度，结果显示：民众较为普遍地认为应提高部分职业收入、降低另一部分职业收入，但这种认知是在承认收入水平应因职业不同而相差有别、一定程度的收入差距是合理的基础上形成的。同时，民众在对高收入职业应得多少的估值上呈现出较高的离散性，意味着，人们在关于如何降低收入差距上并未形成一致性共识，而是呈现出分配意识的分裂状态。

在上述基础上，文章从赫希曼关于收入差距容忍度的理论预设出发，在文献梳理的过程中结合调查数据，分析了相关因素对民众可接受收入差距的影响效应。统计结果发现，主体的收入水平、收入公平性认知、交往对象类型、感知到的收入差距和未来预期都在不同程度上影响着其有关收入差距的容忍度。那么，赫希曼关于"隧道效应"的假定是否得到证实？

回到赫希曼关于"隧道效应"的假定上，在控制外部相关因素的前提下，由于他人状况改善而带来的积极心理预期实际上是建立在社会互动基础之上的。确实，与周围群体的社会互动对主体的主观感受和行为方式有着重要影响作用。赫斯特罗姆等人在关于青年群体就业行为的研究中发现（Hedström，2005：119－131），社区同龄人中的失业率对于个体失业者摆脱失业状态的可能性有相当大的影响力。首先，社会互动效应使得社区中失业青年的比例越高，个体摆脱失业状态的可能性越低，行动主体间的关系越近，由于社会互动而产生的彼此间影响效应就越强。而社会互动效应得以发挥作用的主要机制是同龄人的失业状态不仅影响着个体摆脱失业的期望和信念，亦构成了就业机会结构的变化。与上述研究在某些方面具有相似性，隧道效应论断的成立首先强调参照比较的他人在某一参照点上具有相似性。其次，由于外部结构环境的变化，他人状况的改善传递出同样身份或地位者境遇亦会改善的积极信号。最后，人们出于自身境遇将会改善的积极预期所带来的初始满足感，强于或者消减由于他人状况改观而产生的嫉妒感或相对剥夺感。根据这些假定条件，在群体互动数据不充分的前提下，我们很难将由于未来预期良好而对收入差距持更为容忍态度的结果完全归结为隧道效应。但无可否认的是，无论是"理性预期"还是"自我暗示"，人们的期望或者希望因子确实是一项强大的心理活动。为了预期目标的实现或认为目标很快就会实现，人们会对当下的不公或者不满变得更为容忍，甚至能够忽略当下所经受的痛苦和不快。

当然，隧道效应的存在对于一个社会应对经济发展过程中难以避免的收入差距具有积极意义。但由于这种主观感受是以社会互动为基础、未来预期为条件，从而当前期民众被提升的预期不能实现或预期目标与现实间的落差较大时，隧道效应会悄然消退，但被激发出来的反弹效应可能会更强烈，进而产生比一般意义上的不满或不公更为严重的社会后果。这也是托克维尔所指出的，激烈的社会冲突一般不会发生在一个从坏向更坏发展的社会中，而经常发生于一些国家往好的方向发展之时（托克维尔，2012）。

总而言之，人们对收入差距的容忍度是一项很难准确认定的心理感受，也即何时产生、何时消退并非个体属性的某种组合所能完全解释。但可以肯定的是，诸如过大的收入差距等社会问题与矛盾的有效化解，需要以多数社会群体对未来前景的"目标交集"形成较为广泛的共识性期待为必要条件（吴忠民，2015）。也正是在这个意义上，无论人们对未来发展变化的良好预期是否源于隧道效应，但这种主观心理自身对凝聚社会共识、促进社会发展必不可少。

第六章

预期实现：公众收入获得感

"有国有家者，不患寡而患不均，不患贫而患不安。"
——《论语·季氏》

"在做大发展蛋糕的同时分好蛋糕，从人民最关心最直接最现实的利益问题出发，让百姓有更多成就感和获得感。"
——习近平，《中国发展新起点全球增长新蓝图》

改革开放40年来，中国经济社会发展取得了举世瞩目的成就。但与此同时，仍然面临着诸多复杂难题有待解决，其中经由不少研究发现并提出的客观获得与主观获得不一致或错位的问题，日渐引起政府和学界的关注：为什么随着中国经济持续高速增长、物质生活水平不断提升，居民总体幸福感、满意度等主观获得感受却未同步提升，反而有"钝化"或"餍足"之势？为什么在绝大多数人已解决温饱问题、中国成功跳出"贫困陷阱"、社会总体实现小康的发展阶段，不少人仍然表现出"端起碗来吃肉、放下筷子骂娘"的态度倾向？以致有一种较为普遍的担心——中国是否会跌入"转型陷阱"或"中等收入陷阱"，即经济总量达到中等发达国家水平，但社会发展却迟滞于经济发展、政治发展难以保持良好秩序。这些"双重景象"及其可能连带而生的政治、经济和社会问题，也使我们不得不思考，民众获得感的差异和变动与社会结构变迁之间有何种关联关系？进一步，社会结构的哪些要素、何种变迁路径、通过什么方式影响着居民获得感受的变化？

从中国发展实际出发，改革以来的社会结构变迁是从纵横两个维度持续推进并扩展而开的。时序上，经济社会总貌在短短几十年间发生了历史巨变；空间上，地区异质性较大并有不断固化之势，民众的生活体验和发展际遇无不处于这种时空场景的转变之中。与此同时，居民的收益获得既受到经济增长总量的影响，同时也受到收入分配结构的约束，深嵌于二者共同演进的关系之中。虽然以往关于民众满意度、幸福感等获得感受的研究不乏从历时变动或区域差异、经济发展或收入分配各自视角的考察，但鲜有将上述结构因素和变动视角同时关联起来进行的分析与探讨，由此也难以较为全面准确地反映社会结构变迁与民众获得感受变动之间的关系。本章的研究目的正在于，同时查看在社会变迁过程中，以经济增长刻画的"做蛋糕"机制与以收入差距刻画的"分蛋糕"机制共同形塑的场景及其时序—空间差异是否对民众的获得感具有影响？如果有，具体影响效应表现为何？

◇◇ 一 场景、变迁与社会态度流变

个体无往不在场景之中，社会活动也是借由各种场景才得以可

行的。既往研究表明，无论是较为稳固的价值认同还是易于流变的态度观念，都会程度不一地受到外在环境变化和社会场景变动的影响。可以说，社会场景与个体间关系的研究一直是社会学关注的重要对象，但与指涉明确的个体相比，社会场景的含义则显得复杂很多。这不仅是因为"场景"并不是一个有明确限域和边界的社会实在，而且是因为"场景"自身就包含着变动的意涵和主体的不同"赋值"意义。因循理论旨趣和解释对象的差异，社会学研究中的"场景"有着不同的指代，概括而言，可分别称为"即时互动场景""设施—功能场景"和"社会变迁的时空共构场景"。

第一种面向的"场景"，主要指日常生活中主体互动的即时情境。这种意义上的场景较早为符号互动论、拟剧理论等微观取向的研究所重视。如戈夫曼在对人们根据不同区域调整行为方式的经验观察之上，提出了"前台"与"后台"的场景划分（戈夫曼，1989）。之后，相关理论机制扩展到了有关媒介互动、虚拟空间等领域的研究之中，并认为由技术革新带来的可感知但难以触摸的媒介信息及环境氛围同样构成为个体行为适应的场景（梅罗维茨，2002；蔡斐，2017）。如新近的一项观点认为，随着大数据、移动设备、社交媒体等技术力量的兴起与发展，由之联动产生的变化将使得人类社会进入到一个全新的"场景时代"（斯考伯、伊斯雷尔，2014：9-32）。可以看出，这种"场景"观更多强调个体体验意义上的微观情境复合，"在场可得性"成为其关键特征（吉登斯，2016：116），只要社会成员在参与社会互动时，融入被赋予外在意义的各种情境都可视为场景。

第二种面向的"场景",是指与自然环境相对而具有文化价值功能的设施载体。这种场景观是在有关城市人口迁移和经济驱动力更新的研究中被提出和发展而来的,新芝加哥学派被认为是"始作俑者"。克拉克认为,古典经济学关于土地、劳动力和资本的要素说已经难以有效解释城市经济的发展与更迭,在对美国不同城市人口聚集和流动状况的研究中发现,一个城市中图书馆、剧院、咖啡馆、酒吧等设施(constructed amenities)的数量显著影响着较高文化程度人口的流入,而正是这些高素质的人力资本和他们的消费、创新行为推动着城市经济的发展。(Clark,2003)当然,这些生活娱乐设施,不仅只表现为使用功能,也传递着有关消费、创新的文化和价值观念,共同构成具有文化生命的城市场景(scenes)(Silver et al.,2010)。进一步而言,现代城市之中的各种设施及空间布置不仅在物的意义上体现为场景,而且其所蕴含的文化价值同样作为符号意义上的场景,影响着个体的行为动机、重塑和建构着现代生活秩序(吴军,2014;西尔、克拉克,2019)。

相比于以上两种,可将社会变迁视作更为宏观意义上的"场景"。也许是将其视为场景太过理所当然,这种场景观并未被明确提及。但只要稍作思考就会意识到,每一个体无不受到社会结构在时间和空间两个维度延展而开的变动情势影响。如吉登斯所论,所有的社会生活都发生在时间和空间相互交织的情境之中,也都是通过这种交织关系得以构成的(吉登斯,2016:125)。当然,社会变迁并非一个无所不包的模糊概念,也并非仅仅是时空所形构的一般化框架,其之变与不变都指向的是本具有稳固特性的社会结构要素（如家庭、阶层、制度文化、国民经济等），从长期来看发生变化的过程（富永健一，1988：87 - 88）。正因如此，一旦相对稳固的结构要素发生急剧变化，产生的社会影响效应可能会更加剧烈。譬如涂尔干关于自杀现象的研究就是力图反映社会变迁在较广的时空范围内所产生的激烈社会后果，即现代化进程的加速和社会急剧转型一旦打破原有的价值规范和社会平衡状态，而又不能在短期内建立新的规范，就会引致道德真空状态和整个社会的失范，社会个体的价值观念和行为取向也随之失去可循的轨迹，导致的社会后果之一就是自杀率的急剧上升（涂尔干，1996）。虽然涂尔干所强调的并不是一般意义上的态度观念，但不难设想，社会变迁既然会影响个体的自杀行为和倾向，那么对一般社会态度的影响也自不待言。

沿循这种结构主义的理论进路，大量研究探讨了社会变迁场景之于民众态度观念的影响作用。如格尔在关于社会运动的研究中，提出一个社会的变迁往往会在价值能力（value capacity）和个体价值期望（value expectation）间形成不同形式的落差，而正是这些落差导致了不同类型相对剥夺感受的产生（Gurr, 1970：46 - 56）。尤其是在一个发展中的社会，虽然社会的价值能力在不断增长，可一旦增长的态势落后于民众期望的增长，形成如戴维斯所言的"J形曲线"关系，同样可能会产生强烈的相对剥夺感（Davies, 1962：5 - 19）。不一而足，不仅人们一般态度的变化与社会场景的变迁关联，而且相对稳定的价值观念亦复如此。坚持社会变迁必定引致价值变迁的英格丽哈特，更是分离出"物质主义"与"后物质主义"

两种价值取向，认为战后出生的西方年轻世代相较于他们的上一代，由于所经历的社会环境完全不同，从而更为普遍地持有"后物质主义"观念（Inglehart，1990；Inglehart et al.，1994）。也就是说，无论是态度感受还是价值观念，都可能会随主体所处或所经历的社会场景差异而发生转变。

"人同此心，心同此理"，近年来，关于中国民众微观态度流变的研究也同样强调宏观社会变迁的条件性。如周晓虹认为，作为社会体验的民众心态与作为社会情境的转型过程都是理解中国经验的重要视野，二者不应分离而是一体两面的关系，共同赋予改革以来的中国变迁以更加完整的意义（周晓虹，2014、2011）。李路路等人的研究，从历时变动过程比较了 21 世纪以来中国民众社会态度的整体变迁趋势，发现诸多态度感受虽在总体上表现出较为一致的变化态势，但群体差异化的特征亦受到结构因素的影响（李路路、王鹏，2018）。俞国良等人不仅对转型期的诸多社会心态感受进行了研究，而且提出中国社会的转型场景是心理态度研究的天然"实验靶场"（俞国良、谢天，2015；俞国良、王浩，2016）。关于中国人之价值观念变迁的研究也表明，无论是传统观念向现代观念的转变，集体主义与个体主义的分异，还是其他方面的嬗变，也都深植于近世中国之急遽变革的场景之中（杨国枢主编，2013）。

一言以蔽之，尽管个体态度观念的变化有着其内在逻辑，但群体性或总体性的趋势变动必定受到社会总体结构变迁的潜在影响。相比于西方社会相对稳定的结构特征，中国社会，尤其是改革开放以来的发展变化，可谓波澜壮阔。正因此，如有研究所强调的，对中国具体问题的研究，确有必要将对象与空前的社会变迁这一场景结合起来进行考量（李强等，1999）。

二 经济发展、收入分配与民众获得感受

在诸多社会态度中，"获得感"无疑是一项较为新近的概念。自这一概念成为政策热词和社会各界讨论的焦点之后，关于其的论述和报道积简充栋，但相关学术研究仍显不足，从社会发展和场景变动的宏观视角进行的分析更为鲜见。本章尝试将民众的获得感放置到有关主观福祉的学术脉络和中国社会剧烈变迁的场景之中加以审视，回答与解释，民众获得感受的差异、变动与社会场景的变迁有何联动关系？

以此路数进入，一方面在于学界虽未对获得感形成一致认知和严格界定，但无论从国家政策表述，还是现实意涵出发，都不难发现获得感与幸福感、满意度、安全感等既有概念有很大程度的亲缘性，都是刻画主观福祉状况的重要指标。在较为宽泛的意义上，民众的满意度、幸福感等态度感受亦可作获得感受观，因为无论是客观获得还是主观获得，终将体现为是否会提升幸福感、满意度等福祉状态。反观以往有些研究，为了突出获得感之独特性，人为将其与既有概念在理论上进行割裂，但又无有效测量，形成了在学术根源上"先天不足"又在实证分析中"发育不良"的尴尬困境。另一

方面则在于既往局限于微观视角的分析,不但阻碍了对获得感在民生福祉改善中所具有的总体意义把握,同时也忽视了获得感形成与提升所不可脱离的社会结构环境。如前文所论,分析与探讨任何总体性的社会态度变动,如果脱离之于其中的社会场景,则无异于"缘木求鱼"。

事实上,当我们从社会发展和主观福祉变化的角度审视获得感,会意识到,这一概念的提出,是我们国家在经历温饱阶段、总体实现小康之后,社会发展理念的扩展。即从过分倚重经济发展向同时注重社会发展的转变,从社会福利观(social welfare)向社会福祉观(social well-being)的转变。这一转变的内核是,经济发展并不会自动增进不同群体的福祉;相反,如果不改变经济社会发展不平衡、不充分、不协调的状态,不仅难以有效满足民众日益增长的各项需要,更会陷入到为发展而发展的逻辑"陷阱"之中。党的十八大以来,习近平在关于增进民众获得感的论述中多次强调,既要把"蛋糕"做大,也要把不断做大的"蛋糕"分好。[①] 可以说,改革开放40多年来,我国社会发展的进程在某种意义上正是在"做蛋糕"与"分蛋糕"的动态平衡中不断促进民生福祉水平提升的。也就是说,社会结构变迁的面向众多,但经济发展与收入分配这一"相生相伴"的两个方面却是探讨民众获得感受不可或缺的结构条件。对此,我们亦围绕此两个方面在变迁过程中所形构的场景差异及其影响效应概述相关文献并提出文

---

① 参见习近平,2016。

章的研究假设,关于获得感的进一步界定与操作化将在后文数据测量部分展开。①

(一)"做蛋糕"场景:更富裕是否主观获得感受更强?

经济越增长、收入水平越高,民众的获得感受是否亦将同步提升?对此问题,学界展开了长期的实证探讨,其中最引人关注并被后续研究持续跟进的当属经济学家伊斯特林提出的"幸福悖论"(Easterlin Paradox)命题。他在40多年前的研究中发现,在一国之内,幸福感水平与收入水平呈正相关,但在不同经济发展水平的国家之间,民众幸福感并没有显著差异;在短期内,越富裕,民众的总体幸福感越强,但从长时段来看,经济增长并不会促进幸福感持续提升(Easterlin, 1974)。随后,不少研究对此结果及数据方法提出了质疑,并随着可使用和可比较资料的日益丰富,研究者在不同数据基础上进行了重新检验,结论异同各有。后来,伊斯特林修正了自己早先提出的研究结论,得出经济发展水平与民众平均幸福感的关系在长时段内呈"U形"变化趋势(Easterlin et al., 2010)。无论如何,这一研究能够引起学界旷日持久的关注与争论,与其说

---

① 由于完全从获得感出发的研究太过匮乏,我们在综述文献时围绕有关主观福祉的研究展开。而主观福祉(Subjective well-being, SWB)是一个外延十分广泛的伞状概念(umbrella term),指向于人们评判其生活状态的多重维度,强调对诸多方面的反身性认知(reflective cognitive),包括如情绪状态、对身心健康的意识、对特定行为和事项的满意度、对时间分配和压力的主观体验以及人们对生活于其中的环境感知等(参见 Diener, 2006; Kahneman & Krueger, 2006)。限于篇幅,本书不一一辨析不同主观福祉间的异同,集中于为学界较多探讨的幸福感和满意度两个方面进行文献梳理。

是"幸福悖论"这一发现或结论令人感兴趣,毋宁认为人们对经济发展如何影响民众福祉状况更为关注。

从相关文献来看,关于经济发展如何影响幸福感、满意度等获得感受的研究结论可主要分为"效应显性"与"效应中性"两类。持有"效应显性"观点的学者认为,经济发展是提升民众主观福祉的必要结构条件,二者之间呈正相关关系(Stevenson and Wolfers, 2013; Stevenson and Wolfers, 2008; Veenhoven and Vergunst, 2013)。与之不同,持有"效应中性"观点的学者则认为,以GDP、收入水平等指标衡量的经济发展程度与民众幸福感或满意度之间在长时段内并没有显著相关性,并提出如期望提升(raised aspirations)、偏好漂移(preference drift)、跑步机效应(hedonic treadmill)、增长适应(happiness adaptation)、相对收入(relative income)等机制进行解释(Kenny, 2005; Knight, 2012; Tella et al., 2010; Costa et al., 1987; Praag and Kapteyn, 1973; Knight and Gunatilaka, 2011; Bjørnskov et al., 2008)。

当将对象聚焦于中国民众后,从历时变动视角展开的研究同样呈现出不尽一致的结论。如伊斯特林等使用世界价值观调查数据进行分析后,发现从1990年到2007年,中国民众的平均满意度水平随着经济的快速增长反而呈下降趋势(Easterlin et al., 2012: 9775 - 9780)。伯克霍尔德的研究同样认为自20世纪90年代中期到21世纪初,中国民众自感满意的比例趋于下降(Burkholder, 2005)。吴菲使用8个年份的横截面抽样调查数据进行时间序列分析后,显示出,在具体时点,以家庭人均收入和省份层级人均生产总值衡量的富裕程度确实与平均幸福感呈正相关,但从长时段来看,省份层级的经济发展水平对幸福感并没有显著影响(吴菲,2016)。与上述结论不同,刘军强等人的研究认为经济增长可能是民众幸福感增强的结构动力,因为在中国经济快速发展的过程中,民众总体幸福感亦呈不断提升态势(刘军强等,2012)。与这种趋势判断不同,周洁和谢宇的研究表明(Zhou and Xie,2016),虽然在固定时点,居民的平均满意度并不因地区经济水平的差异而显著有别,但在控制时间效应后,同一地区经济增长速度越快其居民满意度水平越高。

可以看出,在总体集合层面,关于经济发展与诸多获得感受间的关系仍然是一项争论未定的议题。从而我们建立如下研究假设:

假设1a:在固定时点,地区间经济发展的共时差异将影响获得感受,经济发展水平越高的地区,民众获得感越强;

假设1b:对某一地区,经济发展的历时变化将影响民众的获得感受,经济发展越快,获得感越强。

(二)"分蛋糕"场景:愈不平等是否主观获得感受愈低?

当众多学者对经济发展的社会效应不断检视之时,不少研究将焦点转向于经济成果在社会成员间的分配状况,即探讨不平等结构如何影响社会群体的生活体验与态度感受。总体来看,不平等状况对民众满意度、幸福感等获得感受的影响亦未形成一致性共识,"效应无关""效应负向"与"效应正向"的结论并存

（Roth et al., 2017；Rözer and Kraaykamp, 2013；Zagorski et al., 2014；Udo and Heinz, 2009）。这种差异性结果可能一方面缘于研究对象的不同所致，对象群体所在社会的结构特征在很大程度上会调适收入不平等的影响效应。一个结构弹性、流动通畅的社会，适度的收入差距可能反而会促生"隧道效应"的形成，提升社会地位不利者的发展预期与满意度水平（Hirschman and Rothschild, 1973）。另一方面，由于对收入不平等状况的度量要基于确定的区域范围，区域范围不同，不平等结果对目标群体的影响效应也差异有别。如一些研究发现，不平等度量所涵括的范围越广，对人们福祉感知的影响效应越小；在较小的地域范围内，由收入或财富分化而引发的心理感受会更加明显（Graham and Felton, 2006）。

就中国相关问题的研究而言，同样呈现多向性结论。如奈特等人的研究发现，中国农村居民的幸福感与不平等程度呈显著正相关关系（Knight et al., 2008）。何立新和潘春阳的研究则显示，收入差距对居民幸福感的影响效应随收入阶层的升高而逐级减弱（何立新、潘春阳，2011）。更多研究则表明，收入差距越大，民众的主观福祉水平越低（黄嘉文，2016；王鹏，2011；鲁元平、王韬，2011）。当然，这些研究除了探讨结构效应的影响外，还对如相对剥夺、参照比较等微观机制的中介效应进行了分析，此处不再细述。

可以看出，收入差距对人们获得感受的影响并非规范性命题，也即何种程度的不平等会超出容忍区间或可接受范围并引发消极感知，还需要与具体的社会场景、不同群体的地位特征和价值取向等因素关联起来进行考量。但无疑，差距过大且持续固化的收入分配格局将不利于总体福祉状况的改善。以此，我们建立以下假设：

假设2a：在固定时点，地区间收入分配的共时差异将影响获得感受，收入差距越大的地区，民众的获得感越低；

假设2b：对某一地区，收入分配的历时变化将影响民众的获得感受，收入差距越大，获得感越低。

（三）交互共变场景：患不增还是患不均？

通过上述梳理可以发现，经济发展或收入分配之单一维度，对民众幸福感、满意度等获得感受有着效应不定的影响。但从社会发展实际出发，经济发展与收入差距并非截然两分，相反，而是处于共变状态。如有研究发现，"幸福悖论"的存在正是因为研究者只局限于经济增长视角，当引入收入差距这一因素后，民众幸福感未随经济发展而提升的主要原因在于多数国家的经济发展同时伴随着收入差距的拉大，进而提出，相对平等的收入分配是经济发展能否促进民众主观福祉的先决条件（Oishi and Kesebir, 2015）。

除了二者的共变关系，我们常言"不患寡而患不均"，是否增长与分配相较，人们更多在意收入分化而非总量增长？一项实验测量了受试者在同时面对两种情形下的选择：情形一，经济总量较小，但每个人都能获得完全均等的份额；情形二，经济总量增大，且受试者能够得到相比于情形一更多的份额（不是最多份额），但不同个体所能获得的份额却有较大差异。结果显示，更多人倾向于选择在差异化条件下，绝对量的增多（多兰，2016：241）。另一项关于美国民众的网络调查，从罗尔斯关于"无知之幕"的假想情境出发，让被调查者在三种财富分配形态的社会中选择最愿意生活于哪一社会之中。结果显示被调查者既不认可财富完全均等分配的社会形态，也不喜欢财富差距过大的社会，而是更为中意差距适度的社会类型（Norton and Ariely，2011）。上述调查结果在一定程度上意味着，多寡与是否均等同时衡量的场景下，人们可能更倾向于在适度收入差距下保持可得收入的增长。但从实际出发，如何既能实现经济较快增长又能保持收入差距适度，却难由个体意志决定，而是社会在发展过程中诸多因素共同演进（co-evolutionary）的结果。尤其是对于历经几十年经济持续高速增长和收入差距仍然高企的中国社会而言，二者共同交织作用时，对民众态度感受有何影响并未被既有研究所重视，故而仍有待进一步检验。对此我们建立以下假设：

假设 3a：经济发展程度低且收入差距大的地区，民众的获得感更低；

假设 3b：在收入差距状况难以短期改变的场景下，经济发展对民众获得感的影响效应更为强烈。

◇◇ 三 数据资料与研究设计

（一）统计数据

文章用以分析研究问题的数据资料来自 CGSS 2005 年和 2015 年两期调查，共同构成了一项前后跨度 10 年的混合截面数据。CGSS 调查采用分层设计和多阶段 PPS 抽样。从样本代表性和本章研究问题的角度考虑，若能够以初级抽样单元（PSU）作为分析单位将具备更好的代表性，但限于调查机构为保护被访对象隐私，未提供可依据的区县编码，故此，文章以省份（直辖市）作为结构层级的分析单位。[①]

文章在结构层级和省份集合层面涉及三项核心变量，即获得感、人均地区生产总值和收入差距。其中人均地区生产总值数据来自相关省（市）不同年份的统计年鉴，独立于抽样调查数据；收入差距和获得感则由调查数据生成。为了校正样本抽样权重不能推论省级层次的问题，我们对每个省份进行了重新加权，权重基于相应年份各省在性别和年龄两个维度的边际分布计算而成。权重校正数

[①] CGSS 调查机构声明，依据相关法律规定以及科学研究伦理的基本原则，CGSS 对调查的县（区）及村居委会的名称、地理位置以及行政编码严格保密，不会以任何形式向任何机构和个人公开这些信息，以保护调查对象的个人隐私，避免任何可能对调查对象造成潜在损害的行为。（参见 http://www.chinagss.org/index.php? r = index/artabout&aid = 17）

据来源于 2006 年、2016 年《中国统计年鉴》以及 2006 年《中国人口统计年鉴》和 2016 年《中国人口和就业统计年鉴》。

（二）分析策略

为了回答文章的研究问题及验证研究假设，数据的统计分析主要分为四个步骤。

首先，建立线性方程作为基准模型（见式1），用以查看微观因素对民众获得感的影响效应，其中 X 是微观层次变量的向量。进一步，在基准模型之上引入时间变量，分析与比较此些因素从 2005 年到 2015 年之间影响效应的变动状况（见式2）。$S = tX$，t 代表时间哑变量（2015 = 1），δ 是微观因素与时间变量交互项的统计参数向量。此模型除了统计两个年份各项因素的影响作用，还可以进一步检验各因素影响效应的年度间差异及显著性。

$$Y = \beta'X + \varepsilon \tag{1}$$

$$Y = \beta^{*'}X + \delta'S + \varepsilon \tag{2}$$

其次，在微观分析的基础上，进一步查看区域特征的差异及影响，即省级层次经济发展与收入差距状况的差异是否对民众的获得感具有影响效应。对此，在式（1）之上建立分层模型（HLM）。根据前文的研究假设，我们只关注场景差异的独立影响，从而构建一般随机截距模型（见式3），W_j 代表区域结构特征，X_{ij} 代表个体特征。

$$Y_{ij} = \gamma_{00} + \gamma_{01}W_j + \beta_{1j}X_{ij} + u_{0j} + \varepsilon_{ij} \tag{3}$$

如果将式（3）看作是对横断面静态差异状况的分析，再一步，我们将探讨区域结构因素和民众获得感同时变动之下的影响关系。对此，在式（1）基础上同样构建分层模型（见式4）。k 表示第 k 个省份（直辖市），ΔW 表示省级结构特征的变化。与对区域差异的分析一致，此处仅关注区域特征变动的影响，λ_0 表示的是经济增长和收入差距的变化对不同省份民众获得感均值（δ_{0k}）变化的影响效应。

$$\delta_{0k} = a_0 + \lambda_0 \Delta W_k + \mu_{0k} \tag{4}$$

通过式（3）和式（4），可以分别探究民众获得感如何受到"场景"共时差异与历时变化的影响。这种做法直观易解，但仍需进一步辨析与检验地区不变特征（time-invariant）与地区特征随时间变动（time-varying）共存时的混合效应（hybird effects）（Fairbrother, 2014）。故而，我们进一步构建混合效应模型如下。式（5）中个体（i）嵌入于地区—时期（tj），而（tj）进一步嵌入于地区（j），X_{itj} 为个体特征变量的向量，W_{tj} 是地区—时期变量的向量，$\overline{W}_j$ 则是地区特征变量的均值，ν_j、υ_{tj} 和 ε_{itj} 分别代表地区层级、地区—时期层级和个体层级的随机效应。以此，一方面可分解两种效应各自的影响力，另一方面也可作为前述分析结果的稳健性检验。也就是说，在跨期截面调查中，个体、地区—时期、地区共同构成了三层嵌套的数据结构。结构因素形塑的场景效应既表现为区域特征之间的差异（between-regional），也表现为区域特征随时间变化的内部差异（within-regional）（Tormos et al., 2017）。

$$Y_{itj} = (\beta_1 X_{itj} + \beta_2 (W_{tj} - \overline{W}_j) + \beta_3 \overline{W}_j) + \nu_j + \upsilon_{tj} + \varepsilon_{itj} \tag{5}$$

(三) 变量测量

1. 因变量：从获得感到收入获得感

前文已论及，就"获得感"概念自身而言，学界尚未对其形成严格的理论界定，相关实证探讨亦比较缺乏，但从既有研究来看，较多认为这种态度感受具有如下几项鲜明特征。

其一为主客双重属性，即获得感不仅是主观感受的呈现，同样离不开客观实际获得，形象的描述便是"拿在手里，喜在心里"，是人们享受社会发展成果的多寡和成果享受后的满意程度（丁元竹，2016）。其二为参照比较属性，即人们的获得感受并非状态恒定，而是更多取决于在不同参照系下与不同参照对象（包括自身）的相对比较。如有研究强调，获得感与"相对剥夺感"是一体两面的关系，只不过相对剥夺感表现的是人们在参照比较过程中收益预期未能实现的失落感（王浦劬、季程远，2018）；从实际获得到获得感受的产生，总是离不开纵横维度的比较和获得前后状态的比较（王思斌，2018）。其三为社会过程属性，即社会发展的阶段不同，民众的需求层次和需求内容也有着较大差异，从而获得感的关键维度及实现要求亦分殊有别。如果说改革之初，多数民众的需求是解决温饱和生计问题，那么在我国总体实现小康的发展阶段，民众的需求则更为多元、更加广泛，获得感实现的供给条件亦随之发生变化（邢占军，2017）。

在上述意义上，获得感虽表面上是一个带有心理学色彩的概念，但实际上有着较为明确的社会性指涉。由此，在实证研究过程中，对获得感的测量不仅应能够刻画出个体状态的差异性、主客获得的可比性，也应该体现出社会场景的变动性。

毫无疑问，作为一个总和性概念，获得感包含众多面向，或者说，与民众利益诉求相关的内容都可被纳入到对获得感的评估之中。若不做区分，难免会出现简化处理或流于空泛的问题。本章则聚焦于个体的预期收入实现状况，以之剖析和反映民众获得感的结构差异及历时变动状况。这不仅是因为收入始终是社会个体利益关注与争取的核心，而且是因为以之刻画个体状态的差异性、主客获得的可比性和社会场景的变动性更为直观可视。

在 CGSS 2005 年和 2015 年调查数据中，均设有一项题器询问受访者"您认为您的年收入达到多少元，才会比较满意？"这一对虚拟情境的测量，我们认为可作为当下收入在何种程度上达到个体满意预期的有效参照，并可作为衡量收入获得感高低的可行指标。当然，此处需要回答的一个疑问是，常言"人心不足"，人们的预期收入是否会远远超出实际收入并与客观现实脱离，从而导致以之测量的收入满足状态无现实参照意义？

对此，以往研究发现，社会成员对其预期满意收入进行估算与评判之时，更多是基于自身的实际状况进行理性评判，而非不着边际（李颖晖，2015）。也就是说，现实地位结构决定了人们的预期边界。为了进一步验证这种关系，从文章使用数据的分布状况来看（见图 6.1），虽然预期收入水平明显高于实际收入水平，但在两个调查年份中，二者之间都具有较高程度的同构性。这种同构性表现为：在固定时点，二者的密度分布多集中在中左端，也即超高收入和预期超高收入者均为少数；而从变动状况来看，虽然2015年相较于2005年，收入分布图变得相对平缓并更偏向于横轴右侧，无论是实际收入还是预期收入都有较大程度提升，但密度分布的共变性仍然明显。在此基础上，我们认为以此两个方面测度民众的收入获得感具有可信度。① 相比于以往相关研究，这一测量除了精度的提升，更为重要的是，以之进行刻画较好地满足了获得感的理论属性与现实观照。

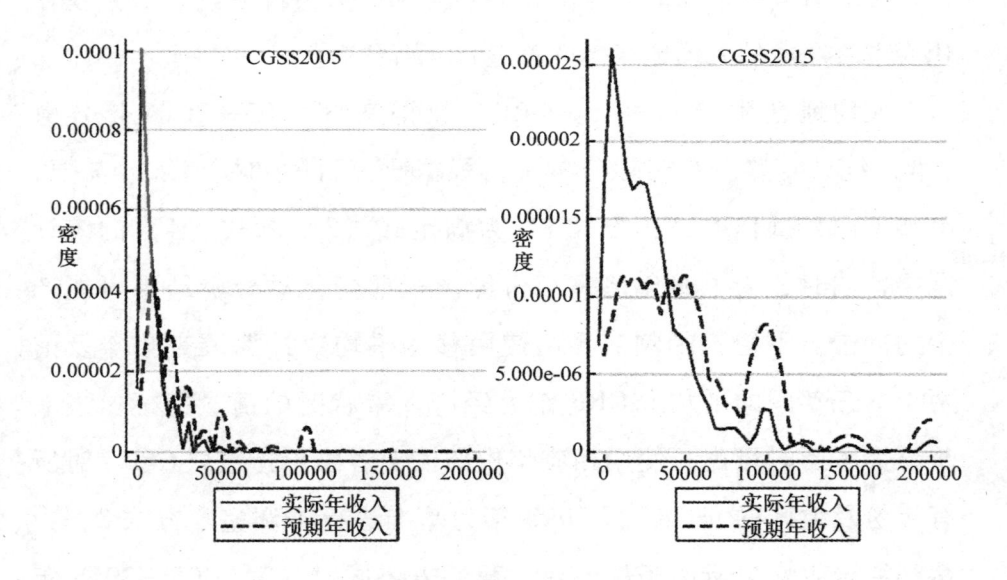

图6.1 个体实际收入与预期收入的密度分布

----

① 在具体计算过程中，由于无论是受访者报告的年收入还是预期年收入，都有一定的离散极端值。为了避免极端值对分析结果的影响，我们根据其分布状况进行了删节处理。对于两种收入数据的缺失值，并未采用任何插值方式填补，以避免人为干预可能造成的数据结构扭曲。

具体而言，民众的收入获得感（Y）可操作化为实际收入（A）与预期满意收入（S）之间的对数方程。在完全一致的情形下，A 等于 S，Y 等于 0；在未达到满意预期的情形下，A 小于 S，Y 为负值；在超出满意预期的情形下，A 大于 S，Y 为正值。在分析的过程中，我们将其视作是连续型变量，取值范围为：$Y \in (-\infty, +\infty)$，数值越高，表明受访者的收入获得感越强。

$$Y = \theta\log(A/S) = \theta\log(A) - \theta\log(S)$$

2. 社会场景变量：经济发展与收入分配

文章的核心自变量为经济发展程度和收入分配状况，分别操作化为省级层次的人均地区生产总值和收入差距。

人均地区生产总值（pcGRP）数据来自 2003—2016 年各省（市）统计年鉴。在实际分析中，根据研究目的和模型统计需要，有如下两种操作方式：方式 1，为满足式（3）和式（4）的统计需要，同时，为了避免单一年份经济短期变化对分析结果可能产生的冲击与不稳定影响，我们使用移动平均数计算调查当年及前两年共三年间的平均 pcGRP 作为经济发展状况的衡量指标。进一步，为了历时可比，使用相应年份的消费者物价指数（CPI）对所有年份及地区的 pcGRP 以 2003 年为基准进行了调整。方式 2，为达到混合效应分析的条件要求，我们需要同时计算 2005—2015 年十年间不同省份（市）的经济发展程度均值以及 2005 年与 2015 年各省（市）的经济发展程度与这一均值间的差值。同样，为了历时可比，此处以 2005 年为基准对各地的经济发展水平进行了 CPI 基础上的调整。

第六章 预期实现：公众收入获得感

收入差距以人均家庭收入计算的基尼系数为衡量指标。① 需要强调的是，调查中的人均家庭收入都是先于调查年1年的收入状况，在一定程度上也反映了收入差距的滞后效应。基尼系数的计算方式有很多，不同计算方式得到的结果会有些许差异，但由于其为0—1之间的数值，能够较为直观地理解收入差距程度，从而成为测量收入不平等状况被较多使用的指标之一（万广华，2008）。文章采用如下计算方式：考虑到一个调查总体（$i=1,\cdots,n$），权重为w_i，目标总体为$N=\sum_{i}^{n}w_i$，相应的人均家庭收入为y_i，人均家庭收入的算术均值为$\bar{y}$，人均家庭收入按照y_i升序排列，那么基尼系数的计算如下：

$$G = 1 + (\frac{1}{N}) - (\frac{2}{\bar{y}N^2})[\sum_{i=1}^{n}(N-i+1)(y_i)]$$

与对地区人均生产总值的操作逻辑一致，文中分析所使用的基尼系数同样有两种形式。除了分别以 CGSS2005 和 CGSS2015 为数据基础计算两个年份各省（市）的收入差距状况，为了满足混合效应分析的需要，我们还通过 CGSS2006、CGSS2008、CGSS2010、CGSS2012、CGSS2013 的调查数据，计算了相应年份各省（市）的

---

① 文章使用人均家庭收入而非受访者个体收入，出于以下方面考虑：首先，家庭收入包含了户内所有个体的各种收入来源，而家庭规模是影响户内人均可支配收入的结构条件，二者同时考量更能反映收入在整体人群中的分布状况（阿特金森，2016：27-28）。其次，从中国人的家庭伦理观念出发，更强调家庭成员间的资源共享，或被称为"共财之义"（梁漱溟，2005：74）。也就是说，家庭中某一个人的福利或自由往往取决于如何使用家庭总的收入来满足不同成员的利益和目标（参见 Sen，1999：60）。需要强调的是，对于家庭的定义因调查设计和受访者个人的理解而有所差异，根据 CGSS 调查，此处采用共同居住的含义。

收入差距状况,以此获得十年间各地区收入差距的均值和地区—时期状态下的差值。

3. 个体控制变量

在分析过程中,文章还纳入受访者的性别、年龄、户籍、受教育程度、政治面貌和职业类型等社会人口学因素作为微观控制变量。为了进行历时比较,剔除了在不同调查年份省份不一致的样本,并整条删除分析所涉及变量有任何缺失值的个案,最后用以数据分析的个体层级样本为15315。具体的变量描述及不同群组的收入获得感状况见表6.1。

表6.1 个体变量及相应获得感受的描述统计

变量	属性	总体 ($N=15315$)		2005 ($N=8189$)		2015 ($N=7108$)	
		比例(%)	获得感均值	比例(%)	获得感均值	比例(%)	获得感均值
性别	男	49.61	-0.954	48.18	-1.096	50.29	-0.757
	女	50.39	-1.164	51.82	-1.282	49.71	-0.920
年龄	≤29	15.85	-1.146	17.61	-1.259	14.27	-0.976
	30—39	18.23	-1.085	26.40	-1.216	10.92	-0.751
	40—49	20.29	-1.141	23.08	-1.272	19.00	-0.972
	50—59	18.64	-0.959	17.65	-1.147	19.53	-0.777
	60—69	15.22	-0.897	10.14	-1.057	19.78	-0.807
	≥70	11.13	-0.723	5.13	-0.832	16.51	-0.685
户口	城镇	45.04	-0.861	54.46	-1.057	44.51	-0.608
	农村	54.96	-1.237	45.54	-1.353	55.49	-1.080

续表

变量	属性	总体 ($N=15315$)		2005 ($N=8189$)		2015 ($N=7108$)	
		比例（%）	获得感均值	比例（%）	获得感均值	比例（%）	获得感均值
教育程度	≤6年	34.28	-1.287	38.43	-1.360	29.77	-1.156
	7—9年	31.19	-1.069	32.33	-1.218	29.96	-0.856
	10—13年	20.82	-0.892	21.10	-1.071	20.53	-0.654
	≥14年	13.71	-0.766	8.15	-0.940	19.74	-0.671
政治面貌	党员	9.27	-0.747	9.01	-0.944	9.55	-0.525
	非党员	90.73	-1.098	90.99	-1.244	90.45	-0.899
职业类型	管理人员/专业技术人员	12.58	-0.625	9.04	-0.820	16.47	-0.499
	行政办事人员	5.22	-0.707	4.81	-0.899	5.67	-0.511
	自雇佣人员	6.69	-0.962	5.48	-1.080	8.01	-0.859
	服务人员	10.44	-0.845	9.41	-1.012	11.58	-0.677
	工人	15.40	-0.804	15.48	-0.940	15.31	-0.640
	农民	35.43	-1.362	47.81	-1.428	21.80	-1.182
	无业下岗人员	14.25	-1.367	7.97	-1.416	21.16	-1.327

四 统计结果分析

（一）谁的获得感更强？

在对民众收入获得感的群体差异与历时变化描述之前，有必要对居民的实际收入和预期收入各自的差异与变动状况进行简要分析。从表6.2的统计结果可以看出，剔除通货膨胀因素（CPI）后，十年间居民收入发生了显著增长；但与此同时，收入的离散程度也显著增加。收入分布两极各10%人群的分位数比显著扩大；对收入分布众位数处较为敏感的基尼系数统计量亦有较为明显的上升。如果将具体时点居民的总体收入看作"一块蛋糕",那么很明显,不同群体在这块蛋糕中所占的份额差异较大,其中下半部分50%的人口比顶部5%的人口拥有的份额不仅小很多,而且相比2005年,2015年进一步降低。另外,与看得见的实际收入相比,民众预期满意收入不仅随着收入水平的提升同步提升,而且其离散程度更为明显。这也意味着,民众关于自身获得多少收入能够达到满意预期,在不同群体间有着较大差异,反过来也证实了前文不同个体的预期收入并非没有边界的论点。

表6.2 加权后实际收入和预期收入离散状况测量

测量	2005	2015	变化	p 值
实际收入				
均值(元)	9095.310	34421.970	21227.370	0.000
p90/p10	18.000	24.000	6.000	0.002
基尼系数	0.535	0.553	0.018	0.049
下半部分/顶部5%的份额比	0.560	0.467	-0.092	0.006
预期收入				
均值(元)	29880.880	184648.300	107272.900	0.000
p90/p10	10.000	15.000	5.000	0.000
基尼系数	0.579	0.807	0.228	0.000

接下来,我们具体查看不同群体民众的收入获得感状况。表6.3是在式(1)和式(2)基础上,各调查年份数据拟合的参数估计结果。从微观因素的影响来看,两个年份的统计结果较为接近:男性的收入获得感显著高于女性;年龄的梯次差异明显,总体上年龄越大的群体,获得感越强;受教育程度同样表现出正向效应,相

比于小学及以下者（文中操作化为受教育年限小于等于6年），受教育程度越高者收入获得感越强；政治面貌的差异性明显，党员群体的收入获得感更高；以管理者和专业技术人员为参照，除了工人群体不具有显著差异性，其他职业群体的获得感明显偏低；居民身份的影响同样明显，城镇居民的收入获得感更强。就因素影响效应的变化而言，多数微观变量的影响在两个年份间无显著差异。但值得关注的是，户口变量的效应显著增强，意味着，十年间城镇居民收入获得感的提升趋势要明显好于农村居民。

表6.3　　　　　2005年和2015年线性模型参数估计结果

	2005		2015		2005 vs. 2015	
	参数	标准误	参数	标准误	参数	标准误
性别	-0.096	0.023***	-0.143	0.047**	-0.046	0.046
年龄						
30—39岁	0.036	0.026	0.139	0.061*	0.103	0.060†
40—49岁	-0.005	0.045	0.099	0.071	0.104	0.087
50—59岁	0.154	0.029***	0.275	0.084**	0.121	0.095
60—69岁	0.179	0.045***	0.276	0.074**	0.097	0.090
≥70岁	0.354	0.054***	0.400	0.089***	0.047	0.101
教育程度						
7—9年	0.041	0.039	0.090	0.048†	0.049	0.046
10—13年	0.104	0.033**	0.129	0.070†	0.025	0.074
≥14年	0.107	0.050*	0.150	0.071*	0.043	0.086
党员	0.020	0.038	0.131	0.070†	0.111	0.080
职业层级						
行政办事人员	-0.058	0.057	0.053	0.074	0.111	0.085
自雇佣人员	-0.131	0.071†	-0.166	0.097†	-0.034	0.120
服务人员	-0.095	0.036*	-0.041	0.083	0.054	0.086
工人	-0.044	0.043	-0.000	0.080	0.044	0.076
农民	-0.445	0.047***	-0.486	0.069***	-0.041	0.075

续表

	2005		2015		2005 vs. 2015	
	参数	标准误	参数	标准误	参数	标准误
无业下岗人员	-0.502	0.051***	-0.556	0.058***	-0.054	0.066
城镇户口	0.082	0.035*	0.226	0.063**	0.145	0.074†
截距	-1.016	0.046***	-0.945	0.083***	-1.016	0.046***
N	8189		7108		—	
R^2	10.74%		8.10%			

注：(1) 各变量的参照组分别为：性别"男性"、年龄"30岁以下"、教育程度"小学及以下"、政治面貌"非党员"、职业层级"管理者/专业技术人员"、户口"农村"；(2) † 表示 p≤0.1，* 表示 p≤0.05，** 表示 p≤0.01，*** 表示 p≤0.001；(3) 表中为基于省份集群估计的稳健标准误。

从集合层面的变动趋势来看，2015年民众总体的收入获得感要显著高于2005年（2005年的加权均值为-1.15，2015年则为-0.87，均值变化的 t 值为-16.22）；从省份层级的变动趋势来看，绝大多数地区民众的平均收入获得感有不同程度的增长，有4个省份出现了一定程度的下降。但这种增长和下降的结果多大程度上受到经济发展和收入分配两项结构因素的影响，还需要在下文进一步详析以确证。

(二) 场景效应的影响为何？

1. 共时差异效应

在上述总体趋势和微观因素影响效应分析的基础上，文章主要关注结构层次的经济发展和收入差距如何影响民众的收入获得感。对此，首先分别查看在不同调查年份，各地区经济发展程度和收入差距与集合层级收入获得感均值的相互关系。从统计结果来看（见

图6.2），一个地区的经济发展程度越高，其民众的收入获得感越强；一个地区的收入差距越大，其民众的收入获得感越低。值得关注的是，仅从总体关系状况来判断，从2005年到2015年，居民收入获得感与地区经济发展水平的相关性显著增强，而与地区收入差距的相关性明显减弱。

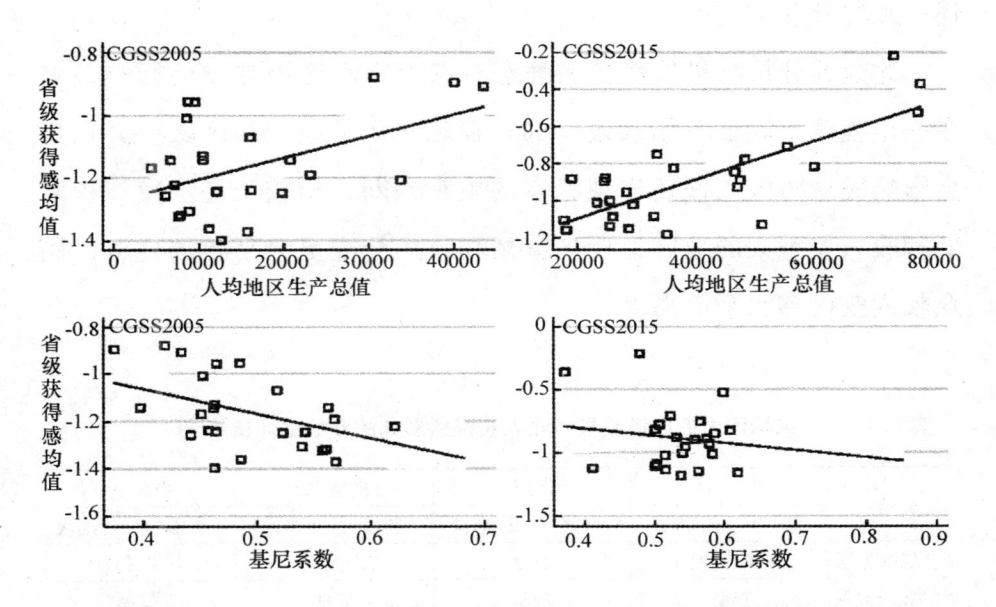

图6.2 各年份经济发展程度、收入差距与省级层次收入获得感的关系

为了进一步辨识结构因素的影响效应，我们构建了随机截距模型（见表6.4）。模型A1是在控制调查时点后，仅纳入结构变量的参数估计结果。统计显示，与前述总体关系状况的描述性结果较为一致，无论是经济发展水平还是收入差距的区域差异都具有统计显著性。然后在模型A2中纳入个体层次因素作为控制变量，可以发现，虽然收入差距的影响作用有所减弱，但"做蛋糕"与"分蛋

糕"的效应假设同样能够得到证实。为了进一步验证结果的稳健性，在模型 A3 和 A4 中，分别用各地区当年人均生产总值（经过 CPI 调整后）和家庭规模等价尺度（对家庭人数取平方根）转换后的基尼系数代替原先的结构变量。结果显示，在控制个体层级变量后，收入差距的影响不再具有统计显著性，但总体上仍然保持与前述一致的效应方向。

此处的分析结果虽然是在静态时点上查看区域差异的影响，但在一定程度上验证了场景效应的存在和作用关系，即区域差异场景会影响民众对收入预期实现状态的主观判断，相较于经济发展程度低和收入差距大的地区，更加富裕和收入分配更为平等的地区，民众收入获得感水平更高。

表6.4　　结构因素的区域差异对收入获得感影响的参数估计结果

变量	模型 A1		模型 A2		模型 A3		模型 A4	
	参数	标准误	参数	标准误	参数	标准误	参数	标准误
个体层次变量	未控制		控制		未控制		控制	
年份虚拟变量	控制		控制		控制		控制	
结构层次								
人均生产总值	9.81×10^{-6}	1.15×10^{-6}***	3.10×10^{-6}	9.34×10^{-7}**	9.24×10^{-6}	1.12×10^{-6}***	2.80×10^{-6}	8.94×10^{-7}**
基尼系数	-0.425	0.160**	-0.288	0.151†	-0.404	0.170*	-0.248	0.158
误差（u_{0j}）	1.202***		1.086***		1.202***		1.086***	
截距（$\gamma 00$）	-1.097		0.087***		-0.933		0.095***	
Log Likelihood	-24992.61		-22372.82		-24995.17		-22374.17	
BIC	50043.49		44967.28		50048.62		44969.99	

注：(1) 层1样本规模为15297，层2样本规模为26。(2) † 表示 $p \leq 0.1$，* 表示 $p \leq 0.05$，** 表示 $p \leq 0.01$，*** 表示 $p \leq 0.001$。

2. 历时变动效应

前述部分，我们只查看了区域共时状态下的场景效应差异。为了验证不同地区民众收入获得感的历时变化是否以及如何受到场景变动的影响，文章在区域固定的条件下做了进一步分析。同样，先查看总体趋势状况，如图6.3所示，在不考虑微观影响因素的条件下，每一地区，经济的增长对民众收入获得感的变化有显著提升作用，而收入差距的拉大则表现出负向影响。接下来，多层模型的参数估计结果显示（见表6.5），一个地区的经济增长越快，其民众的收入获得感越强，而收入差距的变化不具有统计显著性，相关研究假设部分得到证实。

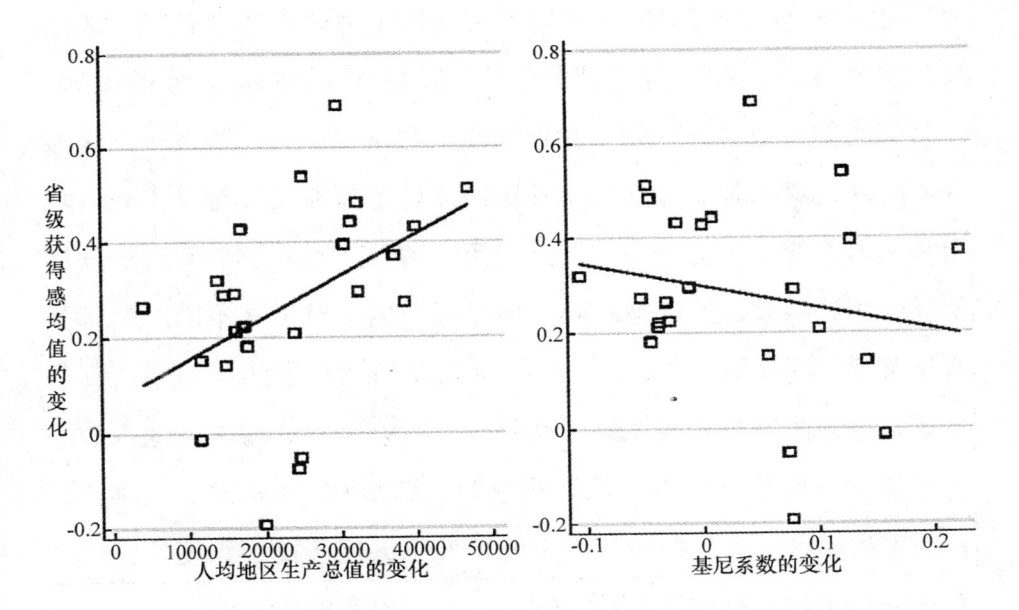

图6.3 经济增长、收入差距变动与省级层次收入获得感变化的关系

表6.5　结构因素的变动对收入获得感变化影响的参数估计结果

变量	模型 B1		模型 B2		模型 B3	
	参数	标准误	参数	标准误	参数	标准误
个体层次变量	控制		控制		控制	
年份虚拟变量（$a0$）	控制		控制		控制	
交互项（$\lambda 0$）						
人均生产总值×年份	3.66×10^{-6}	1.89×10^{-6}†			3.56×10^{-6}	1.89×10^{-6}†
基尼系数×年份			-0.144	0.148	-0.155	0.148

注：†表示 $p \leqslant 0.1$。

3. 共时差异—历时变动混合效应

表6.6是同时考察时期变动和时期恒定因素的混合效应分析结果。空模型的层间关联系数显示，在解释民众收入获得感时，4.21%的方差来自于区域—时期层面，仅0.3%的方差来自于区域层面。这也意味着，总体上收入获得感的差异和变动更多受到区域内结构因素变动的影响。进一步来看，模型C1是仅引入经济发展状况的统计结果，无论是区域间还是区域内，经济水平的影响都具有显著性。同样模型C2是仅引入收入差距状况的统计结果，其影响效应主要体现在区域之间，相比于收入差距小的地区，地区收入差距越大，其民众的收入获得感越低。模型C3是同时引入两项结构因素的统计结果，在相互控制的条件下，经济发展程度的作用仍然显著，而收入差距的作用虽方向未变，但影响效应不彰。这一结果与前文的分析基本一致，也进一步验证了相关统计关系的稳健性。模型C4是纳入微观层次变量后的全模型，与前述结果有所差

异,只有经济发展程度的作用显著且其作用效应仅存在于地区内的时期变动之下,也就是说相比于区域差异(spatial-difference)的影响,地区经济增长的时期变动(temporal-difference)对民众的收入获得感更具影响力。换言之,无论"他方"的经济如何发展,民众更关心"此地"的经济是否较快增长。

分析至此,我们有必要对两项结构因素的影响力及效应进行简要讨论。二者的差异既表明经济发展的社会效应更为强劲,但也可能与两项因素的历时变化水平及区域差异程度相关。就"做蛋糕"而言,调查时点间的经济发展状况无论在共时还是历时层面均呈现出较大差异,由此形成的场景落差也更为明显。而就"分蛋糕"来说,各地的收入差距均处于较高水平,且年度间的变动和区域间差异并非太过明显,由此可能对民众主观感受的场景效应并不如经济发展因素明显,但这并非意味着收入差距可以被完全忽略。因为其作用方向稳定为负,下文关于二者的交互效应亦能够看到其明显的边际影响作用。

表6.6 结构因素动态比较下的混合效应及参数估计结果

变量	模型 C1		模型 C2		模型 C3		模型 C4	
	参数	标准误	参数	标准误	参数	标准误	参数	标准误
年份虚拟变量	控制		控制		控制		控制	
层1:个体层次变量	未控制		未控制		未控制		控制	
层2:时期变动								
人均生产总值	1.06×10^{-5}	3.49×10^{-6}**			1.06×10^{-5}	3.38×10^{-6}**	6.86×10^{-6}	2.90×10^{-6}*
基尼系数			−0.330	0.294	−0.368	0.248	−0.273	0.210

续表

变量	模型 C1		模型 C2		模型 C3		模型 C4	
	参数	标准误	参数	标准误	参数	标准误	参数	标准误
层3：时期恒定								
人均生产总值	9.44×10^{-6}	1.24×10^{-6} ***			8.59×10^{-6}	1.50×10^{-6} ***	1.41×10^{-6}	1.16×10^{-6}
基尼系数			-2.416	0.772 **	-0.573	0.643	-0.808	0.493
残差	1.094	0.006 ***	1.094	0.006 ***	1.094	0.006 ***	1.040	0.006 ***
截距（省份）	0.047	0.037	0.111	0.030 ***	0.045	0.036	3.97×10^{-7}	1.83×10^{-6}
截距（省份—时期）	0.104	0.020 ***	0.119	0.021 ***	0.099	0.019 ***	0.079	0.013 ***
截距（个体）	-1.313	0.063 ***	0.032	0.380	-0.996	0.356 **	-0.584	0.280 *
ICC（省份）	0.18%		1.01%		0.16%		1.45×10^{-11}	
ICC（省份—时期）	1.08%		2.16%		0.97%		0.06%	
Log Likelihood	-24977.11		-24990.10		-24975.50		-22358.54	
BIC	50022.21		50048.20		50038.42		44967.64	

注：（1）层1样本规模为15314，层2样本规模为52，层3样本规模为26；（2）* 表示 $p \leq 0.05$，** 表示 $p \leq 0.01$，*** 表示 $p \leq 0.001$。

前文的分析结果在不同层面证实了经济发展和收入差距对民众收入获得感的场景效应及作用方向。此处我们将进一步讨论地区经济发展和收入差距的交互影响及边际效应。为了分析简便和易于理解起见，将各年份、各地区的经济发展水平和收入差距状况进行类型划分。经济发展程度以调查时点年全国人均生产总值（同样为根据CPI调整后的三年移动均值）为界划分为高低两类，收入差距根据分布状况，以0.5为界划分为大小两类。① 如此便生成了一个二维交互变量，包含四类属性，分别指代不同的地区特征。第一类为"双重匮乏"型，指经济发展水平低且收入差距大；第二类为"增长单向"型，指经济发展水平高但收入差距大；第三类是"分配单向"型，指经济发展水平低但收入差距小；第四类是"双重满足"型，指经济发展水平高且收入差距小。

从二维交互矩阵来看（见图6.4），结果饶有兴趣。相较于2005年的分布状态，2015年"分配单向"型地区基本消失，而这些消失的地区除极少数跃升到第一和第二象限，多数转移到了第四象限；同时，原先第四象限的地区仍处于"双重匮乏"的分类属性状态。这意味着，在区域参照比较的发展过程中，一些地区的经济水平不但未实现大幅提升，而且收入差距有不同程度增大。从具体的相关关系来看，地区经济发展水平与收入差距在固定时点均呈显著负相关（2005年的偏相关系数为-0.112，$sig.=0.000$；2015年的偏相关系数为-0.305，$sig.=0.000$）；在二者变动的条件下，地区经济发展水平的变化与收入差距的变化也呈微弱负相关（偏相关系数为-0.090，$sig.=0.659$）。这一结果与人们关于经济增长通常伴随收入差距拉大的常识观念不同，在中国近年的发展进程中，经济发展水平高的地区反而在一定程度上抑制了收入差距的较快增长，反之亦然。参照以往相关研究，此处的分析结果与豪瑟和谢宇

---

① 此处的分类标准并没有严格的理论意义。一般认为基尼系数0.4是衡量收入差距是否超出警戒线的标准，但由于从调查数据所反映的地区收入差距来看，多数地区超过了这一数值，从而在划界分类时根据实际分布状况，以0.5为临界值进行区分。

对 1988—1995 年间中国城镇居民收入状况的分析结果较为接近 (Hauser and Xie, 2005: 44-79),但关系的显著性进一步增强。

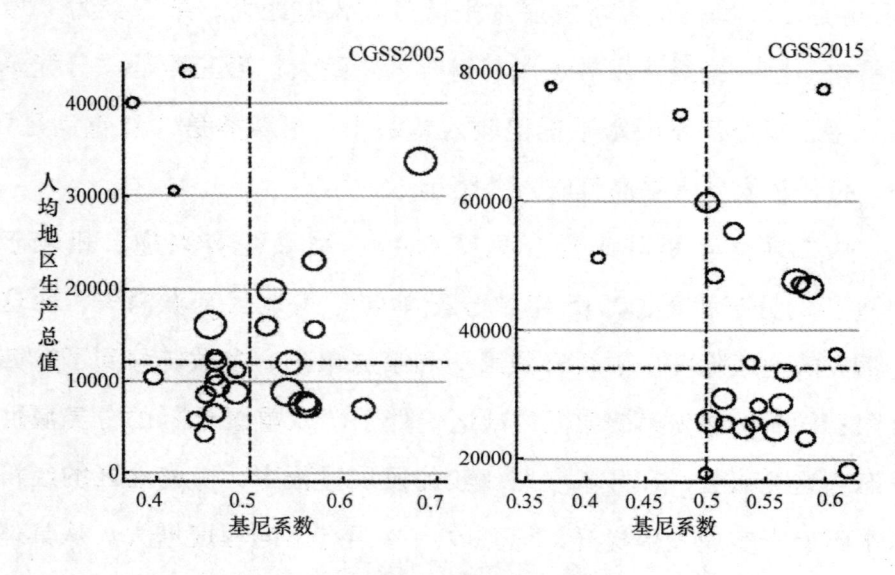

图 6.4 分年份地区间经济发展与收入差距的交互图示

表 6.7　　　　经济发展与收入差距交互效应的参数估计结果

变量		模型 D1		模型 D2		模型 D3	
		参数	标准误	参数	标准误	参数	标准误
个体层次变量		控制		控制		控制	
年份虚拟变量（2015）		控制		控制		控制	
经济发展 × 收入差距	"增长单向"	0.083	0.055				
	"分配单向"	-0.050	0.045				
	"双重匮乏"	-0.090	0.040*				
	经济发展分类 × 收入差距连续			-0.502	0.195*		
				-0.493	0.227*		
	收入差距分类 × 经济发展连续					3.42×10^{-6}	8.19×10^{-7}***
						1.36×10^{-6}	1.48×10^{-6}

续表

变量	模型 D1		模型 D2		模型 D3	
	参数	标准误	参数	标准误	参数	标准误
截距	-0.994	0.069 ***	-0.758	0.141 ***	-1.040	0.062 ***
N	15221		15221		15221	
R^2	11.04%		10.88%		10.99%	

注：(1) *表示 $p \leqslant 0.05$，***表示 $p \leqslant 0.001$。(2) 表中为基于省份集群估计的稳健标准误。(3) 分类交互项以"双重满足"为参照。

进一步，我们查看两项结构因素的交互效应对民众收入获得感的影响。模型 D1 的统计结果显示，相比于"双重满足"型地区，"双重匮乏"型地区民众的收入获得感水平明显更低。进一步，模型 D2 和 D3 是分别以经济发展和收入差距依次作为分类变量与另一方的连续变量做交互进行的统计分析，以查看各自的边际分布状态。可以很明显地看到（见图6.5），在控制经济发展水平的条件下，收入差距大的地区民众获得感明显较低；同样，在控制收入差距的条件下，经济发展水平高的地区民众收入获得感显著更高。同时，值得注意的是，二者对收入获得感的边际影响存在较为明显的"梯度"特征，即经济增长对收入差距小的地区的"拉升作用"要明显强于收入差距较大地区；同理，收入差距对经济发展水平高地区的"削减作用"要弱于经济水平较低地区。与前文统计结果一致，二者作用相较，"做大蛋糕"对居民收入获得感的影响作用更为明显。

此部分的分析结果表明，在考察民众收入获得感之时，中国当下经济发展与收入分配的演进关系之间存在着明显的结构性紧张，这种紧张关系主要表现为区域发展的不平衡。不同地区不仅在"做大蛋糕"上能力差异显著,而且经济落后地区面临着更为严峻的收入分配压力,且这种不平衡状态有不断强化的态势。也就是说,经济增长与收入差距的相伴关系并不必然对立。从实现社会有序发展的理论逻辑而言,经济的不断增长更有利于收入分配格局的改善,不能因片面追求缩小收入差距而牺牲经济发展;同样,良好的收入分配格局也是确保经济可持续增长的必要条件(刘学良,2016)。

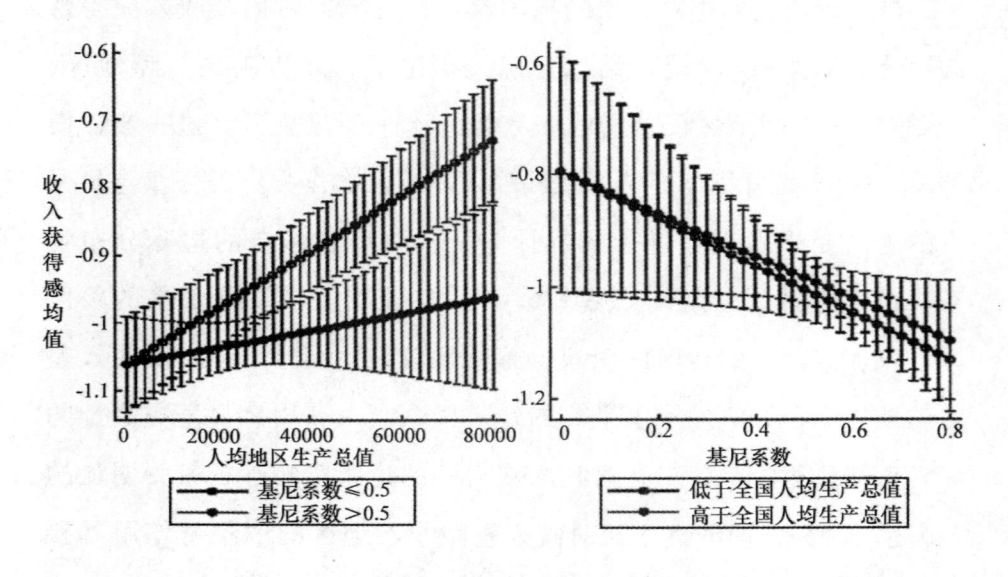

图6.5 结构条件控制下收入获得感的边际分布

◇ 五 总结与讨论

"嵌入"于结构环境之中的社会个体,无可避免会受到社会变迁带来的影响，因为结构性因素及其变动的社会场景为人们评判自身生活境遇和发展预期提供了自然参照和结构性标尺。而在变动的社会场景之中审视民众的得失感受，群体性或总体性的态度变化亦是反映社会发展状况的表征。

本章力图聚焦于居民预期收入的实现状况，从经济发展与收入分配两个维度，透视在21世纪以来中国社会剧烈变革的场景之中，民众获得感的群体特征、区域差异与变动趋势。通过对两个时点全国性抽样调查数据的比较分析，研究发现民众总体收入获得感水平有所提升，其中城镇居民的提升趋势优于农村居民；但无论在共时性分布还是历时性变化上，区域差异特征明显。多层模型的统计显示，以经济增长刻画的"做蛋糕"机制与以收入差距刻画的"分蛋糕"机制，都在不同程度上具有影响效应，维持经济较快增长和实现收入分配更加均等都是增进民众获得感不可或缺的结构条件。与以往研究相比，本章除了在分析视角方面的推进，研究结果亦有助于更好地理解中国当下社会发展的总体图景，对合理引导民众预期、实现社会均衡发展的相关政策制定亦具有重要启发意义。

首先，应辩证看待实际收入与预期收入之间的变动关系。一方面，稳定民众预期、增强社会信心是促进经济社会发展不能忽视的社会心理资源与条件。但另一方面也应该看到，民众预期应该有一个合意区间，预期过低，会削弱社会发展活力；但不切实际的高预期，如果不能实现，形成的失落感会更加强烈，同样不利于社会发展稳定。改革开放以来，由于经济的高速发展，民众对生活改变和收入增加的期望值越来越高，由此导致政府的绩效压力越来越大。

但应该意识到，没有一个国家的经济能够永续高速增长，当经济出现回落，民众不断高涨的预期不能得到有效满足时，也会对政府的合法性基础产生动摇（杨宏星、赵鼎新，2013）。故而，在正视民众合理诉求的同时，要有序引导过高预期回落到合理水平，减轻政府"无限实现可能"的绩效压力。

其次，就区域发展模式而言，由于我国不同地区在历史起点、资源禀赋、制度结构、发展能力等方面的不同，不仅造成当下区域间经济发展水平的巨大结构性差异，而且落后地区收入分配结构"劣化"的特征更加突出。由此，要有效增进这部分地区民众的获得感和福祉水平，就需要致力于打破低水平发展与较高收入差距相互掣肘的路径依赖性，逐步跳出"双重匮乏"的发展困境。当然，任何发展进程都不会按照理想的设计自发实现，也许可行的路径是，如中国改革开放之初的发展一样，欠发达地区要避免盲目模仿发达地区既有的模式和经验，而是充分利用现有各项资源和条件，因地制宜、灵活施策，优先激发经济起飞，将"蛋糕做大"，然后在经济增长与政府治理转型的共同演进中实现迭代发展（Ang，2016）。

最后，从社会发展变迁的总体场景来看，在历经几十年经济高速增长后，面对较高的收入差距水平，要求我们必须统筹兼顾效率与公平的关系（张琦，2016）。换言之，"做大蛋糕"和"分好蛋糕"的动态平衡是今后发展过程中需要应对的关键任务。当然，不同历史时期和不同地区在实现上述两项任务时的优选项和结构压力也不同。如果民众对较大的收入差距有着充分的容忍并对未来发展有着良好的预期,那么这种"隧道效应"的存在则为依次实现经济增长和收入平等提供了良好的社会心理资源和优势条件(Hirschman and Rothschild, 1973)。但这种社会心理条件并不稳定,当民众表现出日益高涨的对实现社会平等和公平方面的强烈诉求时①,那么在制度安排上就必须同时担负起维持增长与实现平等的双重重任。

---

① 根据 CGSS2015 的调查数据,认为"在我国收入差距越来越大"的受访者比例为 81.57%,而认为"应该从有钱人那里征更多的税来帮助穷人"的再分配意愿同样强烈,占受访者比例的 72.88%。

第 七 章

情境与感知：回到总体发现

改革开放40多年来，中国在取得经济高速增长的同时，贫富差距亦不断扩大。国家统计局公布的结果表明，近十多年来，以基尼系数衡量的我国居民收入差距水平一直高于0.4的国际警戒线。根据皮克提（Piketty，2017）等人的测算，中国社会收入最高10%群体的收入份额比从1978年的27%激增到了2015年的41%，而底部50%群体的收入份额比则从1978年的27%下降到了15%。为了抑制收入不平等问题进一步加剧，近年来党和政府进行了一系列重大制度安排与改革创新，相关主导目标亦从"效率优先、兼顾公平"转向"统筹兼顾效率与公平"。新时期，随着社会主要矛盾的转变，要有效调适过大的收入差距，准确把握民众的社会感受与心理反应就显得尤为重要。对此，本书从收入差距的社会情境与民众社会反应的关系视角来切入和理解社会不平等问题，并认为收入差距大并不意味着不合理，而何种程度的收入差距会背离社会共识、构成多数人主观上认为的不公平，或超出公众所能忍受的底线必须在结构环境与公众感知的相互映照中，才能获得更为深入和完整的理解。这一研究不仅在学理层面有助于进一步厘清"结构决定论"与"情境反应论"之间的争议，也对更好地把握和调适有关收入分配政策制定的民众心理基础有现实意义。

面对当下的收入分配现状，人们较为普遍地担心，过大的收入差距是否会引发严重的利益冲突与社会风险，进而阻碍社会有序发展。对中国这样一个发展中国家来说，最大的风险便是所谓"中等收入陷阱"，即尽管经济总量发展达到中等收入国家水平，民众却并未感到取得了相应的收益，甚至不能容忍当下的收入不平等现状，因此对当前的政治、经济和社会体制缺乏认同甚至产生敌视，进而引发政治混乱甚至动乱，导致经济和社会发展严重衰退。随着改革逐渐步入深水期，社会矛盾多发易发，要避免且必须防止这些矛盾风险的产生，就必须理解与把握民众对收入不平等现状的主观感受。由此，本书主要瞄向于"收入不平等与公众感知"的关系这一问题，力图从公平感、容忍度、获得感三个方面描述与剖析转型期中国居民的上述社会态度发生了什么样的变化？导致这些变化的影响因素和逻辑机制又是什么？同时，本书强调，分析民众社会态度的流变不能脱离具体的社会情境，应该将其纳入到真实的社会场景中去探讨，从而获得更好的理解。

在上述逻辑框架及分析基础上，本书的主要观点如下。

第一，民众收入公平感的变动趋势及潜在社会意义。在较为概括的层次，公平感有"社会取向"与"个体取向"之分。社会取向主要指人们对一个社会总体的收入和财富分配状况是否公平进行判断，其判断依据是"宏观公平"原则；与之相对，个体取向主要是指个体对自身收入、报酬合理与否进行主观评判，其判断依据是

```
        ┌──────────────┐
    ←---│  收入不平等  │---→
   社   └──────┬───────┘    情
   会          │            境
   反          ↓            效
   应   ┌──────────────┐    应
    ←---│   公众感知   │---→
        └──────┬───────┘
        ┌──────┼──────┐
        │      │      │
   ┌────┴─┐ ┌──┴───┐ ┌┴─────┐
   │公平感│ │容忍度│ │获得感│
   └──────┘ └──────┘ └──────┘
```

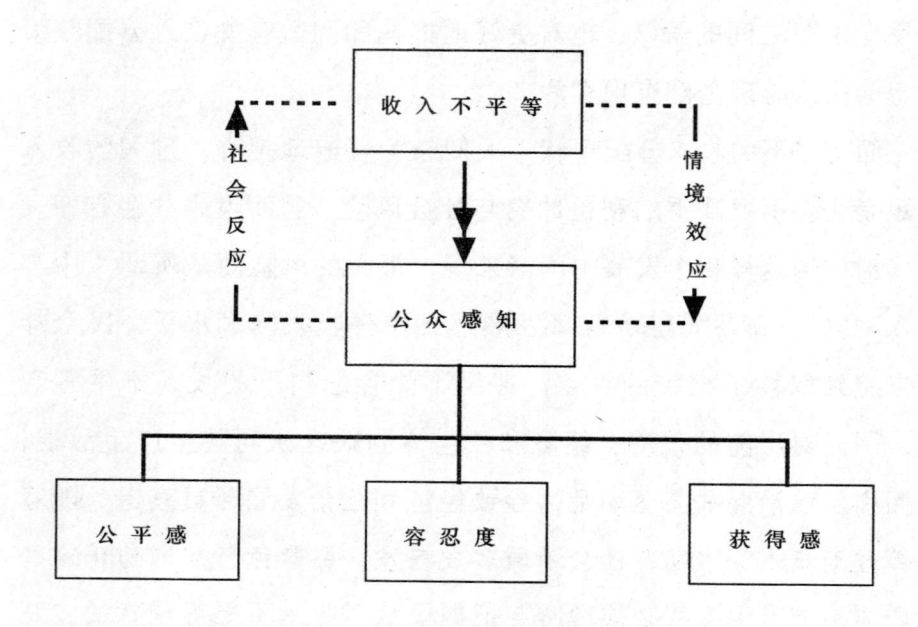

图7.1 研究内容的逻辑框架

"微观公平"原则。结合中国综合社会状况调查数据（CGSS），我们发现，无论是个体对自身收入获得的公平感受（受访者自感公平的比例从2005年的43%上升到2015年的59.6%）还是对社会总体收入分配的公平判断（从2005年的61.4%上升到2015年的66.6%），整体上民众对当下的收入分配现状较为满意，处于一种温和的状态。这一事实背后潜在的社会意义在于：

一是"实然"的收入差距不等于"应然"的收入不公。在当下中国，民众并不追求完全平均意义上的收入分配，而是在一定程度上认可并接受收入在公平、合理前提下的差距。

二是收入的稳步增长能够在一定程度上消减收入差距带来的不

公感。改革开放以来经济的快速增长，极大地提升了人们的物质生活水平。人们虽"患不均，更患不公"，但"患不公，亦患不增"。多数民众对自身的收入增长有一个良好的预期，且社会能够在一定限度内不断实现民众预期，那么差异原则下的收入共同增长则会在一定程度上消减收入差距带来的不公平感。

三是能力主义取向的增强使民众更为理性正视收入差距。随着市场化的不断推进，市场机制带来了人们利益取向和利益结构的重大改变。收入分配的合法性基础也正在发生着从再分配向市场分配的转变。在市场机制下，人们逐渐树立了有关收入分配的能力主义原则，将收入所得看作是自身能力和工作付出的回报，从而能够更加理性地看待收入分配现状。

第二，民众对收入差距的容忍度及潜在社会意义。"不平等"（inequality）无论程度几许，在意义上颇易让人产生负面观感，但在有关收入分配状况的度量上则主要是意谓着收入在不同个体或群体中的分布状况及其偏离均等状态的程度，并不涉及道德意涵和价值判断。进言之，收入不平等并不意味着不合理，而何种程度的收入差距会背离社会共识、构成多数人主观上认为的不公平，断难定论。要因之一在于不同个体、群体对收入差距的容忍度不仅有别而且在不同的情境之下亦会发生变动。

本书发现，总体上，中国当下的收入分化状况仍在多数公众可容忍的限度之内，也在一定程度上回击了"社会火山"的论调。换言之，在普遍认为中国当下收入差距较大的情形下，不同民众对收入分配现状的忍受程度并不存在"触发—反应"的统一临界点。进一步，研究发现，民众感受到的收入差距低于真实的收入差距；多数人并不认可完全平均的分配方式，而是认为收入分配应该有一定的合理差距；更为重要的是，在关于何种收入分配方式可接受的价值判断上呈现出群体间和群体内社会共识的分裂状态。由此，我们认为收入分配不公平并非低层级职业群体或收入较低群体所独有的共识意识，而是呈现出离散的状态。这也意味着，由于并未形成关于收入应该如何分配的群体性共识和"联结状态"，从而在一定程度上避免了群体间对抗和冲突意识的积聚。

第三，民众收入获得感的变动趋势及潜在社会意义。本书通过聚焦于居民预期收入的实现状况，从经济增长与收入分配两个维度，透视了21世纪以来，中国居民收入获得感的变动趋势、群体特征与区域差异。通过对两个时点全国性抽样调查数据的比较分析，研究发现：从2005年到2015年，民众总体收入获得感水平有所提升，但无论在共时分布还是历时变化上，区域差异特征明显。统计结果显示，以经济增长刻画的"做蛋糕"机制与以收入差距刻画的"分蛋糕"机制，都在不同程度上具有影响效应，维持经济较快增长和实现收入分配更加平等都是增进民众获得感不可或缺的结构条件。但值得强调的是，在收入分配结构难以短期改变的情势之下，维持经济平稳较快增长的意义更为关键，尤其是对经济发展落后地区的意义更加凸显。

我们还认为，中国当下，经济发展与收入分配的演进关系之间存在着明显的结构性紧张。这种紧张关系主要表现为区域发展的不平衡，不同地区不仅在"做大蛋糕"上能力差异显著，而且经济落后地区面临着更为严峻的"分蛋糕"压力，且这种失衡状态有不断强化的态势。而从实现社会协调有序发展的逻辑而言，经济的不断增长更有利于收入分配格局的改善；同样，良好的收入分配格局也是确保经济可持续增长的必要条件。当然，经济总量"多寡"与收入分配是否"均等"都是关系民众获得感的重要结构要素。当经济发展成果在不同人群中能够更加均等分布时，经济总量的任何增加都会同时转化为民众获得感的提升，因为在这种场景下，更多的人将从经济发展中获益而较少受到收入不平等的负面影响。可如果经济发展与均等分配不可兼得时，在现有的收入差距水平下，"做大蛋糕"、维持经济平稳较快增长的作用和意义无疑更为关键。

进一步，为优化中国的收入分配结构及更好地促进民众的公平感、获得感，在实证数据分析的基础上，我们从以下方面提出建议并进行简要讨论。

◇ 一　充分利用当下民众对收入差距的容忍空间，加快推进收入分配制度改革

当下，政府的制度安排应充分利用民众对收入差距的容忍空间，不失时机地调整收入分配结构，进而推动社会有序发展。一是实现不同群体工资性收入的共同增长。在"蛋糕"不断做大的同时，只要适当的收入差距对社会弱势群体带来的收益多于完全的均等分配，那么不同群体在差异性原则下实现收入的共同增长则具有

公平性。二是调解居民财产性收入的不断拉大。与一般性的工资性收入相比，我国居民财产性收入的不平等十分严重且有继续扩大的态势，诸如房产、有价证券等衍生的收入不平等已远远超过了工资性收入。应通过继续深化金融市场和房地产市场领域的改革，由个人所得税征收模式转向综合征收模式，改善现有财产税征收烦琐且效果不明显的弊端，防止收入差距进一步扩大。三是提高低收入群体的转移性收入。在中国城镇，由于劳动力市场的分隔，使得基于社会保障的转移性收入并没有很好地起到调节收入分配的作用，反而在一定程度上成为居民收入差距的助推器。对此，一方面，要提高面向低收入群体的转移支付力度；另一方面，面对城镇庞大的农民工群体，应加大政府对农村居民的转移性支付力度，建立城乡一体化的社会保障体系，进而有效缩减城乡收入差距问题。

二 辩证看待民众预期的实现状况，防止"隧道效应"发生反转

许多后发展国家的历史经验表明，在经济高速发展的初期阶段，收入差距会快速拉大，但整个社会可能对此持相当宽容的态度。因为大部分民众预期在不久的将来自身也能从发展中获益，这被称为"隧道效应"。但由于这种主观感受是以社会互动为基础、以未来预期为条件，因此当前期民众被提升的预期不能实现或预期目标与现实间的落差较大时，隧道效应会悄然消退，但被激发出来

的反弹效应可能会更强烈，进而产生比一般意义上的不满或不公更为严重的社会后果。一方面，稳定民众预期、增强社会信心是促进经济社会发展不能忽视的社会心理资源与条件。但另一方面也应该看到，民众预期应该有一个合意区间，预期过低，会削弱社会发展活力；但不切实际的高预期，如果不能实现，形成的失落感会更加强烈，同样不利于社会发展稳定。改革开放以来，由于经济的高速发展，民众对生活改变和收入增加的期望值越来越高，由此导致政府的绩效压力越来越大。但应该意识到，没有一个国家的经济能够永续高速增长，当经济出现回落，民众不断高涨的预期不能得到有效满足时，也会动摇政府的合法性基础，进而影响社会稳定。故而，在正视民众合理诉求的同时，要有序引导过高预期回落到合理水平，减轻政府"无限实现可能"的绩效压力。

◇◇ 三 重视经济落后地区的发展困境，实现"做大蛋糕"和"分好蛋糕"的动态平衡

由于我国不同地区在发展起点、资源禀赋、制度结构、发展能力等方面的不同，不仅造成当下区域间经济发展水平的巨大结构性差异，而且落后地区收入分配结构失衡的特征更加突出。由此，要有效增进这部分地区民众的获得感和福祉水平，就需要致力于打破低水平发展与较高收入差距相互掣肘的路径依赖性，逐步跳出"双重匮乏"的发展困境。当然，任何发展进程都不会按照理想的设计

自发实现，也许可行的路径是，如中国改革开放之初的发展一样，欠发达地区要避免盲目模仿发达地区既有的模式和经验，而是充分利用现有各项资源和条件，因地制宜、灵活施策，优先激发经济起飞，将"蛋糕做大"，然后在经济增长与治理转型的共同演进中实现迭代发展。同时，在历经几十年经济高速增长后，面对较高的收入差距水平，当民众表现出日益高涨的对实现社会平等和公平方面的强烈诉求时，那么在制度安排上就必须同时担负起促进增长与实现平等的双重重任。

参考文献

《辞源》，商务印书馆1979年版。

鲍磊：《"格栅/群体"分析：玛丽·道格拉斯的文化研究图式》，《青海民族研究》2008年第3期。

边燕杰：《美国社会学界的中国社会分层研究》，载《市场转型与社会分层：美国社会学者分析中国社会（代序言）》，生活·读书·新知三联书店2002年版。

边燕杰、肖阳：《中英居民主观幸福感比较研究》，《社会学研究》2014年第2期。

边燕杰等：《社会调查方法与技术：中国实践》，社会科学文献出版社2006年版。

边燕杰等编：《市场转型与社会分层：美国社会学者分析中国社会（代序言）》，生活·读书·新知三联书店2002年版。

蔡斐：《"场景"概念的兴起》，《中国社会科学报》2017年4月22日。

蔡禾等：《利益受损农民工的利益抗争行为研究》，《社会学研究》2009年第1期。

陈光金：《市场抑或非市场：中国收入不平等成因实证分析》，《社会学研究》2010年第6期。

陈光金:《中国收入不平等:U型变化与不确定的未来》,《江苏社会科学》2010年第5期。

陈永伟、陈双双:《中国城镇居民收入差距的公平与不公平分解及度量》,《经济学动态》2010年第3期。

陈云松:《分析社会学:寻求连接微观与宏观的机制性解释》,《浙江社会科学》2008年第5期。

陈云松、范晓光:《阶层自我定位、收入不平等和主观流动感知(2003—2013)》,《中国社会科学》2016年第12期。

陈云松、范晓光:《社会学定量分析中的内生性问题:测量社会互动的因果效应研究综述》,《社会》2010年第4期。

程永宏:《改革以来全国总体基尼系数的演变及其城乡分解》,《中国社会科学》2007年第4期。

迟巍、蔡许许:《城市居民财产性收入与贫富差距的实证分析》,《数量经济技术经济研究》2012年第2期。

储德银、张婷:《财政分权与收入不平等——基于面板门限回归模型的实证分析》,《山西财经大学学报》2016年第1期。

丁元竹:《让居民拥有获得感必须打通最后一公里——新时期社区治理创新的实践路径》,《国家治理》2016年第2期。

范晓光、吕鹏:《中国私营企业主的社会构成:阶层与同期群差异》,《中国社会科学》2017年第7期。

费孝通:《乡土中国》,生活·读书·新知三联书店1985年版。

费正清编:《剑桥中华人民共和国史》,王建朗等译,上海人民出版社 1990 年版。

冯仕政:《西方社会运动理论研究》,中国人民大学出版社 2013 年版。

付允:《可持续发展的公平度量:相对剥夺感理论、模型与实证研究》,中国发展出版社 2011 年版。

甘犁等:《中国家庭金融调查报告(2012)》,西南财经大学出版社 2012 年版。

高勇:《地位层级认同为何下移:兼论地位层级认同基础的转变》,《社会》2013 年第 4 期。

顾昕:《从社会安全网到社会风险管理:社会保护视野中社会救助的创新》,《社会科学研究》2015 年第 6 期。

郭飞:《刍议按劳分配中的"劳"》,《经济研究》1993 年第 2 期。

郭于华、常爱书:《生命周期与社会保障———项对下岗失业工人生命历程的社会学探索》,《中国社会科学》2005 年第 5 期。

郭于华、孙立平:《中国社会的机会结构与社会公正》,2014 年 10 月 27 日,共识网(http://www.21ccom.net/articles/zgyj/gqmq/2011/1117/48934.html)。

国家统计局:《沧桑巨变七十载 民族复兴铸辉煌——新中国成立 70 周年经济社会发展成就系列报告之一》2019 年,http://www.stats.gov.cn/tjsj/zxfb/201907/t20190701_1673407.html。

韩钰、仇立平:《中国城市居民阶层地位认同偏移研究》,《社会发展研究》2015 年第 1 期。

郝大海、李路路:《区域差异改革中的国家垄断与收入不平等》,

《中国社会科学》2006年第2期。

郝令昕等:《评估不平等》,巫锡炜译,格致出版社2012年版。

何立新、潘春阳:《破解中国的"Easterlin悖论":收入差距、机会不均与居民幸福感》,《管理世界》2011年第8期。

何蓉:《中国历史上的"均"与社会正义观》,《社会学研究》2014年第5期。

贺光烨、吴晓刚:《市场化、经济发展与中国城市中的性别收入不平等》,《社会学研究》2015年第1期。

侯外庐:《中国封建社会前后期的农民战争及其纲领口号的发展》,《历史研究》1959年第4期。

胡安宁:《主观变量解释主观变量:方法论辨析》,《社会》2019年第3期。

胡鞍钢等:《第二次转型:国家制度建设》,清华大学出版社2009年版。

胡棋智、王朝明:《收入流动性与居民经济地位动态演化的实证研究》,《数量经济技术经济研究》2009年第3期。

黄嘉文:《收入不平等对中国居民幸福感的影响及其机制研究》,《社会》2016年第2期。

黄艳敏等:《实际获得、公平认知与居民获得感》,《现代经济探讨》2017年第11期。

黄永亮、崔岩:《社会歧视对不同收入群体社会公平感评价的影响》,《华中科技大学学报》(社会科学版)2018年第6期。

卡尔·波兰尼:《大转型:我们时代的政治与经济起源》,冯钢等译,浙江人民出版社 2007 年版。

卡尔·马克思:《路易·波拿巴的雾月十八日》,载《马克思恩格斯选集》(第一卷),人民出版社 1995 年版。

劳婕:《中国公众对收入分配的公平感及其影响因素——基于一项全国性调查的数据分析》,《求索》2013 年第 11 期。

雷欣、陈继勇:《收入流动性与收入不平等:基于 CHNS 数据的经验研究》,《世界经济》2012 年第 9 期。

李春玲:《高等教育扩张与教育机会不平等——高校扩招的平等化效应考察》,《社会学研究》2010 年第 3 期。

李汉林:《科学发展的社会意义》,《经济日报》2012 年 11 月 4 日。

李汉林:《科学社会学》,中国社会科学出版社 1987 年版。

李汉林、李路路:《单位成员的满意度和相对剥夺感——单位组织中依赖结构的主观层面》,《社会学研究》2000 年第 2 期。

李汉林、渠敬东:《中国单位组织变迁过程中的失范效应》,上海人民出版社 2005 年版。

李汉林、魏钦恭:《"嵌入"过程中的主体与结构:对政企关系变迁的社会分析》,中国社会科学出版社 2014 年版。

李汉林、魏钦恭:《社会景气与社会信心研究》,中国社会科学出版社 2013 年版。

李汉林等:《社会变迁过程中的结构紧张》,《中国社会科学》2010 年第 2 期。

李汉林等:《组织和制度变迁的社会过程:一种拟议的综合分析》,《中国社会科学》2005 年第 1 期。

李骏、吴晓刚：《收入不平等与公平分配：对转型时期中国城镇居民公平观的一种实证分析》，《中国社会科学》2012年第3期。

李磊、刘斌：《预期对我国城镇居民主观幸福感的影响》，《南开经济研究》2012年第4期。

李路路：《社会结构阶层化和利益关系市场化》，《社会学研究》2012年第2期。

李路路：《再生产与统治——社会流动的再思考》，《社会学研究》2006年第2期。

李路路、石磊：《经济增长与幸福感——解析伊斯特林悖论的形成机制》，《社会学研究》2017年第3期。

李路路、王鹏：《转型中国的社会态度变迁（2005—2015）》，《中国社会科学》2018年第3期。

李路路等：《"患不均，更患不公"——转型期的"公平感"与"冲突感"》，《中国人民大学学报》2012年第4期。

李美枝：《从有关公平判断的研究结果看中国人之人己关系的界限》，《本土心理学研究》1993年第1期。

李强：《转型时期中国社会分层》，辽宁教育出版社2004年版。

李强等：《社会变迁与个人发展：生命历程研究的范式与方法》，《社会学研究》1999年第6期。

李实：《〈21世纪的资本〉与中国》，《东方早报》2014年6月10日。

李实：《可用收入分配满意度来代替基尼系数》，《人民论坛》2011年第22期。

李实、李婷：《库兹涅茨假说可以解释中国的收入差距变化吗》，《经济理论与经济管理》2010年第3期。

李实、罗楚亮：《我国居民收入差距的短期变动与长期趋势》，《经济社会体制比较》2012年第4期。

李实、罗楚亮：《中国收入差距究竟有多大？——对修正样本结构偏差的尝试》，《经济研究》2011年第4期。

李实、魏众、丁赛：《中国居民财产分布不均等及其原因的经验分析》，《经济研究》2005年第6期。

李实等：《中国居民财产分布不均等及其原因的经验分析》，《经济研究》2005年第6期。

李扬、张晓晶：《论"新常态"》，中国社会科学院经济学部研究报告，2014年。

李莹、吕光明：《收入公平感、流动性预期与再分配偏好》，《财贸经济》2019年第4期。

李颖晖：《教育程度与分配公平感：结构地位与相对剥夺视角下的双重考察》，《社会》2015年第1期。

李煜、朱妍：《微观公平感的形成机制：基于职业群体的双重比较理论》，《华中科技大学学报》（社会科学版）2017年第1期。

李忠路：《拼爹重要，还是拼搏重要？当下中国公众对绩效分配原则的感知》，《社会》2018年第1期。

梁漱溟：《中国文化要义》，上海人民出版社2005年版。

梁玉成：《现代化转型与市场转型混合效应的分解》，《社会学研究》2007年第4期。

林毅夫等：《中国的奇迹：发展战略与经济改革》，格致出版社2012年版。

刘成奎、刘彻：《相对收入、预期收入与主观幸福感》，《中南民族大学学报》2018年第6期。

刘鹤主编：《两次全球大危机的比较研究》，中国经济出版社2013年版。

刘精明：《高等教育扩展与入学机会差异：1978—2003》，《社会》2006年第3期。

刘精明：《劳动力市场结构变迁与人力资本收益》，《社会学研究》2006年第6期。

刘精明：《市场化与国家规制：转型期城镇劳动力市场中的收入分配》，《中国社会科学》2006年第5期。

刘军强等：《经济增长时期的国民幸福感——基于CGSS数据的追踪研究》，《中国社会科学》2012年第12期。

刘琪：《思考的社会制度——读〈制度如何思考〉》，《西北民族研究》2007年第4期。

刘嵘、白瑞华：《Ridit分析的spss实现》，《中国卫生统计》2004年第4期。

刘欣、田芊：《中国公众能容忍的职业间收入差距有多大？》，《江苏社会科学》2017年第3期。

刘学良：《收入分配体系不会自动改善》，《人民日报》2016年4月8日。

刘亚秋：《记忆二重性和社会本体论——哈布瓦赫集体记忆的社会

理论传统》,《社会学研究》2017 年第 1 期。

刘亚秋:《社会记忆中的性别话语——以女知青与农民婚姻的两类叙事为例》,《青年研究》2019 年第 3 期。

龙书芹、风笑天:《社会结构、参照群体与新生代农民工的不公平感》,《青年研究》2015 年第 1 期。

鲁元平、王韬:《收入不平等、社会犯罪与国民幸福感——来自中国的经验证据》,《经济学(季刊)》2011 年第 4 期。

吕光明、李莹:《中国居民代际收入弹性的变异及影响研究》,《厦门大学学报》(哲学社会科学版)2017 年第 3 期。

吕鹏:《新古典社会学中的"阿吉尔之谜":中国第一代富有私营企业家的社会起源》,《学海》2013 年第 3 期。

马磊、刘欣:《中国城市居民的分配公平感研究》,《社会学研究》2010 年第 5 期

孟天广:《转型期中国公众的分配公平感:结果公平与机会公平》,《社会》2012 年第 6 期。

潘春阳、何立新:《独善其身还是兼济天下?中国居民再分配偏好的实证研究》,《经济评论》2011 年第 5 期。

齐美尔:《货币哲学》,陈戎女等译,华夏出版社 2007 年版。

秦晖:《传统十论——本土社会的制度、文化及其变革》,复旦大学出版社 2004 年版。

清华大学社会学系社会发展研究课题组:《"中等收入陷阱"还是"转型陷阱"》,《开放时代》2012 年第 3 期。

渠敬东:《返回历史视野,重塑社会学的想象力——中国近世变迁

及经史研究的新传统》,《社会》2015年第1期。

渠敬东:《坚持结构分析和机制分析相结合的学术视角,处理现代中国转型中的大问题》,《社会学研究》2007年第2期。

渠敬东:《缺席与断裂:有关失范的社会学研究》,上海人民出版社版1999年版。

阮元:《十三经注疏》,中华书局1980年版。

沈原:《又一个三十年?转型社会学视野下的社会建设》,《社会》2008年第3期。

宋明华等:《相对剥夺感影响网络集群攻击行为:一个有调节的双路径模型》,《心理科学》2018年第6期。

苏振华、赵鼎新:《重新思考群己权限:帕累托自由不可能性定理考辩》,《社会学研究》2012年第3期。

孙灯勇、郭永玉:《相对剥夺感:想得、应得、怨愤于未得》,《心理科学》2016年第3期。

孙明:《市场转型与民众的分配公平观》,《社会学研究》2009年第3期。

田芊、刘欣:《分配公平感及其背后的正义原则》,《南京社会科学》2019年第7期。

万广华:《不平等的度量与分解》,《经济学(季刊)》2008年第1期。

王海港:《中国居民家庭的收入变动及其对长期平等的影响》,《经济研究》2005年第1期。

王海明:《平等新论》,《中国社会科学》1998年第5期。

王俊秀：《社会心态：转型社会的社会心理研究》，《社会学研究》2014年第1期。

王立：《平等的范式》，科学出版社2009年版。

王鹏：《收入差距对中国居民主观幸福感的影响分析——基于中国综合社会调查数据的实证研究》，《中国人口科学》2011年第3期。

王浦劬、季程远：《我国经济发展不平衡与社会稳定之间矛盾的化解机制分析——基于人民纵向获得感的诠释》，《政治学研究》2019年第1期。

王浦劬、季程远：《新时代国家治理的良政基准与善治标尺》，《中国行政管理》2018年第1期。

王绍光：《大转型：中国的双向运动》，《社会观察》2008年第10期。

王绍光：《中国仍然是低福利国家吗？——比较视角下的中国社会保护"新跃进"》，《人民论坛·学术前沿》2013年第22期。

王思斌：《整合制度体系保障人民可持续的获得感》，《行政管理改革》2018年第3期。

王天夫：《社会研究中的因果分析》，《社会学研究》2006年第4期。

王天夫、王丰：《中国城市收入分配中的集团因素：1986—1995》，《社会学研究》2005年第3期。

王小鲁：《中国居民实际贫富差距远大于统计数据》，2012年1月8日，网易财经（http://money.163.com/12/0108/09/7N847

FI700252G50. html）。

王小鲁、樊纲：《中国收入差距的走势和影响因素分析》，《经济研究》2005年第10期。

卫新华：《我国现阶段收入分配制度的理论与实际问题》，《经济学动态》2004年第4期。

魏进：《人口年龄堆积的检验——惠普尔指数与迈耶斯指数的计算》，《人口与经济》1985年第4期。

魏钦恭等：《发展进程中的"双重印象"：中国城镇居民的收入不公平感研究》，《社会发展研究》2014年第3期。

魏颖：《中国代际收入流动与收入不平等问题研究》，中国财政经济出版社2009年版。

巫锡炜：《中国城镇家庭户收入和财产不平等：1995—2002》，《人口研究》2011年第6期。

吴菲：《更富裕是否意味着更幸福？基于横截面时间序列数据的分析（2003—2013）》，《社会》2016年第4期。

吴军：《城市社会学研究前沿：场景理论述评》，《社会学评论》2014年第2期。

吴忠民：《论机会平等》，《江海学刊》2001年第1期。

吴忠民：《社会矛盾倒逼改革发展的机制分析》，《中国社会科学》2015年第5期。

武绍春：《究竟什么是按劳分配》，《学术论坛》2000年第5期。

西尔、克拉克：《场景：空间品质如何塑造社会生活》，祁述裕、吴军等译，社会科学文献出版社2019年版。

肖文明：《观察现代性——卢曼社会理论的新视野》，《社会学研究》2008年第5期。

谢宇：《回归分析》，社会科学文献出版社2010年版。

谢宇：《认识中国的不平等》，《社会》2010年第3期。

谢宇：《社会学方法与定量研究》，社会科学文献出版社2012年版。

谢宇、韩怡梅：《改革时期中国城市居民收入不平等与地区差异》，载边燕杰主编《市场转型与社会分层》，生活·读书·新知三联书店2002年版。

谢宇等编：《中国民生发展报告2013》，北京大学出版社2013年版。

邢占军：《获得感：供需视阈下共享发展的新标杆》，《理论学刊》2017年第5期。

熊建：《实业老公为啥赚不过炒房老婆》，2014年10月28日，人民网（http://house.people.com.cn/n/2014/0120/c164220-24165561.html）。

杨春学、张琦：《如何看待〈21世纪资本论〉对经济学的贡献》，《经济学动态》2014年第9期。

杨国枢、余安邦编：《中国人的心理与行为》，桂冠图书公司1994年版。

杨国枢编：《中国人的价值观》，中国人民大学出版社2013年版。

杨国枢编：《中国人的心理》，中国人民大学出版社2012年版。

杨国枢等编：《华人本土心理学（下册）》，重庆大学出版社2008年版。

杨宏星、赵鼎新：《绩效合法性与中国经济奇迹》，《学海》2013年第 3 期。

杨瑞龙：《四十年我国市场化进程的经济学分析——兼论中国模式与中国经济学的构建》，《经济理论与经济管理》2018 年第 11 期。

杨宜音：《个体与宏观社会的心理关系：社会心态概念的界定》，《社会学研究》2006 年第 4 期。

易承志、刘彩云：《政治信任、相对剥夺感与群体性事件参与——基于 CGSS2010 数据分析》，《广东行政学院学报》2017 年第 4 期。

易小明：《分配正义的两个基本原则》，《中国社会科学》2015 年第 3 期。

俞国良、王浩：《社会转型：国民安全感的社会心理学分析》，《社会学评论》2016 年第 3 期。

俞国良、谢天：《社会转型：中国社会心理学研究的"实验靶场"》，《河北学刊》2015 年第 2 期。

虞新胜：《社会主义制度正义下机会公平的实现》，《理论月刊》2015 年第 9 期。

岳昌君等：《就读重点大学对人工智能就业替代压力的缓解作用》，《中国人口科学》2019 年第 2 期。

张岱年：《中国伦理思想研究》，中国人民大学出版社 2011 年版。

张海东、姚烨琳：《市场化与市场能力：中国中产阶层的生成机制》，《吉林大学社会科学学报》2016 年第 6 期。

张亮：《改革开放 40 年中国收入分配制度改革回顾及展望》，《中国发展观察》2019年第1期。

张琦：《统筹兼顾效率与公平》，《人民日报》2016年4月8日。

张曙光：《人的存在历时性及其现代境遇（上）》，《学术研究》2005年第1期。

张延吉等：《同期群视角下中国代际流动的模式与变迁》，《公共管理学报》2019年第2期。

张彦、魏钦恭、李汉林：《发展过程中的社会景气与社会信心》，《中国社会科学》2015年第4期。

赵鼎新：《超越困境和超越的困境》，《学术月刊》2014年第7期。

赵鼎新：《社会与政治运动讲义》，社会科学文献出版社2006年版。

郑功成：《中国社会公平状况分析——价值判断、权益失衡与制度保障》，《中国人民大学学报》2009年第2期。

中央工商行政管理局、中国社会科学院经济研究所资本主义经济改造研究室编：《资本主义工业的社会主义改造》，生活·读书·新知三联书店1960年版。

周兵、刘成斌：《中国青年的收入分配公平感研究》，《中国青年研究》2015年第4期。

周晓虹：《中国经验与中国体验：理解社会变迁的双重视野》，《天津社会科学》2011年第6期。

周晓虹：《转型时代的社会心态与中国体验》，《社会学研究》2014年第4期。

周晓蓉、杨博：《城镇居民财产性收入不平等研究》，《经济理论与经济管理》2012年第8期。

周雪光：《西方社会学关于中国组织与制度变迁研究状况综述》，《社会学研究》1999年第4期。

周雪光：《组织社会学十讲》，社会科学文献出版社2009年版。

周雪光、侯立仁：《"文革"中的孩子们——当代中国的国家与生命历程》，载《中国社会学》（第二卷），上海人民出版社2008年版。

周雪光、赵伟：《英文文献中的中国组织现象研究》，《社会学研究》2009年第6期。

朱玲：《减贫与包容：发展经济学研究》，中国社会科学出版社2013年版。

邹至庄：《中国经济转型》，曹祖平等译，中国人民大学出版社2005年版。

［德］马克斯·韦伯：《经济与社会》（第一卷），阎克文译，上海世纪出版集团2010年版。

［法］埃米尔·涂尔干：《社会学方法的准则》，狄玉明译，商务印书馆1995年版。

［法］埃米尔·涂尔干：《自杀论》，冯韵文译，商务印书馆1996年版。

［法］古斯塔夫·勒庞：《乌合之众：大众心理研究》，冯克利译，中央编译出版社2005年版。

［法］塞尔日·莫斯科维奇：《社会表征》，管健等译，中国人民大学出版社2011年版。

［法］托克维尔：《旧制度与大革命》，冯棠译，商务印书馆2012

年版。

[法] 托马斯·皮凯蒂：《21世纪资本论：中文版自序》，巴曙松等译，中信出版社2014年版。

[美] 阿尔伯特·赫希曼：《经济发展过程中收入不平等容忍度的变化》，刁琳琳译，《比较》2010年第3期。

[美] 埃尔德：《大萧条中的孩子们》，田禾、马春华译，译林出版社2002年版。

[美] 埃拉扎尔·J.佩达泽、丽奥拉·佩达泽·施梅尔金：《定量研究基础：测量篇》，夏传玲译，重庆大学出版社2013年版。

[美] 彼特·布劳：《不平等和异质性》，王春光译，中国社会科学出版社1991年版。

[美] 查尔斯·霍顿·库利：《人类本性和社会秩序》，包凡一、王湲译，华夏出版社1989年版。

[美] 侯世达：《哥德尔、埃舍尔、巴赫——集异璧之大成》，郭伟德等译，商务印书馆1979/1996年版。

[美] 怀默霆：《中国民众如何看待当前的社会不平等》，《社会学研究》2009年第1期。

[美] 罗伯特·默顿：《社会理论和社会结构》，唐少杰、齐心等译，译林出版社2008年版。

[美] 罗伯特·诺奇克：《无政府、国家和乌托邦》，姚大志译，中国社会科学出版社2008年版。

[美] 罗伯特·斯考伯、谢尔·伊斯雷尔：《即将到来的场景时代》，赵乾坤等译，北京联合出版公司2014年版。

［美］罗纳德·英格丽哈特：《中国尚未进入后物质主义价值观阶段》，《人民论坛》2013年9月下期。

［美］迈克尔·曼：《社会权力的来源》（第一卷），刘北成、李少军译，上海世纪出版集团2007年版。

［美］迈克尔·桑德尔：《公正该如何做是好？》，朱慧玲译，中信出版社2012年版。

［美］迈克尔·桑德尔：《金钱不能买什么：市场的道德缺陷》，邓正来译，中信出版社2012年版。

［美］欧文·戈夫曼：《日常生活中的自我呈现》，黄爱华、冯钢译，浙江人民出版社1989年版。

［美］乔治·米德：《心灵、自我与社会》，霍桂恒译，华夏出版社2003年版。

［美］约翰·罗尔斯：《正义论》，何怀宏等译，中国社会科学出版社1988年版。

［美］约书亚·梅罗维茨：《消失的地域：电子媒介对社会行为的影响》，肖志军译，清华大学出版社2002年版。

［日］富永健一：《社会结构与社会变迁——现代化理论》，董兴华译，云南人民出版社1988年版。

［瑞典］彼得·赫斯特罗姆：《解析社会：分析社会学原理》，陈云松等译，南京大学出版社2010年版。

［英］安东尼·阿特金森：《不平等：我们能做什么》，王海昉等译，中信出版社2016年版。

［英］安东尼·吉登斯《社会的构成》，李康、李猛译，生活·读

书·新知三联书店1998年版。

[英] 保罗·多兰：《设计幸福》，张金凤译，中信出版社2016年版。

[英] 理查德·威尔金森、凯特·皮克特：《不平等的痛苦：收入差距如何导致社会问题》，安鹏译，新华出版社2010年版。

[英] 玛丽·道格拉斯：《制度如何思考》，张晨曲译，经济管理出版社2013年版。

Abramson, P. R. and Inglehart, R., "Education, Security, and Post-materialism: A Comment on Duch and Taylor's 'Postmaterialism and the Economic Condition'", *American Journal of Political Science*, Vol. 38, No. 3, 1994.

Adams, J. S., "Inequity in Social Exchange", In L. Berkowitz (eds), *Advances in Experimental Social Psychology*, New York: Academic Press, 1965.

Ang, Y. Y., *How China Escaped The Poverty Trap*, New York: Cornell University Press, 2016.

Atkinson A. B., and Piketty, T., editors. *Top Incomes: A Global Perspective*, Oxford University Press, 2010.

Bentham, J., *An Introduction to The Principles of Morals and Legislation*, Oxford: Clarendon Press, 2007.

Berger, J., Morris Zelditch, Jr., and Anderson, B. edited, *Sociological Theories in Progress*, Boston: Houghton Mifflin, 1972.

Bjørnskov, C. et al., "Analysing Trends in Subjective Well-being in 15

European Countries, 1973 - 2002", *Journal of Happiness Studies*, Vol. 9, No. 2, 2008.

Burkholder R., "Chinese Far Wealthier Than a Decade Ago—but Are They Happier?", *The Gallup Organization*. http://sww.gallup.com/poll/content/login.aspx? ci? 14548?, 2005.

Chen, C., Meindl R. and Hunt R. G., "Testing The Effects of Vertical And Horizontal Collectivism: A Study of Reward Allocation Preferences in China", *Journal of Cross-Cultural Psychology*, Vol. 28, 1997.

Chetty Raj et al., "The Fading American Dream: Trends in Absolute Income Mobility Since 1940", *Science*, Vol. 356, Issue 6336, 2017.

Chung, J. H., Hongyi Lai and Ming Xia, "Mounting challenges to governance in China: surveying collective protestors, religious sects and criminal organizations", *The China Journal*, Vol. 56, 2006.

Clark, T. N., "Urban Amenities: Lakes, Opera, and Juice Bars: Do They Drive Development?", In Clark, T. N. eds., *The City As An Entertainment Machine*, Bradford: Emerald Group Publishing, 2003.

Clayton, S., "Preference for Macrojustice Versus Microjustice In Environmental Decisions", *Environmental and Behavior*, Vol. 30, 1998.

Costa P. et al., "Longitudinal Analyses of Psychological Well-Being in A National Sample: Stability of Mean Levels", *Journal of Gerontology*, Vol. 42, No. 1, 1987.

Davies, J. C., "Toward a Theory of Revolution", *American Sociological Review*, Vol. 27, 1962.

Davison H. K. and Bing, M. N., "The Multidimensionality of the Equity Sensitivity Construct: Integrating Separate Benevolenceand Entitlement Dimensions for Enhanced Construct Measurement", *Journal of Managerial Issues*, Vol. 20, 2008.

Deaton, A., "Income, Health, and Well-Being around the World: Evidence from the Gallup World Poll", *Journal of Economic Perspectives*, Vol. 22, No. 2, 2008.

Deutsch, M., "Equity, Equality, and Need: What Determines Which Value Will Be Used as the Basis of Distributive Justice?", *Journal of Social Issues*, Vol. 31, 1975.

Devooght, K., "To Each The Same and To Each His Own: A Proposal to Measure Responsibility-Sensitive Income Inequality", *Economica*, Vol. 75, Iss. 298, 2008.

Diener, E., "Guidelines for National Indicators of Subjective Well-Being and Ill-Being", *Applied Research in Quality of Life*, Vol. 1, No. 1, 2006.

Douglas, M., Edited, *Essays in the Sociology of Perception*, London: Routledge & Kegan Paul, 1982.

Douglas, M., *In The Active Voice*, New York: Routledge & Kegan Paul, 2011.

Douglas, M., *Risk and Blame: Essays in Cultural Theory*, London: Routledge, 1992.

Easterlin R. A., "Does Economic Growth Improve the Human Lot? Some

Empirical Evidence", In Paul D. A. & W. R. Melvin (ed.), *Nations and Households in Economic Growth*, New York: Academic Press, 1974.

Easterlin, R. A. et al., "China's Life Satisfaction, 1990 – 2010", *PNAS*, Vol. 109, No. 25, 2012.

Easterlin, R. A. et al., "The Happiness-Income Paradox Revisited", *PNAS*, Vol. 107, No. 52, 2010.

Fairbrother, M., "Two Multilevel Modeling Techniques for Analyzing Comparative Longitudinal Survey Datasets", *Political Science Research and Methods*, Vol. 2, No. 1, 2014.

Faris, R. E. L., *Handbook of Modern Sociology*, Chicago: Rand McNally, 1974.

Fong, C., "Social Preference, Self-Interest, and the Demand for Redistribution", *Journal of Public Economics*, Vol. 82, 2001.

Gartrell C., "The Embeddedness of Social Comparison", In Walker I., Heather, J. S. (eds), *Relative Deprivation: Specification, Development, and Integration*, Cambridge: Cambridge University Press, 2002.

Graham, C. and Felton, A., "Inequality and happiness: Insights from Latin America", *Journal of Economic Inequality*, Vol. 4, No. 1, 2006.

Granovetter, M. S., "Economic Action, Social Structure, and Embeddedness", *American Journal of Sociology*, Vol. 91, 1985.

Gurr, T. R., *Why Men Rebel*, Princeton: Princeton University Press, 1971.

Hauser S. M. and Yu X., "Temporal and Regional Variation in Earnings Inequality: Urban China in Transition Between 1988 and 1995", *Social Science Research*, Vol. 34, No. 1, 2005.

Hedström Peter and Richard Swedberg, "Social Mechanisms: An Intriductory Essay", In *Social Mechanisms*, edited by Peter Hedström and Richard Swedberg, New York: Cambridge University Press, 1998.

Hedström Peter, *Dissecting the Social: On the Principles of Analytical Sociology*, New York: Cambridge University Press, 2005.

He Qinlian, "A Volcanic Stability", *Journal of Democracy*, Vol. 41, 2003.

Hirschman, A. O. and Rothschild, M., "The Changing Tolerance for Income Inequality in the Course of Economic Development", *The Quarterly Journal of Economics*, Vol. 87, Iss. 4, 1973.

Homans, G. C., *The Human Group*, New York: Harcourt Brace, 1950.

Huseman, R. C., John D. Hatfield and Edward W. Miles, "A New Perspective on Equity Theory: The Equity Sensitivity Construct", *The Academy of Management Review*, Vol. 12, 1987.

Iain, W. and Smith H. J., *Relative Deprivation: Specification, Development, and Integration*, Cambridge: Cambridge University Press, 2002.

Inglehart, R. and Paul, R., "Abramson, Measuring Postmaterialism", *The American Political Science Review*, Vol. 93, No. 3, 1999.

Inglehart, R., *Culture Shift in Advanced Industrial Society*, New Jersey: Princeton University Press, 1990.

Inglehart R. et al., "Economic Security and Value Change", *American Political Science Review*, Vol. 88, Iss. 2, 1994.

Kahneman, D. and Deaton, A., "High Income Improves Evaluation of Life But Not Emotional Well-being", *PANS*, Vol. 107, No. 38, 2006.

Kelley J. and M. D. R. Evans, "The Legitimation of Inequality: Occupational Earnings in Nine Nations", *American Journal of Sociology*, Vol. 99, No. 1, 1993.

Kenny, C., "Does Development Make You happy? Subjective Wellbeing and Economic Growth in Developing Countries", *Social Indicators Research*, Vol. 73, No. 2, 2005.

Kluegel, J. R., David S. M., and Wegener, B., "The Legitimation of Capitalism in the Postcommunist Transition: Public Opinion about Market Justice, 1991 – 1996", *European Sociological Review*, Vol. 15, 1999.

Knight J., and Gunatilaka, R., "Does Economic Growth Raise Happiness in China?", *Oxford Development Studies*, Vol. 39, No. 1, 2011.

Knight, J., "Economic Growth and The Human Lot", *PNAS*, Vol. 109, No. 25, 2012.

Knight, J. et al., "Subjective Well-being and its Determinants in Rural China", *China Economic Review*, Vol. 20, Iss. 4, 2008.

Kolm, S. C., *Macrojustice: The Political Economy of Fairness*, New York: Cambridge University Press, 2004.

Kuznets, S., "Economic Growth and Income Inequality", *American Economic Review*, Vol. 45, 1995.

Lane, R. E., "Market Justice, Political Justice", *American Political Science Review*, Vol. 80, 1986.

Leibenstein H., "Notes on Welfare Economics and the Theory of Democracy", *The Economic Journal*, Vol. 72, No. 286, 1962.

Lin, J. Y., "Collectivization and China's Agricultural Crisis in 1959 – 1961", *Journal of Political Economy*, Vol. 98, 1990.

Luhmann, N., *Social Systems*, Translated by Jr. Bednarz and Dirk Baecker, Stanford: Stanford University Press, 1995.

Ma, Josephine, "Wealth Gap Fueling Instability, Studies Warn", *South China Morning Post*, 22 December, 2005.

Mamadouh, V., "Grid-group Cultural Theory: An Introduction", *GeoJournal*, Vol. 47, 1999.

March, J. and Olsen, J., *Rediscovering Institutions*, New York: Free Press, 1989.

Markovsky, B., "Toward a Multilevel Distributive Justice Theory", *American Sociological Review*, Vol. 50, 1986.

Marshall B. C., *Anomie and Deviant Behavior*, Glencoe: Free Press, 1964.

Marshall Sahlins, *Stone Age Economics*, Chicago: Aldine · Atherton, Inc, 1972.

Melvin J. L., and Lerner, S. C., *The Justice Motive in Social Behavior*,

New York: Plenum Press, 1981.

Merton, R. K., "The Unanticipated Consequences of Purposive Social Action", *American Sociological Review*, Vol. 1, 1936.

Mincer, J., *Schooling, Experience and Earnings*, New York: Columbia University Press, 1974.

Nee, V., "A Theory of Market Transition: From Redistribution to Markets in State Socialism", *American Sociological Review*, Vol. 54, 1989.

Norton, M. I., and Ariely, D., "Building a Better America—One Wealth Quintile at a Time", *Perspective on Psychological Science*, Vol. 6, Iss. 1, 2011.

Oishi S. and Kesebir, S., "Income Inequality Explains Why Economic Growth Does Not Always Translate to an Increase in Happiness", *Psychological Science*, Vol. 25, Iss. 10, 2015.

Persson, T. & Tabellini, G., "Is Inequality Harmful for Growth? Theory and Evidence", *American Economic Review*, Vol. 84, No. 3599, 1994.

Philip, B. et al., "Microjustice and Macrojustice", In *The Justice Motive in Social Behavior*, edited by Melvin J. Lerner and Sally C. Lerner. Springer, Boston, MA, 1981.

Piketty, T., *Capital in the Twenty-First Century*, Translated by Arthur Goldhammer, Cambridge: The Belknap Press of Harvard University Press, 2014.

Piketty, Thomas et al., "Capital Accumulation, Private Property and Rising Inequality in China, 1978–2015", *NBER Working Paper*

23368. https：//www. nber. org/papers/w23368, 2017.

Praag, B., and Kapteyn, A., "Further Evidence on the Individual Welfare Function of Income: An Empirical Investigation in the Netherlands", *European Economic Review*, Vol. 4, No. 1, 1973.

Qinglian He, "A Volcanic Stability", *Journal of Democracy*, Vol. 14, No. 1, 2003.

Raykov, T., "Analytic Estimation of Standard Error and Confidence Interval for Scale Reliability", *Mulitivariate Behavioral Research*, Vol. 37, 2002.

Robinson R. V. and Wendell Bell, "Equality, Success, and Social Justice in England and the United States", *American Sociological Review*, Vol. 43, 1978.

Roth, B. et al., "Income Inequality, Life Satisfaction, and Economic Worries", *Social Psychological and Personality Science*, Vol. 8, No. 2, 2017.

Runciman, W. G., *Relative Deprivation and Social Justice*, London: Routledge, 1966.

Rözer, J. and Kraaykamp, G., "Income Inequality and Subjective Well-being: A Cross-National Study on the Conditional Effects of Individual and National Characteristics", *Socal Indicator Research*, Vol. 113, No. 3, 2013.

Sahlins, M., *Stone Age Economics*, Chicago: Aldine · Atherton, Inc, 1972.

Schelling T. C. , *Social Mechanisms and Social Dynamics*, in Social Mechanisms, edited by Peter Hedström and Richard Swedberg, New York: Cambridge University Press, 1998.

Schnell D. J. , Magee E. , Scheridan J. R. , "A Regression Method for Analysing Ordinal Data from Intervention Trials", *Statisics in Medicine*, Vol. 4, No. 11, 1995.

Schröder, Martin, "Is Income Inequality Related to Tolerance for Inequality", *Social Justice Research*, 2017.

Schwartz, S. H. , "Individualism-Collectivism: Critique And Proposed Refinement", *Journal of Cross-Cultural Psychology*, Vol. 21, 1990.

Scott, J. , *The Moral Economy of the Peasant*, New Haven: Yale University Press, 1976.

Sen, A. , *Development as Freedom*, New York: Alfred A. Knope, Inc, 1999.

Shambaugh, D. , edited, *Is China Unstable?*, Armonk. NY: M. E. Sharpe, 2000.

Silver, D. et al. , "Scenes: Social Context in an Age of Contingency", *Social Forces*, Vol. 88, Iss. 5, 2010.

Stark, D. , "Path Dependence and Privatization Strategies in East Central Europe", *East European Politics and Societies*, Vol. 6, 1992.

Stevenson, B. , and Wolfers, J. , "Subjective Well-being and Income: Is There Any Evidence of Satiation?", *The American Economic Review*, Vol. 103, No. 3, 2013.

Stiglitz, J. E., *The Price of Inequality: How Today's Divided Society Endangers Our Future*, New York: W. W. Norton & Company, Inc, 2012.

Stolte, J. F., "The Formation of Justice Norms", *American Sociological Review*, Vol. 52, 1987.

Stouffer et al., *The American Soldier: Adjustment During Army Life*, Princeton: Princeton University Press, 1949.

Szelenyi, I. and Kostello, E., "The Market Transition Debate: Toward a Synthesis?", *American Journal of Sociology*, Vol. 101, 1996.

Tella R. D. et al., "Happiness Adaptation to Income and to Status in An Individual Panel", *Journal of Economic Behavior & Organization*, Vol. 76, No. 3, 2010.

Tormos, R. et al., "Does Contextual Change Affect Basic Human Values? A Dynamic Coparative Multilevel Analysis Across 32 European Countries", *Journal of Cross-Cultural Psychology*, Vol. 48, No. 4, 2017.

Triandis, et al., "Individualism and Collectivism: Cross-Cultural Perspectiveson Self-IngroupRelationships", *Journal of Personality and Social Psychology*, Vol. 54, 1988.

Udo, E. and Heinz, W., "How do Europeans Evaluate Income Distributions? An Assessment Based on Happiness Surveys", *Review of Income and Wealth*, Vol. 55, Iss. 3, 2009.

Veenhoven R. and Vergunst, F., " The Easterlin Illusion: Economic

Growth Does Go with Greater Happiness", *International Journal of Happiness and Development*, Vol. 1, No. 1, 2013.

Verwiebe R. and Bernd Wegener, "Social Inequality and the Perceived Income Justice Gap", *Social Justice Research*, Vol. 13, 2000.

Vidal, J., "Wealth Gap Creating a Social Time Bomb", The Guardian, October 23, 2008.

Vonnegut, K., *Welcome to the Monkey House*, Vintage, 1994.

Wegener B., and Liebig, S., "Hierarchical and Social Closure Conceptions of Distributive Social Justice", In *Social Justice and Political Change, Public Opinion in Capitalist and Post-Communist States*, edited by Kluegel, J. R., Mason, D. S., and Wegener, B. New York: Aldine de Gruyter, 1995.

Whyte, M. King, "China's Post-Socialist Inequality", *Current History*, September, 2012.

Whyte, M. K., *Myth of the Social Volcano*, Stanford: Stanford University Press, 2009.

Witt, L. A., Kacmar K. M., and Andrews, M. C., "The Interactive Effects of Procedural Justice and Exchange Ideology on Supervisor-rated Commitment", *Journal of Organizational Behavior*, Vol. 22, 2001.

Wu Xiaogang, "Income Inequality and Distributive Justice: A Comparative Analysis of Mainland China and Hong Kong", *The China Quarterly*, No. 200, 2009.

Xie, Y., and Zhou, X., "Income Inequality in Today's China", *PNAS*,

Vol. 111, No. 19, 2014.

Zagorski, K. et al., "Does National Income Inequality Affect Individuals' Quality of Life in Europe? Inequality, Happiness, Finances, and Health", *Social Indicators Research*, Vol. 117, No. 3, 2014.

Zhou, J., and Xie, Y., "Does Economic Development Affect Life Satisfaction? A Spatial-Temporal Contextual Analysis in China", *Journal of Happiness Studies*, Vol. 17, Iss. 2, 2016.